胡维革　金海峰　丛书主编

赵云良　林艳　马云征　王瑞雪等　著

中国历史名人新评

吉林人民出版社

图书在版编目（CIP）数据

中国历史名人新评 / 赵云良等著. —— 长春：吉林
人民出版社, 2020.10

（三新丛书 / 胡维革, 金海峰主编）

ISBN 978-7-206-17614-2

Ⅰ.①中… Ⅱ.①赵… Ⅲ.①历史人物—人物评论—
中国 Ⅳ.①K820

中国版本图书馆CIP数据核字（2020）第201029号

出 品 人：常 宏
策 划 人：吴文阁
责任编辑：韩志国 王一莉
助理编辑：赵 航
封面设计：莫比乌斯设计公司

中国历史名人新评

ZHONGGUO LISHI MINGREN XINPING

丛书主编：胡维革 金海峰
著 者：赵云良 林艳 马云征 王瑞雪等
出版发行：吉林人民出版社（长春市人民大街7548号 邮政编码：130022）
咨询电话：0431-85378007
印 刷：长春第二新华印刷有限责任公司
开 本：720mm×1000mm 1/16
印 张：22.75 字 数：290千字
标准书号：ISBN 978-7-206-17614-2
版 次：2021年1月第1版 印 次：2021年1月第1次印刷
定 价：52.00元

旧意翻成新格调

——《三新丛书》初析

在知识爆炸，写手蜂起、传媒遍布，书籍汗牛充栋的当下，在中国历史、文史典籍、历史人物已千百次被论及、被介绍、被炒作的今天，再要在这方面做文章、出成果，若无"旧意翻成新格调"的好手段，怕是难于一搏的。因此，当胡维革、金海峰二位学者主编，有众多学人、专家参与撰述的"三新丛书"达于我的案头时，即勾起我欲一探究竟的好奇："三"又如何？"新"在那里？待稍加披阅，竟难以释手。此丛书果然有赚人眼球的新意。

一

是书由《儒家文化新讲》《中国历史名人新评》和《中国古典文学新解》组成，故名"三新丛书"。各书都直冲中国人熟知的题材和目标而去，颇有点"虽千万人吾往矣"的豪气。但这种架构本身自有深意，它通过这三部书的指向，几乎涵盖了中国数千年历史上值得注意、可圈可点的人物、史实、典章、典籍。很有些宏大叙事的格局和眼光。这套丛书中，《儒家文化新讲》（以下简称《新讲》）这不只是因为它体量大，还因为它和盘托出的是儒家文化，儒家文化的代表人物正是孔子。孔子何许人？他是被国内外学术界、思想界尊为数千年来影响世界历史的百名文化巨人之一，是如同西方神话中众神之神宙斯般的人物。正像古希腊文明是整个西方文明的源头一样，孔子所代表的儒家文化也是中华文化的根脉，它如一张细腻坚韧而又无远弗届的精神之网，笼罩了中国数千年文明史的方方面面。孔子之后的历史名人也好，《论语》之后的古典文学也罢，大都与孔子及儒家文化有着内在的千丝万缕的联系。看一看《新讲》目录列出的30个小题所指陈的内容，古往今来哪一个中国人能与它完全切割？所以，要真正了解这些历史人物的人生轨迹、内心世界、道德文章、行事方式，要理解那些文学典籍的思想诉求、人物塑造、文化内涵、人文精神，往往都需要我们回到孔子，回到儒家文化。 正因为《新讲》一书，有挈领这套丛书的作用，所以，"三新丛书"在某种意义上构成了一个系列，构成了一部中国简史，一部中国文化、文学简史。看看《中国历史名人新评》，从孔子、老子、墨子、庄子到屈原、司马迁，从王羲之、顾恺之到陶渊明，从李白、杜甫到苏东坡、辛弃疾，从玄奘、李时珍到徐光启、詹天佑，从秦始皇、唐太宗到康熙，从王安石、林则徐到胡雪岩、梁启超，列出了史上政治、军事、经济、思想、宗教、文学等各个领域的代表性人物加以品评，我们放眼望去，漫漫历史长路上烟尘弥漫，让人油然而兴"不尽英雄滚滚来"之浩叹。而这些人物，其精神世界里都差不多有儒家文化的因子。再翻翻《中国古典文学新解》，所列名篇虽只30之数，但是从《诗经》《离骚》到《论语》到《山海经》，从四大古典名著到唐诗、宋词，再到《窦娥冤》《牡丹亭》，加之《赵氏孤儿》《长生殿》，直到《老残游记》，中国文学史上那些里程碑式的巨作，在文学史上具有节点意义的奇书，不论诗歌、小说、戏剧，都有所例举和独到之见。 由此观之，"三新丛书"在体例上、内容选择上、各部分衔接架构上，确实是下了一番排兵布将之苦心的。

二

实事求是地讲，这部"三新丛书"并没有尝试建构新的理论体系，也没打算提出惊世骇俗的新观点、新见解，但是，这并不意味着此书甘于平淡、平庸、平常。正如海峰在《儒家文化新讲》的自序中所言："所谓'新讲'，不是有什么新观点，新发现，甚至新理论。而是一个在中华传统文化面前，如同初登讲台的教师，新开了一门课程"。——这也就点明了这"三新丛书"等于是在以往各种高头讲章之后新开的一个课目。就凭敢开新课目，也就足以证明其敢于创新的胆识；其次，"因为是新开的讲座，就有很多不成熟的观点，挂一漏万的知识，自以为是的心得，缺乏逻辑的思索，无知感言的武断。"——这自然是过谦之词，"当然也许有一点点大师不屑顾及的拾遗，专家扫荡过的旧物市场'捡漏儿'，秋天田野收割之后的'溜土豆儿'。"——在他人不屑、不及、遗漏之处发掘出创见来，这是丛书又一"新意"。这套丛书十多位作者皆无"高冷"之态，他们的新说、新见、新讲，如清泉过石，在不经意间于字里行间渗泻出来。海峰在《新讲》之"子曰诗云"章中如此写道：《论语》给中国人打造了一个表达思想的方式，叫作"子曰"。什么是"子"？叫"匹夫而为百世师"。什么是"曰"？叫"一言而为天下法"……就是因为《论语》中这个"子曰"，打造出中国人表达思想的一个方式："引经据典"。 这一段话虽然只是"新讲"中的芥末之微，但它如滴水映射出了丛书的创意思维，它将"子曰"这一宣之于万人之口、司空见惯的口头禅，还原、释义为国人数千年沿用的引"经"据"典"思维定式，对其利弊也做出了分析。笔者也算是读过几本书的人，但这样去解释"子曰"，尚未得见。类似睿智之见书中随处可拾。这当然只是一个小小的例子，但以小见大，这套丛书在表述方式和对儒家文化的整体把握上，都有别于它书，给人以新人新面的感受。《中国历史名人新评》亦为30篇，所涉领域也几乎是全方位的，这些名人的足迹遍布政治、经济、军事、思想、科技等各个领域，每篇皆以"为什么"叩问自己，也叩问历史。看得出来，作者们就是不满足于一般泛泛的缕述人物，介绍人物，而是要对这30位历史人物就其如何成其为"伟大"，他对时代对历史究竟有何意义，去刨根问底。既是刨根问底，对人物光鲜外表后面的思想动机、社会背景等做深入探究，写出独特的"这一个"。这就往往倒逼作者找出新论据，拿出新观点。而《中国古典文学新评》则篇篇直指30部文学经典最重要、最本质、最特色，抑或最为当下关注的菁华，也就是要"写其独至"。如《论语》之人生忠告，《左传》之人物透镜，《史记》之历史力量，《乐府诗集》之女性意识，《搜神记》之向死而生，《牡丹亭》之人性唤醒，《红楼梦》之生命哲思，等等。在无数人对这些经典做出研究提出见解之后，《新解》还能有置喙之力，发人之所未发，言人之所未言，从新的视角提出新见，这本身也是一种创新能力吧。比如，《山海经》之文化流脉篇，作者析出了它的三条文脉，其中"天地与我并生，万物与我为一——和谐共生"被列为第三条文脉。通过剖析《山海经》记载的多被人指为荒诞不经的神话和传说，看出它所折射出的天人合一的朴素自然观、宇宙观，直接与现代社会的人与自然和谐共生、构建人类地球家园的愿景接续起来，这就赋予了这部老之又老的古典以当代意义。

三

人们一想起、谈起皇皇理论学术著述，大致印象应是文笔肃然，内容高深，除非是通俗理论读物，方能放低身段。而这套"三新丛书"，走的不是通俗读物的路子，它的定位应是理论著作，注重学术内涵，在观点、体例、表述方式上都经反复斟酌。但是，它一反高头讲章必得正襟危坐的讲究，通过对引"经"据"典"来的大量素材重新释义，反复考求，联系现实，用生动平实的语言娓娓道来，观点严肃论述流畅自然，正应了"端庄杂流丽"之语也。 这套丛书的作者所撰著的文章，可能与其职业和专业不一定契合，但基本上都写出了专业水准。如关于红顶商人胡雪岩一文的作者，是美国史博士出身，但她写中国历史人物，对历史背景和人物行状都拿捏有分寸，叙事平实生动而流畅，且伴随着自己的见解。再如，撰写关汉卿一文的作者，将大学历史系所掌握的史识，与长期新闻工作的历练，加上读研的心得，层层叠加，融为一体，发于笔端，方能将生活在元代这一中国特殊历史时期的关汉卿，是如何成其为戏剧大师，成其为"东方莎士比亚"这一历史之问逐一破解，娓娓道来，厘说清楚。这方面可举之例在书中随处可得，读者诸君一读便知。我的一点感受是，初看这部丛书，掂掂它的分量，真有点生望而却步之想，但一旦读开，则觉指颊生香，难以罢读了。 这里还要指出的是，"三新丛书"之所以能以较高质量如期问世，同胡维革、金海峰二位主编总其事是分不开的。尤其是维革兄，不仅统筹全局，敲定体例，还以学者的严谨，亲力亲为，协调各作者各篇章，字斟句酌，反复润色。这就使得三书得以功德圆满。 列宁说过，最通俗的马克思主义=最高的马克思主义。这话当适用于任何理论。的确，把复杂的东西简单化，这是思维和语言的艺术。而把高冷的东西暖心化，则是一种胸襟和情怀了。

洪　斌

2020年10月17日

目　　录

他为什么被奉为『至圣先师』
——中华民族的文化巨人孔子

○ 柳　旭

近代历史学家柳诒徵曾说："孔子者，中国文化之中心也。无孔子则无中国文化。自孔子以前数千年之文化，赖孔子而传；自孔子以后数千年之文化，赖孔子而开。"孔子生于公元前551年，卒于公元前479年，他立于中国文化的轴心时代——春秋时期。他向前继承了三皇五帝、尧舜禹汤等历代圣王的智慧与学问，成为上古文化的集大成者，向后又开创了儒家学说，第一次系统提出发展个人修身养德的君子之学和一套完满的人生理想、政治理想、社会理想。孔子和他的三千弟子一道，"为天地立心，为生民立命，为往圣继绝学，为万世开太平"，塑造了中华民族的脊梁与风骨，磨砺出中华文化的雍容气度象与中和品格。孔子在世时就已被誉为"天纵之圣""天之木铎"，他的思想两千多年来一直影响着中国历史文化的演进。孔子思想在国外也有广泛传播和影响。法国学者伏尔泰认为："孔子的书中全部都是最纯洁的道德。"英国历史哲学家汤阴比甚至认为："能够帮助解决二十一世纪的世界问题，唯有中国孔孟的学说。"究竟是什么成就了孔子的人生？又是什么使得孔子的智慧具有穿越时空的永恒价值？让我们追随孔子的足迹，一览圣人的风采。

一、圣者仁心，德配天地贯古今

毋庸置疑，孔子学说的中心思想是"仁"，"孔学"即"仁学"。但是"仁"的内涵究竟是什么？所谓"仁"，当然是一种至高的道德，同时也是人自身存在的一种内在人格。"仁"既要求人们对自我品性不断完善，也要求人们去"爱人"，即本能感觉需对他人尽应尽的义务与责任，所以仁者定"躬自厚而薄责于人"，对自己要求非常严格，对别人则较为友爱、宽容。孔子从来都是个务实派，他对"仁"的阐释不仅仅停留在道德的理性层面，更落实于道德的实践之中。

（一）克己复礼，修身养德

孔子身处礼崩乐坏的时代，当时周天子共主地位丧失，诸侯国间混战割据不断。在孔子的出生地鲁国，权力也并未握在鲁国国君手中，而是由卿大夫把持，卿大夫后来甚至还合力流放了鲁昭公。面对如此乱局，孔子心忧如焚，他希望掌权者能够控制私欲，结束纷争，恢复天下一统的王朝秩序，还百姓们一个清平世界。而春秋时期最能代表周朝统治秩序的是礼，最能代表人们行为规范的也是礼，因此孔子提出"克己复礼为仁"，认为能够克制欲望、言行符合仪礼就是仁。他的学生颜渊追问孔子"克己"具体该怎么做，孔子回了十六个字："非礼勿视，非礼勿听，非礼勿言，非礼勿动。"不合乎礼的不看、不听、不说、不做，一切的行为都要以礼为标准。要"食不语，寝不言"，即便躺在床上也不能像死尸一样仰卧；穿衣不能用红色和紫色的布做平常家里穿的衣服；席子如果摆放不正就不去坐；饮食也是"食不厌精，脍不厌细"；上马车时，一定要先端正地站好，然后再拉着车上的绳索上车……孔子实际是在一个礼乐隳颓的时代依旧讲究教养、分寸，恪守礼仪。但是翻看孔子的事迹，我们会很惊讶地发现，很多时候孔子对礼又是十分宽容的。比如他认为礼的仪式，与其奢侈，不如节俭；丧葬仪式，与其隆重铺张，不如内心对死者真诚地悼念。可知孔子并不是在刻板地死守礼的形式，而是着意于礼对人心的制约，他真正尊奉的是藏身于礼之后的仁心。"人而不仁，如礼何？"一个人如果没有仁心，即便礼数周到也不能算作真正的有礼。礼是仁的外在表现，仁是礼的根本内涵，孔子践行礼，实则是在呼唤仁。

达成仁的途径是什么？孔子给出的答案是"为仁由己，而由人乎哉"！仁的实现在于自己而非他人，因此对自我内在人格要不断地进行锤炼、升华，修身养德以成仁。对人的内在人格世界的开拓，是孔子为人类生命开辟的令人惊异的大发现。在孔子之前，不乏道德理念对人行为的约束，但这通常都是一种外在的规范与要求，只有孔子关注的是对人的内在世界的开拓。人要自己管理自己，自己塑造自己，违仁不违仁，是人自身内部的事情，与他人无关，与社会无关。要做到这点，首先需要人本身具有高度的自觉与自省。"吾日三省吾身""见贤思齐焉，见不贤而内自省也"，孔子不断地对自我内在人格世界进行反思，这开启了人类发展无限向上的最大动力。其次是要修炼己身，成君子之德。孔子曾对他的弟子子夏殷殷嘱托："女为君子儒，无为小人儒。""儒"指学者，"小人儒"指将知识作为谋利工具以邀富贵的人，"君子儒"则是以修身为本、用世为归的学者，他们怀有一种明道救世之志。孔子与子路的一段对话当是对"君子儒"的最好注释：子路问老师怎样才能算是君子，孔子说"修己以敬"，修养好自己，对待世界怀有恭敬之心；子路追问，这样就够了吗？孔子回答"修己以安人"，修养好自己，安顿好他人；子路继续问，这样就够了吗？孔子回答"修己以安百姓"，修养好自己，使天下百姓获得安乐。修己—安人—安天下当是人生的三重境界，倘能如此，岂不就是成仁了吗？"君子儒"的出现使得"儒"这个词脱胎换骨，他们"铁肩担道义，妙手著文章"，将"仁"作为己任，鞠躬尽痒，死而后已。这样的君子因孔子而得以群体性地出现，这是孔子为中国文化做的巨大贡献之一，中华民族的面貌由此发生改变！

（二）中庸之道，和而不同

中庸之道这一儒家思想早已渗透到中国人的骨血之中，影响了中华几千年的历史文明。"中庸"一词最早由孔子提出，"中庸之为德也，其至矣乎！"孔子将中庸视为儒家最高的道德标准。"中"指不偏不倚，"庸"指恒常不变，"中庸"即恪守中道，是万世不易、放之四海皆准的大道。孔子奉行中庸之道，他认为"一张一弛，文武之道也"，紧张的同时又有放松，才是文王和武王治理天下的方法；他评价学生子张和子夏，认为子张做事常常超过周礼的要求，子夏做事则常常达不到周礼的要求，然而二人是殊途而同归，因为"过犹不及"；他心目中的君子应该是"文质彬彬"的，因为质朴超过文采就有点粗野，文采超过质朴就显得虚浮，文与质比例协调才能成为君子。即便是在道德问题上，孔子也不会偏执而走极端。《吕氏春秋》中记载了子贡赎人的事情。当时很多鲁国百姓因流浪到其他国家而沦为奴隶，鲁国因此颁布了一条法令：如果有人赎回在其他国家做奴隶的鲁国人，可以到国库报销赎金。这样赎人者既做了好事，又不用自己出钱，的确是一条很好的政策。孔子的学生子贡在其他国家赎回一个鲁国人，但他却没有到鲁国国库领赎金。子贡这样做一方面是因为自己有经济实力，另一方面可能觉得这样做才是君子所为，才能体现自己高尚的道德。但是孔子知道这件事后非常生气，他告诉子贡，这样做的结果就是不会再有人为沦为他国奴隶的鲁国人赎身了。因为这些准备为奴隶赎身的人如果向子贡学习，就会蒙受经济损失；如果不向子贡学习，就会显得自己境界不高。他们的处境会很尴尬，于是索性装作没看见，绕道而行。这么一来，鲁国的好政策就会变成一纸空文。所以当一种绝对的道德行为最终可能导致不道德的结果时，孔子是会坚决反对这所谓的道德的。与子贡相反，子路救了一个落水的人，并坦然收下了落水人为表感谢而送的一头牛。孔子夸赞子路做得好，说从此以后鲁国人一定会勇于救人的。因为人们会觉得连孔子的弟子子路都救人拿报酬，我救人收报酬别人也不会指摘我的。子路做的事情虽然境界不高，但得到的效果却是好的。这两件事说明孔子固然推崇道德，但绝不是一个极端的道德主义者，他注重实际、懂得变通，以中庸的智慧润泽着民族的成长，中华民族由此形成了稳健笃实的民族性格。这种内在精神的稳定性使得中国人在面对一次次危难时，没有选择以激烈的方式与对方同归于尽，而是负重前行、步步坚实，绵延着中华文化的传承。

中庸之道讲究平衡、重视适度，且在不断地调整、融合的过程中达到"和"的境界。孔子第一次将"和"与"不同"联系起来，提出"君子和而不同"的主张。所谓"和"并不是无原则地迁就、无根据地吸收或不加分析地苟同，"和"应是万物都可以按照自己的状态生存，同时又和谐共生于一个宇宙之中，万物的差异性与万物的同一性构成了宇宙最大的道。"和"的境界需要深广博爱的襟怀与海纳百川的气度。孔子讲"君子成人之美""己欲立而立人，己欲达而达人""己所不欲，勿施于人"，要求将心比心，宽容理解地对待别人。自己想建立的，也帮着别人去建立；自己想要达到的，也帮着别人去达到。之所以能够做到这些，孔子认为是因为一个"恕"字。因为有"恕"才能多责备自己，少责备别人，自己的内心、自己与他人、自己与社会的关系才能光明而和谐，才能"四海之内皆兄弟"，才能真正做到"和而不同"。"和而不同"是孔子在春秋大动荡时代开创出的坚守自己、包容百家、兼收并蓄的儒家思想，它孕育了中华文化的包容品格和博大精深，成为影响中国历史的又一核心思想。我们现在的"一国两制"和"人类命运共同体"等构想都来源于此思想，"和而不同"思想正在为中国甚至全人类解决当下的困境，寻找未来的归宿。

二、为政以德，心慕大同奔小康

《礼记·礼运》篇中记载了孔子描绘的社会蓝图——"大同"世界和"小康"社会。"大同"世界是人类最高的理想，在那个社会中大道实行，天下是天下人的天下，人们选贤举能、讲信修睦，"不独亲其亲，不独子其子"，老有所安，壮有所用，幼有所长，鳏寡孤独皆有所养。财物多得到处都是，没有人收起来归为己有；自身付出的劳力再多，也不是为了个人的私利。因此盗窃不兴，乱贼不作，户门不闭，天下安宁。孔子认为上古时代的黄帝、尧、舜时期是"大同"世界，他深恨自己不能生逢其时。"大同"世界体现了孔子远大的政治抱负和极高的人生境界。然而孔子绝非好高骛远之人，他明白春秋时期的乱世与"大同"世界相隔十万八千里，既然人心不古，他只好退而求其次地努力实现"小康"社会。"小康"社会是大道隐匿之后，天下为家的局面。人们只孝敬自己的父母，照顾自己的子女，经商和劳力也都只为私利。国家实行世袭制，需要加固城池保障安全。礼法、义理作为社会规则来确定君臣、父子、兄弟、夫妇之间的关系，同时也作为土地划分、推荐奖励和衡量个人修养的标准。因此阴谋算计不得不行，武力战争不可避免。为了维持这样的社会秩序，禹、汤、文、武、成王、周公六位贤人被推举出来担当大任，他们都是严格按照礼行事的。礼用来显明义理，审核真假，查明罪过，标榜仁爱、谦让，如果不依照这些原则行事，有地位的也要被罢黜，人们会将其视为祸根。这种上有德、下有序的社会就叫作"小康"社会。从孔子的政治行为来看，他是在努力地建设"小康"社会。

孔子为政首重德行，他曾说："为政以德，譬如北辰，居其所而众星共之。"领导者如果能够以道德治理国家，就会像北极星那样，处在自己的位置上，众多的星星自然而然地环绕在它周围，这就是人格的魅力。上位者若能做到"其身正"，就是不发命令百姓也会行动起来；反之，上位者"其身不正"，即便有严令，百姓也不会服从。所以居上位者应以德为本，重视礼制，施行仁义，教化爱民。孔子以这些理念为官，收获了较大成功。在担任中都宰期间，孔子"道之以德，齐之以礼"，以道德引导百姓，以礼教化百姓，仅一年时间中都的社会风气便焕然一新：路上男女各走一边，路不拾遗，生活用具朴实无华，人们的日常生活和生养死葬都有礼有节。孔子的为政措施引得四方诸侯纷纷效仿，很快他就被擢拔为小司空，不久又升任大司寇。"司寇"相当于今天的司法部长、公安部长，位同卿大夫，是孔子担任过的最高官职。由于孔子政声很好，威望甚高，一听说他将担任大司寇，鲁国的沈犹氏再不敢欺骗买主出售喝饱了水的羊，公慎氏立刻休掉了他淫乱的妻子，胡作非为的慎溃氏赶紧离开了鲁国，马贩子也停止了扰乱市场的行为。孔子还没有使用刑罚手段，其治下却已现安定态势，他为德政的实施作出了表率。

根据孔子对"小康"社会的设想，上位者如果无德便可将其罢黜，以免祸国殃民。孔子评价政治最有名的一句话就是"君君臣臣，父父子子"。这句话字面的意思是，做国君要有国君的样子，做臣子要有臣子的样子，做父亲要有父亲的慈爱，做子女要有子女的孝顺，人人都应该以礼约束自己的行为，谨守自己的本分。然而，这句话中还包含以下逻辑：国君首先要做得像个国君，然后才能要求臣子尽忠；父亲首先要具有慈爱，然后才能要求子女孝顺。孔子尊重的是礼制秩序规定的国君的名分，并不是尊重某一特定的人君。孔子绝不认为人君的地位是不可变更的，如公山弗扰和佛肸都曾发动叛乱，但孔子并未拒绝他们的招揽，这说明孔子至少是不排斥他们行为的。因为孔子内心关注的是如何解除百姓的痛苦，而不是政治的叛逆与不叛逆，所以在统治者德行有亏时，孔子不反对将其从特权地位上拉下来，推翻这种不合理的统治。难怪汉儒董仲舒说孔子所作的《春秋》

是"贬天子，退诸侯，讨大夫"之作，政治权力应该掌握在有德者手中，这是孔子对政治的最基本态度。不仅如此，孔子还打破了狭隘的国家与民族观念，他周游列国十四年，历经卫、宋、齐、郑、陈、蔡、楚等国，不断地推行着自己的改革措施。孔子曾说："天下有道，丘不与易。"如果天下太平，我就不会出来进行变革了。他的抱负并不在某一国、某一家，他真正忧心的是整个天下，一个大一统的中国！

然而道德只能保证成仁，却无法保证成功，孔子的德政理念在当时的社会终究没能取得成功。三桓忌惮孔子恢复周礼规定的统治秩序会削弱自己的力量，将孔子赶出鲁国；孔子拒绝了权臣弥子瑕的卿位利诱，又与卫灵公"道不同不相为谋"，毅然离开了卫国；他在郑国奔逃得"若丧家之狗"，甚至在陈国没有粮食吃，饿得都爬不起来。子路愤怒地问道："君子也有穷困的时候吗？"孔子回答说："君子固穷。"做一个君子不见得就能够在社会中行得通，很多时候恰恰相反，君子因为受到道德和原则的掣肘往往是要与清贫、寂寞相伴的。孔子对道德看得极为透彻，却仍"知其不可而为之"，矢志不渝地坚守本心。他无法像长沮、桀溺那样隐遁山林，与鸟兽同群，因为当大批社会精英、优秀人才全都隐居到深山老林里，这个社会谁来拯救呢？所以孔子"一意孤行"地推行"小康"社会，他从政的失败经历充满了殉道的色彩，显得悲壮而崇高，这是孔子救世精神的最好传达。孔子影响着中国政治几千年的发展，而他对政治的影响不是来自他的从政实践，而是来自他的思想。

三、文治教化，往圣绝学薪火传

孔子的政治活动虽然失败了，但是他的教育事业却对后世产生了巨大的影响。孔子承继先贤往圣的思想精髓，开创私学，以兴办教育的方式介入政治，干预社会，实践理想，找到了弘扬其道的最好途径。相传他育有弟子三千，其中精通六艺的有七十二贤人，教学网络覆盖了当时的整个中国，中华民族整体的文化水平因为他得到了空前提高。

（一）创办私学，有教无类

教育是国之重器，孔子抱有改革天下的宏愿，因而分外注意发展教育事业。他创造性地兴办私学，打破了贵族对文化教育的垄断，第一次将贵族宗庙里的知识共享给社会各阶层的人们。这是中国历史上开天辟地的大事件，从此中华文化由王公贵族把持的涓涓细流，汇集成汪洋大海。

孔子提倡教育公平，"有教无类"，尊重每个人受教育的权利。他门下生源十分复杂，齐、鲁、宋、卫、秦、晋、陈、蔡、吴、楚等不同国家的人都有。学生出身也遍及社会各阶层：有穷居陋巷的颜回，有"三日不举火，十年不制衣"的曾参，有家无立锥之地的仲弓，有贵族子弟孟懿子、南宫敬叔，有"家累千金，结驷连骑"的大商人子贡，有曾为大盗的颜涿聚……这些弟子在读书讨论时，常因各自立场和生活经历的不同争得面红耳赤，观点不断碰撞交流，这不仅有利于学术的繁荣，更促进了文化在整个社会的普及。

孔子教育注重弘扬高尚的德行。孔子认为年轻人在家要孝顺父母，外出要服从兄长，做事要谨慎、讲信用，要对大众有爱心，亲近有仁德的人，这样做了之后还有精力，就要学习《诗》《书》《礼》《乐》等知识。所以品德为先，知识其后，孔子要培养的是德行高远的"君子儒"。所以当樊迟向孔子请教如何种庄稼、种菜时，孔子说"樊迟真是个小人"。"小人"是指学成某一专业并以此谋生的"小人儒"。孔子强调朝廷重视礼，百姓就不敢不尊敬；朝廷重视义，百姓就不敢不服从；朝廷重视信用，百姓就不敢不说出真实情况。如果能做到这样，四面八方的百姓就会背着小孩来投奔，哪里用得着为政者自己去种庄稼呢？由此可见，孔子并不灌输给学生静态的知识，锻炼他们的专业技能，而是立足于培养学生的道德，形成他们的价值观与判断力，而后让他们用自己的所学去改造社会，为天下谋太平，为百姓谋福祉。

孔子在教学时充分调动学生学习的主动性。他说："不愤不启，不悱不发。"教育学生不到冥思苦想而不可得的时候，就不去开导他，不到想说而又说不出来的时候，就不去启发他。孔子鼓励学生畅所欲言，表达观点，而后再进行点拨，并敦促学生要举一反三，拓展视野，深化思维。"夫子教人，各因其材。"孔子还能"因材施教"，根据不同学生的禀性对他们施以不同的教学方法。子路和冉有曾向孔子请教同一个问题——"闻斯行诸"，明白了道理就可以马上行动吗？孔子给子路的答复是："有父兄在，怎么能不请示就行动呢？"但回答冉有时则说："明白了就行动吧。"弟子公西华对此很好奇。孔子告诉他："冉求（冉有）做事瞻前顾后，要多鼓励他；仲由（子路）的勇气过人，但爱莽撞冲动，因而要让他慎重。"在《论语》中，我们还可以看到孔子在回答仁、孝、君子、政治等问题时，对不同弟子回答得各有不同，这不是孔子没有固定的观点，而是他可以根据不同学生的特点给予最恰当的指引，这真是教学的最高境界。

孔子培育了众多天下英才。《史记·孔子世家》记载：孔子到楚国后，楚国的国君楚昭王曾想将方圆七百里的土地分封给孔子。结果楚国令尹子西对楚昭王连发四问："楚国的外交人才，有没有像子贡那样杰出的？""辅佐楚王的大臣有没有能比得上颜回的？""楚国的将领有没有能和子路相抗衡的？""朝廷机构的管理人员有没有比宰予还厉害的？"楚昭王的回答都是"没有"。子贡、颜回、子路、宰予都是孔子的弟子，子西警告楚昭王如果将土地分给孔子，以孔子和他弟子的能力，其今后势力一定会对楚王造成威胁，于是楚昭王打消了分封孔子的念头。这件事于孔子而言虽然遗憾，却也让人们看到孔子育人的巨大成功。孔子先进的教育理念和科学的教育方法至今仍极大影响着中国的教育。

（二）删述"六经"，承继圣学

孔子皓首穷经，在晚年整理了散落在民间的古籍——《诗》《书》《礼》《乐》《易》《春秋》，即"六经"。《诗》即《诗经》，是中国历史上第一部诗歌总集。孔子将《诗经》删定为311篇（现存305篇），书中"乐而不淫，哀而不伤"的有节制的伦理情感为孔子所倡导，这种情感也成为中国传统国民性的表现之一。《书》是我国最早的一部历史文献汇编。相传孔子晚年汇集了各种重要文献资料，最终选编了虞、夏、商、周时期的典章制度等文书百篇。这部文集记载了中国政治最古老的风范，东汉王充将其称为"尚书"，意为"上古帝王之书"。《礼》记录了中国古代礼仪制度，孔子强调"安上治民，莫善于礼"，修订《礼》承载着他恢复社会秩序、安邦定国的企盼。《乐》指音乐方面的技能与制度，"移风易俗，莫善于乐"，孔子将乐视为"治国、平天下"的重要工具。《易》即《周易》，也叫《易传》《易经》，孔子将这部古代卜筮之书点铁成金，使其脱胎换骨地成为总揽宇宙人生奥妙的哲学书籍。《春秋》是孔子根据鲁国《春秋》写定的另一部《春秋》，虽然孔子根据鲁国国史进行创作，但是他却并没有抱着狭义的国家观念，而是记录了当时整个中国的霸业，并且以隐寓褒贬的笔法，表达出自己的政治理想。孔子的《春秋》记载了从公元前722年至公元前481年这二百四十二年间的历史，是中国历史上第一部叙事完备的编年体史书。孔子曾说自己"述而不作"，只传述中国文化而不创作，但实际上他在整理这些古代文献时，为它们赋予了新的意义，使它们能更好地指导着人们的思想和生活。孔子带着薪火相传的历史责任感与文化使命感整理古籍，为这些经典的传世做出了巨大贡献，奠定了中华文化的文献基石，是真正的承继往圣绝学。

孔子虽布衣出身，却志存高远，将探究宇宙人生的大道作为自己的使命；又立德修身，将提高人格境界使之臻于至善作为毕生的目标；他"学而不厌，诲人不倦"，将继承和弘扬中华优秀文化作为自己的职责。孔子以"穷则独善其身，达则兼济天下"的满满正能量为中华民族的发展立下千秋万载的功勋，中华文化的基本精神几乎由孔子一手建立，"礼仪之邦"在其身后得以实现，"大同世界"至今仍"任重而道远"。孔子是古老的，也是年轻的；是中国的，也是世界的。他是中华民族当之无愧的"至圣先师"，也是"世界十大文化名人"之首。孔子一直在影响着人类历史的脚步，他的思想辉耀千古！

他为什么被奉为儒家『亚圣』

——儒家早期重要代表人物孟子

○ 孙丹丹

孟子，生于公元前372年，卒于公元前289年，名轲，字子舆，山东邹县人。孟子是鲁国贵族孟氏后裔。《史记·孟子荀卿列传》载："受业子思之门人。"子思即孔子的孙子孔伋，孔伋的老师是孔子的弟子曾参。

孟子学成后，同先师孔子一样，周游列国，游说诸侯，宣传他的学说并谋大用。他先后游历齐、宋、滕、魏、鲁等诸侯国，宣传自己的政治主张，但他始终没有得到真正能将其学说付之于政治实践的机会。到了晚年，孟子不再出游，而是以著述为务，致力于传道。《史记·孟子荀卿列传》载："退而与万章之徒序《诗》《书》，述仲尼之意，作《孟子》七篇。"

孟子生逢战国时代，政局动荡、社会转型、百家争鸣，今天我们身处全球化时代，时局千变万化、思潮纷繁复杂、内心躁动不安。我们与孟子虽然生活在不同的时代，但都在追问同样的问题：哪一种价值才是我们所信仰的？哪一种生活才是我们所期许的？我们究竟想成为怎样的人？

什么才是我们的人生理想和人生信条？这些困扰着现代人的问题，同样也困扰着战国时期的古人。孟子面临的是礼崩乐坏后各种思想风潮的冲击，我们又何尝不是在遭遇来自不同民族的文明制度的冲击呢。因此我们试图与圣人对话，去探讨今天的疑惑，希冀得到他的传道、授业、解惑。

一、仁心仁政，内圣外王

孟子与孔子一样，其政治主张被当政者认为迂腐、空谈，对处理具体事情没有什么价值，因而未被采纳。这种"迂远"，正是孔孟的坚守，正是儒家的精神，正是中国社会保持向善力量的源泉。下面，我们来看看圣人的"知其不可而为之"。

孟子主张仁心治政，在孔子德治的基础上，提出了仁政的思想。孟子说："仁，人心也。"他解释说，"仁"是发自内心的对他人的怜恤、同情、爱护的心情。《公孙丑上》载："人皆有不忍人之心。先王有不忍人之心，斯有不忍人之政矣。以不忍人之心，行不忍人之政，治天下可运之掌上。"依照孟子的思想，仁政就是仁者治政，有仁心的施政者以对人民的怜恤、同情、爱护之心来治理国事民生。如此仁政的结果便是："民之归仁也，犹水之就下、兽之走圹也。"百姓归向仁德的君主，犹如水向低处流，兽向旷野跑一样。《离娄上》载："三代之得天下也以仁，其失天下也以不仁。国之所以废兴存亡者亦然。天子不仁，不保四海；诸侯不仁，不保社稷；卿大夫不仁，不保宗庙；士庶人不仁，不保四体。今恶死亡而乐不仁，是犹恶醉而强酒。"三代者，夏、商、周。夏禹、商汤、周文王、周武王得天下，是因为仁德，夏桀、商纣王失天下，是因为不仁。国家兴盛衰败、生存灭亡的原因亦在此。天子不仁，不能保有天下；诸侯不仁，不能保有国家；卿大夫不仁，不能保有宗庙；士人和百姓不仁，不能保有自身。如果害怕死亡，却又乐于干不仁的事，就如害怕喝醉却硬要多喝酒一样。

孟子提出"仁者无敌"，认为这是仁政的最高境界。一个有着仁爱之心的君王，是不会轻易发动战争的，他所关注的是"省刑罚、薄税敛、深耕易耨"，即减免刑罚、减轻赋税、让百姓精耕细作。仁者关注的是内部的建设与发展：只有国内安定，才可以抵御外部侵扰；只有国内繁荣，才有能力和实力迎战外辱。这便是"仁者无敌"的深远意义。孟子所言，其情真、其心诚、其理明。这一理想虽然在当时未能最终实现，但却对今日之治国有着积极的指导作用。"仁者无敌"在今日看来，就是最理想的、不战而胜的治国之方。

那么如何才能行仁政呢？孟子主张"内圣外王"。其中的逻辑是"内圣"才能"外王"，一个人只有内在修己，进而才能对他人行仁义，这是儒学"推己及人"的思维方式，是儒学的至高境界。《梁惠王上》载："老吾老，以及人之老；幼吾幼，以及人之幼。"从个人修身来看，只有修身正己，才能承担齐家、治国、平天下的历史使命；从国家政治来看，君王只有德位兼备，才能以仁政来影响国家的政治、百姓的生活。所谓"枉己者，未有能直人者也"，即正人先正己，推之百世而不悖。"内圣外王"对于平凡的我们同样适用，它启示我们：首先加强个人的道德修养对任何社会成员都是极为重要的，其次增强个人服务社会、承担社会责任的公共意识，对现代社会公民来说同样不可或缺。

司马迁是深刻的，他看到了儒家的坚守。他写道："卫灵公问阵，而孔子不答；梁惠王谋欲攻赵，孟轲称大王去邠。此岂有意阿世俗苟合而已哉！持方柄而内圆凿，其能入乎？"拿着方榫头却要放入圆榫眼，哪能放得进去呢？这不是孔子、孟子不知道卫灵公、梁惠王所想，而是他们不愿意迎合卫灵公、梁惠王的不义之战，所以被认为"迂远而阔于事情"。秦始皇甚至以"妖言以乱黔首""诽谤我，以重吾不德也"这样的罪名，焚书坑儒，儒生的"不合时宜"的、"知其不可而为之"的执着，最后让他们付出了生命的代价。苏轼说："不合时宜，惟有朝云能识我。独弹古调，每逢暮雨倍思卿。"如果你也是不合时宜的人，大可不必因此烦忧，看看这些卓越古人，应该也会有所慰藉。"不合时宜"只是还有自己的坚守，无论你坚守的是什么，总好过"无坚可守"。

孟子知道诸侯很可能不推行他的主张，但是他还是义无反顾地去奔走、去说服。孟子奔走的一生，是有良知的知识分子热血热肠的一生，是盼世间尽早实现和平、公平、正义的一生，是渴望照亮一方天地的一生。正如一首歌中所唱："也知道自古漫漫人生路……也知道难得糊涂才是福，却忍不住要为天下苍生，登高一呼！"

二、尽心知性，浩气长存

我们究竟想成为怎样的人？中国的先哲们不断探索着这个问题。道家知晓自然之妙用，追求逍遥之态；佛家明白尘世之变幻，接受世事无常。只有儒家选择入世有所担当，儒家虽然也明了这种无常与无为，但还是保持着积极向上的心态。正因如此，中华民族才能在经历了诸多磨难之后，依旧屹立在这片古老的东方沃土之上。

孟子继承了儒家的这种乐观精神，积极引导人们的心性、行为，为人们成为怎样的人指明方向——人人可以"尽其心"，最终达到"人皆可以为尧舜"的理想境界。孟子曰："尽其心者，知其性也。知其性，则知天矣。存其心，养其性，所以事天也。"充分发挥人的善良的本心，就是知晓了人的本性。知晓人的本性，就知晓天命了。保持人的本心，养护人的本性，这是侍奉上天的办法。

在通往圣人的路上充满诱惑和磨难。"故天将降大任于斯人也，必先苦其心志，劳其筋骨，饿其体肤，空乏其身，行拂乱其所为，所以动心忍性，曾益其所不能。"孟子这段传诵千古的励志名言，至今仍闪耀着灼灼光华，激励人们在艰难困苦中经历考验，磨砺、充实和提高自己，使意志更加坚定、能力更为强大，最终成就一番作为。"人恒过，然后能改；困于心，衡于虑，而后作；征于色，发于声，而后喻。入则无法家拂士，出则无敌国外患者，国恒亡。然后知生于忧患而死于安乐也。"这种忧患意识，对于国家政权如此，对于个人而言又何尝不是如此？那些不经风雨的子弟，那些温室中培育的后辈，有几个能真正成人成才？

除了经历必要的磨砺，更要"养浩然之气"。什么是浩然之气？"难言也。其为气也，至大至刚，以直养而无害，则塞于天地之间。其为气也，配义与道；无是，馁也。是集义所生者，非义袭而取之也。行有不慊于心，则馁矣。"浩然之气是结合全部的义气而产生的，而非一次偶然的正义就能酝酿而成。如果做了有亏道义的事情，就会气馁，可见浩然之气的涵养是非常艰巨的。真正养成浩然之气的人，在孟子看来就是顶天立地的大丈夫。《滕文公下》载："居天下之广居，立天下之正位，行天下之大道。得志，与民由之；不得志，独行其道。富贵不能淫，贫贱不能移，威武不能屈，此之谓大丈夫。"在天地间找到自己的安身立命之所，处天下正位，品行端正，行仁义之道。得志与百姓同乐，不得志也可以实现自己为人的志向。面对富贵，不会荒淫无度；面对贫贱，不会堕落哀怨；面对威武，更不会卑躬屈膝。这就是顶天立地的正人君子。孟子的告诫，让我们更加清楚人在生存的同时，也要实现生命的价值。从内到外，从心到行，都要坚持自己的本性，不偏不倚、不慌不乱、养浩然之气，最终达到自己为人的最高精神境界。

即使我们从未想过成贤成圣，但是我们生而为人，就应该珍视自我认识的过程，在追寻自己的途中，不断地发现自己、认识自己、纠正自己、超越自己。今天的自己，是昨天的自己的延续，更是明天的自己的准备。当然这个过程极其复杂，因为不同的人生际遇、知识背景、教育环境，会给予我们关于自己、关于人性不同的答案，但是只要有了修养的自觉，我们总归会变成更好的自己。

三、民贵君轻，本固邦宁

两千多年的中国封建社会一直实行君主专制制度，君主拥有至高无上的绝对权力，因此孟子的民主学说一直不为当政者采纳也是情理之中。某些君王在修书时将孟子的类似民主言论删除，更有甚者，如明太祖朱元璋，直接将孟子逐出孔庙。孟子到底如何惹恼了这些人呢？

孟子是我国古代最富有民主色彩的思想家，较之他以前的思想家，他更明确地主张人民是国家的根本，不是人民依赖君主，而是君主依赖人民。

孟子主张"得民心者得天下，失民心者失天下"。《离娄上》载："桀纣之失天下也，失其民也；失其民者，失其心也。得天下有道：得其民，斯得天下矣；得其民有道：得其心，斯得民矣；得其心有道：所欲与之聚之，所恶勿施尔也……故为渊驱鱼者，獭也；为丛驱雀者，鹯也；为汤武驱民者，桀与纣也。"得到民心就得到百姓，得到百姓就得到天下。如何得到民心呢？百姓想要的替他们聚集起来，不想要的不强加给他们。将鱼驱赶进深渊的是水獭，将鸟雀驱赶进树林的是鹯鹰，将人民驱赶向商汤、周武王的是夏桀和商纣。孟子总结历史上国家政权兴废存亡的经验，提出不行仁政的统治者会失去民心，如"为渊驱鱼""为丛驱雀"。獭吃鱼，鱼便游集到深水，鹰食雀，雀便飞入丛林，暴政害民，人民便拥护新政权，这是亘古不变的历史规律。古今中外，一代代王朝的败亡、覆灭，都证明了这个规律。执政者不以民为本，反而或骄奢淫逸，或穷兵黩武，以致民不聊生、民怨沸腾，最终难免落到亡国亡身的悲惨下场。孟子以民心向背作为得失天下的首要条件，这一思想，对后世影响颇深，每一个朝代的缔造者都在不同程度上实践着孟子的这种思想。

孟子重视民生。孟子深知要得民心，不能光喊口号，要靠实际行动。他也知道这不是一朝一夕之事，一时一事之功，要靠长期的施政实践积累。《梁惠王上》载："不违农时，谷不可胜食也；数罟不入洿池，鱼鳖不可胜食也；斧斤以时入山林，材木不可胜用也。谷与鱼鳖不可胜食，材木不可胜用，是使民养生丧死无憾也。"不违农时保证人民按农时季节生产劳动，不在农时征发徭役，保护鱼苗和按时封山禁伐，都是为了保障人民的生产和再生产。除此之外，孟子还提出恢复井田制。《滕文公上》载："方里而井，井九百亩。其中为公田，八家皆私百亩，同养公田。公事毕，然后敢治私事。"其实质是一种土地私有制度。轻徭薄税、保障生产、田地私有等，这些都是孟子提出的养民保民的重要举措。孟子"勿夺其时"的思想，为当代严峻的环境问题和备受关注的"环境经济学"提供了一种古老的智慧。如何在利用自然的同时，保持自然的正常生态？如何在天人之间寻得平衡？这是孟子的质朴智慧，大道至简，值得我们深思和求索。

孟子主张"民贵君轻"，这对后世产生了积极的影响。《尽心下》载："民为贵，社稷次之，君为轻。是故得乎丘民而为天子，得乎天子为诸侯，得乎诸侯为大夫。诸侯危社稷，则变置。"古人将社稷作为国家政权的标志，历代王朝立国，必先立社稷坛，而灭人之国，必变置社稷坛。人民最重要，其次是社稷，再次是君主。国君危害社稷，就可以改立国君。今天看来如此合理的思想，在当时某些君王看来，或许称得上是大逆不道了。"民贵君轻"是孟子民主思想的精华，我们不能只理解它字面的意思：民是尊贵的，君的地位在民之下。因为孟子仍然是尊君的。《万章上》载："然则舜有天下也，孰与之？"曰："天与之。"孟子主张"君权天授"。不过孟子认为天道在授予君时要考虑人民的视听。他引用《尚书·泰誓》曰："天视自我民视，天听自我民听。"因此孟子主张天道、君主、民众的关系是天道授予君主、君主治理民众、民众的视听又影响天道，这是非常深刻的政治哲学。我们放眼今天中西方的任何一种政治格局,哪一种体制不是既有党派的政权统治,又有民众视听的合理通道,缺少哪一边都会将国家置于危机之中。孟子的政治眼光是极其高远,令人钦佩的。

孟子的"民本思想"为现代民主社会的建立,提供了沉淀千年的沃土。这种民主思想不仅能够应用在政治属性中,它放之四海而皆准,放在任何一个家族、团队、集体、企业中都是值得借鉴和思考的。正应了孟子的名言:"得道者多助,失道者寡助。寡助之至,亲戚畔之。多助之至,天下顺之。以天下之所顺,攻亲戚之所畔,故君子有不战,战必胜矣。"

四、精研覃思,教化英才

"教育"一词,最早见于《孟子》一书。《尽心上》有云:"君子有三乐,而王天下不与存焉。父母俱存,兄弟无故,一乐也;仰不愧于天,俯不怍于人,二乐也;得天下英才而教育之,三乐也。"孟子中年办学,晚年则以全部心力从事著述和教学活动,他教育的弟子门人在战国形成人数众多、影响最大的"孟子学派"。孟子为中国教育史留下了重要的思想遗产,堪称成绩卓著的教育家。

孟子深知教育的重要使命。孟子回答梁惠王的提问,认为民众"养生丧死无憾"只是"王道之始也",还要"谨庠序之教"。在解决了基本的民生问题之后,要兴办教育以提高民众的道德素养,建立一个安居乐业、情操高尚、和谐安定的社会。可见孟子认为想要实现理想中的"王道"社会,离不开对民众的教化和启迪。从治理天下着眼,孟子认为,教育的作用比政治的约束更有效果。《尽心上》载:"善政不如善教之得民也。善政,民畏之;善教,民爱之。善政得民财,善教得民心。"办好教育,能得到人民心悦诚服地拥护,就可以不治而治，不敛而足。

孟子继承孔子的"有教无类"思想，甚至更为宽泛。孔子虽然强调有教无类，但是对学生在道德上要求严格，要求大家做君子不做小人。孟子当然也希望自己的学生成圣成贤，但同时孟子对待学生有种超然心态，所谓"往者不追，来者不拒。苟以是心至，斯受之而已矣"，走了的不追问，来到的不拒绝，只要怀着求学的心来，就接受他们。

孟子的教育方式多样。孟子云："教亦多术矣。"《尽心上》载："君子之所以教者五：有如时雨化之者，有成德者，有达财者，有答问者，有私淑艾者。此五者，君子之所以教也。"孟子提到的五种学生：第一种指跟随在他身边的学生，他可以随时随事适时点化，重在言传身教；第二种指注重道德修养的人，重在成就其高尚的品德；第三种注重提高知识才能，重在成就其通达的才干；第四种学生提出具体的问题，重在解惑；第五种是未能亲身聆听教诲者，重在以所闻言行为师。孟子之于孔子就是这样的"私淑"者，此种更在于学生自己的精研覃思，以求学有所获，这是孟子的"因材施教"。当然孟子还提出很多共通的教育方针，例如：以"不为拙工改废墨绳"说明学习要有标准和规矩；以"贤者以其昭昭，使人昭昭"说明为师者要首先拥有才干；以"一曝十寒、弈秋教弈"说明学者自身努力的重要性；等等。

孟子提倡兴办教育。滕文公向孟子请教如何治国，孟子提出他的仁政纲领，其中一个重点是兴办教育。《滕文公上》载："设为庠序学校以教之。庠者，养也；校者，教也；序者，射也。夏曰校，殷曰序，周曰庠；学则三代共之。皆所以明人伦也。人伦明于上，小民亲于下。有王者起，必来取法，是为王者师也。""庠、序、学、校"是夏商周三代各类学校的名称，有朝廷办的、乡办的，历代名称或有不同，统言之便是中央到地方的各级各类学校，孟子提出兴办教育是各级政府的职责。

孟子更深刻地提出育人是每个人都可以、甚至应该承担的社会职责。《离娄下》载："中也养不中，才也养不才，故人乐有贤父兄也。如中也弃不中，才也弃不才，则贤不肖之相去，其间不能以寸。"遵循仁义的人教化背离仁义的人，有才能的人教育才能不足的人，所以人人都乐于有贤良的父兄。如果遵循仁义的人厌弃背离仁义的人，有才能的人厌弃才能不足的人，那么贤能与不肖的差别又在哪呢？连一寸的距离都没有了。孔子说"三人行必有我师"，韩愈说"人非生而知之者，孰能无惑？"所有为我们人生解惑的都可以被称为"良师"。孟子认为育人不但是教师的职责，也是所有有识之士应当共同担负的使命。这种主张体现了一个文明社会的基本教养：每个社会体制中都会存在先知先觉者，他们是智慧的先驱，引领社会价值的走向；紧跟先驱的是社会的精英，他们成为智慧的践行者；社会中占大多数的是庸常大众，他们需要正确的价值导向和智慧启迪。如果我们注定是庸常大众，那么我们感谢孟子的"不弃之恩"。

教育乃立国之根本，它是民族振兴、社会进步的基石。教育，不仅寄托着个人成长的希望、家庭的希望，更承载着一个国家发展的希望。回首过往，所有我们不兴师重教的年代，都是民族满目疮痍、甚至不堪回首的历史，是国家低速发展、甚至停滞不前的时刻。因此，我们感恩孟子用他深邃的思想教化英才，并鼓舞一代又一代华夏英才去培养更多的人杰，教化更多的平凡人。

儒家文化既是民族古老的血脉，又是民族新鲜的血液，常读常新；儒家思想不仅影响着国人的品格，更在世界舞台上与其他文明平等而积极地对话，和而不同。我们的民族将"孔孟"尊为圣人，这便是我们民族生生不息的力量与智慧源泉，我们的民族何其幸哉！孔子的教导春风化雨、润物无声；孟子的箴言金声玉振、振聋发聩。他们都是我们跨越时空的良师益友，为我们的人生传道、授业、解惑，我们何其幸哉！

他为什么被奉为『东方三大圣人之首』
——道家学派创始人老子

○ 薄 海

　　在中国历史上，老子是一个神秘的存在，以至一说到老子，人们就有一连串的问题：在被德国思想家卡尔·雅思贝尔斯称为人类文明的"轴心时代"的公元前500年里，大家云集，群星璀璨，老子为什么能在其中享有一席，享誉世界的英国国家图书馆——大英图书馆内矗立着世界十大思想家的塑像，其中有三人来自东方：老子、孔子、慧能，他们被西方学者合称为"东方三圣"，老子为什么能居于"东方三圣之首"；孔子是儒家学派的创始人，且门下有贤人七十、弟子三千，为什么能有孔子向老子问道的记载和传说；老子西出函谷关，一路上黄沙、白髯、青牛、紫气伴着匆匆行色，这为什么能成为中国文化史上一幅最美妙的图景……这一切皆因老子撰著了一部天才的大作——《道德经》。

　　《道德经》共81章，前37章为《道经》，后44章为《德经》，全书共计5000余字。因为它内容涉猎广泛，有人认为它是治国之书、权谋之书，也有人认为它是养生之书、气功之书，还有人因其与道教的关系认为它是宗教之书。不管《道德经》是什么书，总之书中涵盖了天地大道、世间至理、万物规律、人生智慧……这些人类文化的宝贵财富使其在全世界范围内有1800多种版本，发行量和名望堪比《圣经》；让它被不同时代、不同国度的人手捧口述，反复品读，奉为至宝；也使其作者老子赢得了泰山北斗之地位。

今天，我们就怀着敬畏的心情，走进思想圣殿——《道德经》，开启一段超越时空的文化之旅。

一、合而观之的觉悟

哈佛大学的著名汉学家本杰明·史华慈认为，老子思想中体现了整体主义的世界观。《道德经》中"道"这个词一共出现过76次，"道"是老子提出的一个重要哲学观念，它是可以阐述解说的，但是说出来的并不是那个浑然一体、永恒存在、运动不息的"道"。"道可道，非常道"，《道德经》在开篇就向人们揭示了一个规律：任何对"道"的表述，都无异于对"道"的切割——一旦你表述了它的存在，就注定了它的消亡；一旦你认为讲述得明白，其实就偏离了它的本身。想要理解《道德经》，乃至于了解老子和道家，极其重要的一个观念就是合而观之，我们必须知晓它的连续性、动态性和整体性，否则任何一种描述都将是"盲人摸象"。

无，是天地的初始，有，是万物的本源，从常无中观察道的微妙，从常有中观察道的边际，玄妙之玄妙，正是天地万物变化的源头。如此阐述"道"的老子是个什么样的人呢？

史料记载，老子是春秋末期人，姓李名耳，身长八尺八寸，方口大耳，眼大额宽。他生卒年不详，身份也是一团迷雾，《史记》中将李耳、老莱子、周太史儋三人都称作老子，孰是孰非难以评判。老子的生平，像他的学说一样神秘。有历史学家推论，老子与孔子处在同一时代，年纪比孔子大。

从宏观上，我们可以同时看到老子的两个影子，哲学的和宗教的。哲学的道家寻求智慧生命，认为万物之源、运动不居的天道观照了自然、社会、人生的各个方面，体现出一种对生命的超然态度。宗教的道家寻求长生之道，由神仙方术衍化形成，炼丹修仙、悬壶济世，不执着于物质世界，从而显示了精神力量。如果说两者有什么共同之处，那就是对"道"的传承。

哲学的道家，其衣钵传承在庄子身上。《史记》对庄子的描述是"其学无所不窥"，足见其知识的广博。庄子进一步发挥道家思想，心斋坐忘，逍遥其游。《道德经》中，老子说"人法地，地法天，天法道，道法自然"，把人与道、天、地并列，指出循环不息的道是效法自然而来的，体现了以人齐天的宇宙观。而庄子以人齐物，论述了"天地与我并生，而万物与我为一"，即"我"与宇宙万物浑然一体的思想。

就"德"来说，老子崇尚尊道贵德，言虚则无所不包，言实则处厚抱朴。"失道而后德，失德而后仁，失仁而后义，失义而后礼"，次第清楚。老子强调"常德不离"的先天具足，而庄子侧重"与乎止我德也"的后天修为。"与乎"是与人交往相处时的样子，"止我德也"表达了庄子的随性洒脱，表明他放弃了形式上的德。如果不了解《道德经》"上德不德，是以有德"的论述，就很难理解"止我德也"的真意，因为在道家看来，有心彰显的，都不是真正的德。

宗教和哲学的区别在于方向同、方法异。宗教的道家在传承上体现了制度化和组织性，道教在不同时代和地区，也发展出许多宗派。简单地说，不论任何道派都包含三项内容：符箓、丹鼎与心性修炼。这三者旨在使修炼之人身体健康、消灾解厄、善度此生。就宗教精神来说，既然"太上老君"是道教崇奉的神明，那么老子所写的《道德经》自然被奉为圣典，"清静无为""道法自然"也被打上了宗教标签。

《道德经》中也不乏宗教向度的语句，如"古之所以贵此道者何？不曰：求以得，有罪以免邪？故为天下贵"。人们重视此道的原因，不就是有求必得、有罪必免吗？《圣经》中有"原罪论"，认为人天生即是有罪的，信仰能将人们从"罪"中解救出来。《圣经》的祷告词中说："我们日用的饮食，今日赐给我们。免我们的债，如同我们免了人的债。"试问，人生在世，谁无所求？又孰能无过？此时宗教传达的价值是相通的，教派的事例和所信奉的经典必然会相互印证，使信仰它的人们相信可以得到救赎。道是万物的主宰，"善人之宝，不善人之所保"，道不仅是善良人的依赖，不善之人更应知其教诲。

"道生一，一生二，二生三，三生万物。万物负阴而抱阳，冲气以为和。"老子用阴阳二气相冲，论述了宇宙形成的过程，用"道"和"德"构建起一个完整的体系，空虚不盈，循环往复。无为无不为，万变不离其宗。

万物纷杂，各有根本。"复命曰常，知常曰明。不知常，妄作凶。"把握到规律就会有所觉悟，把握不到规律就会遭遇凶险。如此看来，领悟《道德经》的智慧，对人生具有启明作用。

"知常曰明"是讲恒常规律；"见小曰明"是讲见微知著；"自知者明"是讲形势判断；"不自见，故明"是讲聪明自误。万物皆来自同一根源，又回归这个根源。万物在道之内，道也在万物之中，一切都相互依存、相互联系，形成一个整体。"天地不仁，以万物为刍狗"，天地从不偏私，"刍狗"的命运即是你我的命运，有荣有辱，有成有毁，万物皆是如此。"宠为上，辱为下，得之若惊，失之若惊"，明白这个道理也就宠辱不惊了。

二、不为己生的解脱

颜色、声音、气味会引发欲望。《道德经》说："五色令人目盲，五音令人耳聋，五味令人口爽，驰骋畋猎令人心发狂，难得之货令人行妨。"这说明了物欲横流的危害。五色缤纷、五音繁乱、五味混杂，这些都是应该摒弃的东西，欲望使人疯狂，财宝使人德行败坏。老子十分鲜明地指出："咎莫大于欲得。"过错来自贪得无厌，祸患来自不知满足。同时，老子也指出了改变的方法："少私寡欲"和"不见可欲，使民心不乱"。

理智、欲望和恐惧是认知的三要素，影响着人们的情绪反应和价值判断。《道德经》中"不贵难得之货"和"绝巧弃利"的认知，都指向同一个答案——"少则得，多则惑"。《道德经》第四十四章，老子的三句问话直指人心、引发思考：名声与身体哪一个更亲近？生命与财物哪一个更贵重？得到与失去哪一个更痛苦？

在哲学领域，对人生经验的反省，离不开死亡这个话题。死是经验界问题，死亡一出现，经验就结束。谁有勇气直面死亡，谁就能打开解脱之门。

孔子说："未知生，焉知死。"让人误解儒家对生死持一种回避的态度。其实，《论语》中孔子对生死有着精准的了悟——"朝闻道，夕死可以"。旦夕之短，闻道格外迫切；死生之间，悟道则不枉活。钱穆先生在批注此处时说："一日之道即千万事之道，一日之生如千万世之生。"

《道德经》谈生死，"生之徒，十有三；死之徒，十有三；人之生，动之于死地，亦十有三"，是说世上正常活着的人占十分之三，夭折死去的人占十分之三，本来应该安享天年，却因妄为踏入死地的人，也占十分之三。道家的庄子也借助梦境谈到人死的五种原因：有贪图生存、违背常理的；有国家灭亡、惨遭杀戮的；有挨饿受冻、遭受灾难的；有作恶多端、惭愧而亡的；还有寿命到期、以终天年的。庄子的描绘离奇大胆，他把骷髅头拿来当作枕头，睡到半夜，骷髅进入梦境告诉他死后的情况：上没有国君，下没有臣子，人们自由自在与天地共生并存。庄子把生死比喻成气的聚散和昼夜的更替，认为生死是一件自然的事，这和古希腊哲学家苏格拉底的描述有几分相似。苏格拉底说死亡有两种情况：第一种情况是无梦的安眠；第二种情况是摆脱身体的束缚，就可以自由自在。

庄子天年已尽时，反对弟子厚葬。弟子说："我们担心乌鸦和老鹰会把老师吃掉。"庄子却说："在地上会被乌鸦和老鹰吃掉，在地下会被蝼蚁吃掉，从一边抢来，给另一边吃掉，真是偏心啊！"这种轻松诙谐、了脱生死的态度，才是逍遥之乐的真谛。

老子的生死观是通过"长生久视"来达到"不畏死"的境界。他在《道德经》中说："不失其所者久，死而不亡者寿。"魏晋玄学的代表人物王弼在批注"死而不亡"时说，"身殁而道犹存"。正所谓"天地所以能长且久者，以其不自生，故能长生"。天地之所以能长久的存在，是因为天地不为自己而生。道家不为己生的态度，既有浩然正气，又有普世情怀；既有宽容心态，又有进取精神。这种态度为后世带来了源源不绝的精神动力。

老子在《道德经》第七章的结尾说道："是以圣人后其身而身先，外其身而身存。"正因为无私，所以圣人才能够成就自己。"及吾无身，吾有何患？"

从社会学的角度看，人的死亡是社会关系的瓦解，"我"死了，"我们"也不复存在。因此人们把对不朽的期盼寄托在对名望的追求上，古人提出"立德、立功、立言"，都是希望在社会上留下好的名声与影响。

从生物学的角度看，不朽即为传宗接代，"子子孙孙无穷匮也"，生命得到延续就等于不朽了。因此才有"不孝有三，无后为大"的说法，我们每一个人的生命都在某种意义上见证着祖先过去的存在。

生命的不朽，不仅体现在传宗接代上，更体现在精神的继承上。《道德经》中"死而不亡者寿"是说肉体会死去，但精神不会灭亡。精神上的追求靠理性和智慧，而不是情感。苏格拉底在喝下毒药之前，他的学生哭着问："您死后，我们要如何生活呢？"苏格拉底平静地说："按你所知最善的方式去生活。"对于死亡，逃避是解决不了问题的，因为逃避本身也是一种痛苦。苏格拉底明白，没有比死亡更大的痛苦，也没有比死亡更大的解脱。

老子说："谷神不死，是谓玄牝。玄牝之门，是谓天地根。"生生不灭的那个存在，就是万物存在的根源，阴阳激荡，运行不怠。

三、有无相生的玄妙

中国哲学的鲜明特色就是关于阴阳的论断。《周易》中讲"一阴一阳谓之道"，《道德经》说"万物负阴而抱阳，冲气以为和"。中国哲学认为，阴和阳交互作用、对立分别，是宇宙存在变化的根源。《说卦》把阴阳普遍化，认为"立天之道曰阴阳，立地之道曰柔刚，立人之道曰仁义"。《周易》中的阳爻代表主动力，阴爻代表受动力，阳中有阴，阴中有阳，阳极生阴，阴极生阳，变化无穷。

西方机械论宇宙观认为动力由外而来，而中国哲学的宇宙观则强调阴阳彼此为对方提供存在条件，形成变化推移的动力和根源。老子说："有无相生，难易相成，长短相较，高下相倾，音声相和，前后相随。"有与无互相依存，难与易相辅相成，长与短互相比较，高与下互相依靠，音与声互相和谐，前与后互相跟随，这是永恒的现象。一旦一个概念被提出，对立的概念也随之产生，有正就必然有反。从阴阳相互结合，看到了正反两面的对立转化关系，这种辩证法正是老子思想的精华。"有物混成，先天地生。寂兮寥兮，独立而不改，周行而不殆。"老子正是以这种虚无的天道取代了商周以来的天命观，从而论证和构建了自己的宇宙观。道家文化学者陈鼓应评价说："老子首次把人的思想视野从现象界提升到道的领域。"

福和祸、美和丑、进和退、动和静……事物总是互相依存，相辅相成。"祸兮福之所倚，福兮祸之所伏。""塞翁失马"的故事，就很好地说明了这个规律。

同样，美和善固然好，但如果刻意追求，也会走到反面。"天下皆知美之为美，斯恶已；皆知善之为善，斯不善已。"当人们都知道什么是美的时候，丑就出现了；当大家都知道什么是善的时候，就显露出不善了。定义善也在偏离善，反复强调善，恰恰恶就被放大了。"正复为奇，善复为妖。"正又变成邪，善再变为恶，并没有一定的标准，老子揭示了对立双方转化的现象和规律。

美也是如此，女孩子为了追求美貌打扮、化妆甚至整容，如果美之中夹杂着虚荣、矫饰、嫉妒，也就走向了丑。大街上喊一声"美女"，姑娘、大妈都会转过头来，这种对美的极度张扬，结果造成美的无限贬值。"信言不美，美言不信"是说，真实的话语不华丽，华丽的话语不真实。所有的观念都是这样，讲多了立即走向反面，这个问题值得细细品味。

老子说"反者道之动"，物极必反，回归本原，这是道的循环运动方式。单就社会治理层面来说，"爱民治国，能无为乎？"老子指出，治国的关键在于清静无为，统治者必须效法天道，无私无欲，善待百姓。"是以圣人处无为之事"，无为不是什么都不做，而是"为之于未有，治之于未乱"，问题还处于萌芽状态就解决掉，这就是圣人不发号施令，顺其自然的道理。"道常无为而无不为。侯王若能守之，万物将自化。"

尽管都是在阐述阴阳变化，但是《周易》中多以君子论，《道德经》中多以圣人论。圣人在老子的笔下共提到32次，《道德经》中的圣人身份特殊，既是"抱一为天下式"的启明者，也是"处上而民不重"的统治者。圣人是时时警惕的，"豫兮若冬涉川"，像如履薄冰一样谨慎。"圣人被褐而怀玉"，衣着质朴却胸怀天下。圣人做欲望的减法，"去甚、去奢、去泰"，去除极端的、奢侈的和过度的。圣人的修炼方法是"致虚极，守静笃"。追求虚，要达到极点，守住静，要完全确实，做到清静无为，才能领悟道的真谛。

老子所说的"有道者""善为道者"也皆指圣人。"我"也是圣人的指代词。他说："我有三宝，一曰慈，二曰俭，三曰不敢为天下先。"第一宝，"慈"是指爱。正因为慈爱，才能"常善救人"。第二宝，"俭"是指珍惜。"治人事天，莫若啬。"正因为有爱惜的精神，才能获得道的支持。第三宝，"不敢为天下先"是说不敢处于众人的前面。江海所以聚集河流，"以其善下之"，是因为它善于处在低下的位置。慈爱能勇敢，俭啬能宽广，谦下能率众，拥有这"三宝"，就能够稳固，背弃这"三宝"，就会走向死亡。

圣人以无为的态度处事，以不言的方法教人。"生而不有，为而不恃"，任由万物生长而不加以干涉。老子用"处下"的智慧，"做减法"的哲学，把中国人的思维引向简约、质朴。"有"是显，"无"是隐。"有"是具体的现象，"无"是抽象的本质。通过"有无相生"的辩证法，人们可以洞察事物背后相互转化的规律。"损之又损，以至于无为"，无为而无不为，在"玄之又玄"中，找到天地变化的总源头。

四、上善若水的智慧

俗话说："人往高处走，水往低处流。"人最怕处于卑下的地方。然而，《道德经》第八章"上善若水"以水为喻，以自然的启示告诉人们谦下不争的道理。最高的善就像水一样，善于滋养万物而不与其争夺，汇聚在人们厌恶的低洼之处，因此近于大道。

《周易》中有一卦叫"地山谦"。这一卦是《周易》中最特别的，也是唯一一个六爻"非吉则利"的卦。山本来是高于地的，这一卦的意象是山藏于地下，代表谦卑，胸中有沟壑，也代表着心胸宽广。《道德经》讲，"天道损有余补不足"，山藏在地下，损无可损，故君子有终。

在孔子的弟子中，子路让人喜欢的，除了他的侠义性格之外，还有谦。孟子说他"闻过则喜"，我们每个人听到批评恐怕都难以高兴，子路听到别人的批评却很喜悦，极力去改正，这就是谦卑的品行。如果每个人都具备谦卑的品行，那么这个社会就是安分、负责任的社会。

《道德经》第八章中，论述了水的七种品质："居善地，心善渊，与善仁，言善信，政善治，事善能，动善时。"把"上善若水"的道理阐述得淋漓尽致。

"居善地"本意是指在低洼之地，水才能汇聚。"贵以贱为本，高以下为基"，下是基础，处于卑下的位置，心态也会像水一样安稳平静。处下的本质是不争，这样人便不会立于危墙之下。

"心善渊"是讲思虑的深邃，水聚方能成渊，成渊则深沉难测。《道德经》中两处提到"渊"这个词，"渊兮似万物之宗""鱼不可脱于渊"，"渊"的深邃"玄之又玄"，好像万物的主宰。人不能脱离道，就像鱼不能脱离水一样。

"与善仁"和儒家的思想相近，是从水利众生的角度，谈人际交往应该推崇友善。仁是儒家思想的逻辑起点。"仁者，二人也"，即是人与他人的关系。《论语》中有"里仁"一章，钱穆先生解读为"居于仁为美"。南怀瑾先生则把"里仁"解读为"亲近德行高尚的人"。《道德经》中"与善仁"的意思更接近于南怀瑾先生的阐述，即结交善良之人。"天道无亲，常与善人"，因果就摆在那里。

"言善信"，即说话要遵守信用。道反映在社会人生方面就是德。"其精甚真，其中有信。"信是对真假的验证，诚实不够就会失去信任。"信不足焉，有不信焉。"老子在谈德的时候也指出，忠信不够，就是社会混乱的开始。"忠信之薄，而乱之首。"

"政善治"是以水的智慧，谈为政要精于治理。水是平的，寓意为政要公平，水有洗涤的功能，为政也要激浊扬清。水是有力量的，冲击坚硬的东西没有能胜过水的。"天下莫柔弱于水，而攻坚强者莫之能胜"，老子的辩证思想也告诫统治者，水能载舟，亦能覆舟。

　　"事善能"是说处事要发挥特长，做事要像水的流动一样灵活，遇山则绕，遇洼则积，能载、能行。"流水不腐"是动的功用，沉淀澄清是静的智慧。"孰能浊以止，静之徐清？孰能安以久，动之徐生？"一动一静之间体现着水的善作善成。

　　"动善时"是说行动要等待时机。孔子说："时也，命也。"易学讲天命，天代表大势所趋，命代表个人际遇。"四时有明法而不议"，水能随着温度的变化呈现出固体、液体、气体三种形态，看似没有固定的形状，却最懂得配合时宜，充分显示了处世的智慧。

　　老子谈水的七善，侧重于对人生积极层面的启发，无论是道德修身，还是智慧觉悟，都离不开向善的力量。老子的哲学映射到生活中就是一种善恶观，人性中有了向善的力量，人的价值就得以确立。相反，善恶的判断失去标准，人们的价值观就会瓦解，社会就会陷入危机。老子提倡"居下""不争"，处于下，退于静，守于安，"夫唯不争，故天下莫能与之争"。

　　由表面看，道家显得消极无为、不与人争，但事实上并非如此，道家的哲学主张，就是要以保存生命活力的方式来生活，不将它浪费在无益的、损耗的事情上，因此首先要避免的就是摩擦和冲突。道家的特色是以整体与长远的眼光来看待自己当前的处境与应做的抉择，目的是让自己活得平安长久。道法的秘诀是"无有入无间"，以无有之形进入无间隙之中，从整体来突破空间的限制，从永恒来超越时间的限制，让生命呈现出活力的一面，走上正确的道路，活得充实而有意义。老子说："执古之道，以御今之有。能知古始，是谓道纪。"通晓古往今来，上升到精神原点，那个原点就是宇宙的初始，就是道运行的规律。

五、润物无声的影响

孔子和老子虽然同样身处春秋时期，但是面对乱世，却提出了不同的解决之法。儒家视角是仰望天空，以人道观天道，以仁义为标准构建社会秩序。道家视角是俯视苍生，以天道观人道，遵从自然的本性，探寻宇宙来源和生命归宿。《道德经》字句简约，行文宏大，语意奥妙，既有"飘风不终朝，骤雨不终日"的自然规律，也有"水善利万物而不争"的生存之道；既有"金玉满堂莫之能守"的盛极则衰，也有"圣人被褐而怀玉"的浑朴恬淡；既有"一曰慈，二曰俭，三曰不敢为天下先"的慈爱俭啬，也有"大军之后必有凶年"的反战告诫；既有"不尚贤，使民不争"的无为，也有"取天下常以无事"的无不为。恰如第七十八章所说的"正言若反"，老子以辩证思维揭示了普遍存在于自然、社会、人事间的矛盾对立转化规律。

同时，作为反省人生经验的哲学，《道德经》的许多思想观念与其他学说及流派也有相通相似之处。例如，我们读到庄子的"物物者与物无际"，就会想到老子的"迎之不见其首，随之不见其后"；读到《论语》的"以直报怨"，就会想起《道德经》的"报怨以德"，明白智者的境界能够化解世俗的恩怨；读到孟子的"先圣后圣，其揆一也"，就会对应到老子的"圣人抱一为天下式"。甚至读到《圣经》"他叫日头照好人，也照歹人，降雨给义人，也给不义的人"，也自然联想到《道德经》"是以圣人常善救人，故无弃人；常善救物，故无弃物，是谓袭明"。

更为重要的是，两千多年的时光并没有丝毫减损它智慧的力量，直到今天，我们遇到困难时随手翻翻《道德经》，仍然会获得诸多勉励，精神为之一振。读到"知足者富"，便知道要降低欲望；读到"既以为人，己愈有"，便知道给予是快乐的源泉；读到"失者同于失"，便不再去发牢骚；读到"强行者有志"，便知道要直面困难；读到"图难于其易"，便明白要把困难拆解，从简单处入手；读到"物壮则老"，便懂得事情成功就要收敛；读到"轻诺必寡信"，便不敢轻易承诺；读到"慎终如始"，便知道做事情越接近成功就越要小心失败……老子的智慧是说不完道不尽的，他留给我们的每一句话都饱含深意，值得我们细细思索、长久品味。

《道德经》在历史长河中闪耀着哲学光彩，在现实世界中折射着智慧光芒，我们透过精深玄奥的《道德经》，体会老子合而观之的觉悟、不为己生的解脱、有无相生的玄妙、上善若水的智慧、润物无声的影响。老子凭借光辉思想和无穷智慧，被奉为"东方三大圣人之首"，对此他当之无愧。他是中华民族的先知先觉者，我们永远是他的学生。

他为什么被奉为道家文化的『集大成者』
——道家早期重要代表人物庄子

○ 张冬颖

在春秋之后的两千多年中，对中国传统文化影响最深的是儒家、释家、道家。古来大抵说法是：以儒治世、以佛治心、以道治身。儒家文化在汉代之后被统治者尊为正统文化；释家文化也就是佛家文化，更倾向于市民文化；而道家文化其实可以看作是文人文化。老庄是道家的代表人物，庄子继承并发展了老子的思想，成为道家文化的集大成者。

庄子名周，生于公元前369年，卒于公元前286年，是我国古代伟大的思想家、哲学家和文学家。庄子的学说涵盖当时社会生活的方方面面，但其根本精神还是皈依于老子的哲学，他们的哲学被称为"老庄哲学"。老庄哲学是中国哲学思想中唯一能与儒家和后来的佛家分庭抗礼的伟大的学说，在中国思想发展史上占有的地位绝不低于儒家和佛家。庄子的思想对后世影响深远，是人类思想史上一笔宝贵的精神财富。

千百年来，庄子的思想治愈了太多人的心灵，他的鲲鹏世界让人在精神层面解放了自己。他博大、高远、玄奥，浸润着浪漫的文化气息，塑造着恢宏磅礴的艺术世界，有着高远的人生追求和对人世社会的透彻领悟。庄子其人、其书，充满了大彻大悟，我们透过书中变化神奇的文字，定能领会到这位先秦文化巨匠的大智慧。

一、不为物役，不为名累的精神逍遥

《庄子》，亦被称为《南华真经》，这部文献堪称中国古代典籍中的瑰宝。庄子的文章，想象力丰富，文笔变化多样，采用寓言故事形式，富有幽默讽刺的意味，具有独特的风格。"其文汪洋辟阖，仪态万方，晚周诸子之作，莫能先也。"

庄子的伟大在于他开拓了一个博大的精神世界。他追求"天地与我并生，万物与我为一"，追求"独与天地精神往来"。庄子的世界是很有魅力的，在《逍遥游》中，他创设了瑰丽无比、神奇莫测的鲲鹏世界，解除人们心灵的束缚。大鹏鸟"背若泰山，翼若垂天之云；抟扶摇羊角而上者九万里，绝云气，负青天，然后图南，且适南冥也"。鲲鹏世界有泰山一样的脊背，有扶摇直上的旋风，有垂天的羽翼，有飞向南海的决心。人在物质世界是不自由的，但是在精神世界，人可以无限自由，青天在背，人世在俯，超越尘埃，横空绝世，惊世骇俗。逍遥而游的大鹏，在九万里高空独来独往，那种俯视人生之态势，莫之夭阏之洒脱，那份孤独与骄傲，让汲汲于功名利禄者黯然失色。"逍遥游"的境界，不是肉体的行旅游走，而是心灵的逍遥，精神的优容。他让人虚以待物，得而不喜，失而不忧，不为外物所累，一切皆为过眼烟云。鲲鹏世界是灵魂的栖息地，会让人淡定自适、知足常乐。

庄子对名利看得很淡，他更在意的是开拓精神世界的自由与从容。庄子年轻时曾做过管漆园的小吏，后来终生隐居不仕。他虽穷得有时都揭不开锅盖，但决不放弃做人的尊严。据载，当时楚威王曾派人请庄子出山为官，庄子对来人说："你没看到用作祭祀的牛吗？养了它好几年，给它披上华丽的装饰，然后送到太庙；到那时候，它再想做一头耕牛，能办到吗？我宁愿自由地在污泥中游戏，也不愿被国君所束缚。"《庄子》中也记载了一件事，惠施在梁国作了宰相，庄子想去见见这位好朋友。有人急忙报告惠子："庄子来梁国是不怀好意，想取代您的相位。"惠子很慌恐，想阻止庄子，派人在国都中搜了三日三夜。哪料庄子从容而来拜见他道："南方有只鸟，其名为鹓鶵，您可听说过？这鹓鶵展翅而起，从南海飞向北海，非梧桐不栖，非练实不食，非醴泉不饮。一日，有只猫头鹰正津津有味地吃着一只腐烂的老鼠，恰好鹓鶵从头顶飞过。猫头鹰急忙护住腐鼠，仰头视之道：'吓！'现在您也想用您的梁国来吓我吗？"

庄子的最大智慧和毕生追求，可以归纳为《逍遥游》里的一句话：至人无己，神人无功，圣人无名。其意思是：道德修养高尚的"至人"能够达到忘我的境界，精神世界完全超脱物外的"神人"心中没有功名和事业，思想修养臻于完美的"圣人"从不追求名誉和地位。这个世界上名利并不是唯一的指标，人生也不一定都要完成这个指标。人生在世，得活出自己的样子，这样人的一生才算没有白活。自由的思维抽象而不受限制，可大可小，可辽远可狭窄，可热烈可冷漠，自由只与自己的心有关，一切由心。中国历代文人士大夫，仕途顺利时总是豪情满怀，以英雄豪杰为偶像，"生当作人杰，死亦为鬼雄""三十功名尘与土，八千里路云和月。莫等闲、白了少年头，空悲切"，但仕途不顺时又喜欢标榜"淡泊名利""视名利如粪土"。实际上，庄子的"淡泊名利"，既不是陶渊明那样仕途不顺退隐江湖，也不是范蠡那样功成名就之后激流勇退，"泛一叶扁舟于五湖之中，遨游于七十二峰之间"。庄子辞相不做的根本原因，在于他博大精深的逍遥人生哲学。他追求的境界是"乘天地之正，而御六气之辩，以游无穷者"，即顺应天地万物的本性，驾驭着六气的变化，遨游于无穷的境地。这样的人已经无我、无功、无名了，当然也无所求。

一个心智成熟的人调控自己的思想行为，不是靠外界的表扬或批评，而是靠自己的主观把握，"定乎内外之分，辩乎荣辱之境"。对庄子辞官不做进行理性思考，这不是要我们不作为，而是要我们顺应时世，选择适合自己的生活方式，无论有无作为、作为大小，都保持淡定、逍遥的心境，过好快乐人生。庄子讲究养身、全生。但庄子的养身、全生与老子不同，不是身体健康与长生不老，而是追求精神上的绝对自由，无为而逍遥。他不追求物质的富有，不追求官职的大小，一心想展翅飞翔于世俗之外。他仿佛就是一个天外来客，无意间踏入人世，躯体只是一个临时的处所，灵魂终将超脱物外，时而化蝶，时而化人，施施然拂袖而去。

二、天人合一，物我相融的审美感知

庄子的魅力还在于物我相融，艺术化地解读人生。庄子是浪漫的，他留给世人永恒的"蝴蝶梦"。庄子在《齐物论》中记载这样一个故事。庄子睡觉，梦见自己变成了一只蹁跹飞舞的蝴蝶，忽然醒来，自己又是庄周。不知是庄周梦中变成了蝴蝶，还是蝴蝶做梦变成了庄周呢？人生一场大梦，世事几度秋凉。我们做梦变成蝴蝶，又怎知不是蝴蝶一场大梦变成人了呢？这就是所谓的物化。人世间万事万物都是平等的，人与蝶的相互转化，物与我的消解融合，"物化"中，带来了审美境界、哲学境界、美学境界。庄周的蝴蝶吸引人的，除了丰富的想象、浪漫的情怀、深刻的意蕴、美妙的文笔之外，更重要的是他对人生的诗化的认知。蝴蝶栩栩而飞，人生汲汲而劳，又怎知不是梦境中的沉迷呢？

庄周梦蝶的故事启示我们：众生平等，人与物合。庄子通过对梦中变化为蝴蝶和梦醒后蝴蝶复化为己的事件的描述，提出了人不可能确切地区分真实与虚幻和生死物化的观点，表现了一种人生如梦的生活态度，又把形而上的"道"和形而下的庄周与蝴蝶的关系揭示出来。形而下的一切，尽管千变万化，都只是道的物化而已，庄子认为达到天人合一最好的方法是"物化"。"物化"的核心在于"要使人性复归，让人按照人原来的自然天性自由自在地、痛快淋漓地去生活"。可见，"物化"的状态是消除了我与物、主与客、古与今、现实与梦境等差别之后合为一体的至真至美的最高境界。

唐代诗人李商隐《锦瑟》中写道，"庄生晓梦迷蝴蝶，望帝春心托杜鹃"。庄子梦蝶，模糊了真实和梦幻的界限。梦里是真的，还是现实是真的？如果我们活在一场梦里，那么梦醒时分才是我们回归真实的时刻？清人张潮写的《幽梦影》，可称得上是一副供燥热的现代人服用的清凉散。"庄周梦为蝴蝶，庄周之幸也；蝴蝶梦为庄周，蝴蝶之不幸也。"庄周化为蝴蝶，从喧嚣的人生走向逍遥之境，是庄周的大幸；而蝴蝶梦为庄周，从逍遥之境步入喧嚣的人生，恐怕是蝴蝶的悲哀。物我两忘，不以世事乱心，追求逍遥自由。

三、用舍行藏，优游逐岁的思辨智慧

庄子认识世界的方法是齐物论、等生死。他继承了道家的思考方法，认为世间万物，都是辩证的，相对的。生与死，长与短，寿与夭，都是相对的，没有绝对标准，我们认识世界时，不能过于主观和绝对。《庄子》记载了一个"濠梁之辩"的故事。庄子和惠子在桥上游玩。庄子感叹："鲦鱼游得从容自在，这是鱼的快乐。"惠子撇撇嘴："你不是鱼，怎么知道鱼的快乐？"庄子一笑："你不是我，怎么知道我不知道鱼的快乐？"惠子自信地说："我不是你，本来就不知道你快乐。而你也不是鱼，那你肯定不知道鱼的快乐。"庄子大笑："从最初的话题说起。你说'你从哪里知道鱼的快乐'，说明你知道我知道鱼的快乐才来问我。"心心相映，天涯咫尺；心无灵犀，咫尺天涯。人心是一面镜子，映照着身边的人和事。有的被岁月打磨成哈哈镜，有的被打磨成放大镜。不同的镜子看到不同的世界，彼此之间都有一些无法理解的隔阂。不要轻易对任何人和事下判断，求同存异，走好自己的路，已经难能可贵。

有用与无用，有才与无才，到底如何界定？到底哪个更好？庄子是清醒的，他看到了人生有为和有用的另一面。儒家鼓励我们积极入世，鼓励我们知其不可而为之，而庄子从思辨的角度做出别样的分析。《庄子》中记载，有一次，惠子对庄子说，魏王送我大葫芦种子，种子结出的葫芦有五石的容量。可是用它装水，不够坚固；用它做瓢，又太大。这葫芦个头是大，可是没用，我只好砸碎了它。庄子很是鄙视，说：你呀，你有五石的大葫芦，为什么不把它做成瓢舟，泛舟江湖，还说葫芦大而无用，是先生你的脑子不开窍！还有一次，惠子又对庄子说，我有一棵树，叫樗，可是这树的树干有疙瘩不能用绳墨取直，树枝卷曲不能用规尺衡量，虽然长在路边，却连木匠也不屑一顾。庄子说，你有这么大一棵树，如果能悠然自得地躺在树下，大树虽然没有什么用处，可是也不会被刀斧砍伐，有什么可苦恼的呢？有用固然是好，刚健有为、自强不息是社会的逻辑。而庄子从养护生命的角度，指出了保养生命、优游逐岁也是一种智慧。人皆知有用之用而莫知无用之用也，任何事物都是辩证的，太功利的人只见眼前之用，而不知无用之大用。

庄子认为，有材用到极致，反易生祸端，无材又容易虚度年华，那么如果处于材与不材之间，就能顺应自然之道而逍遥于物外，能够心地明净，思想感情不受外界的影响，免于种种不必要的矛盾思考，正如所谓"至人无己，神人无功，圣人无名"，这是庄子探求的人生自由之路。在庄子眼中，世界上没有绝对的自由，只有解除束缚，放弃世人眼中所执着的东西，才能自由自在地活动，达到真正地逍遥游。

四、悲天悯人，眼冷心热的观世情怀

庄子生活的时代是一个礼崩乐坏的时代，激荡变化的社会政治环境是庄子隐逸思想产生的社会基础。面对"道术将为天下裂"的社会现实，春秋战国时期的思想家都试图对重新建构天下秩序给出新的解答。庄子也不例外。庄子正是以自己的主体性存在去体悟"道"，从而表达出对个体存在和社会现实的关注和思考。庄子用游世的策略转变了先秦道家避世的现实困境，用心隐的方式化解了孔子为声名羁累的内心忧虑。庄子是心隐身不隐，他对精神自由的自觉追求，与早期隐士迫于环境压力避世隐居不同，隐逸是庄子自觉的生活方式。庄子对个体生命的悲惨境遇有深刻的体会，对人生价值有虚无的感怀，对社会异化现象有充分的揭露。庄子的无用、逍遥、自然的思想，既实现了全生避害，又得到了精神自由，还表达了自己对社会的美好愿望。庄子是战国中期一位伟大的隐者思想家，是当时隐逸思想的集大成者。庄子隐逸思想中体现出来的人生智慧、人格理想和社会愿望深刻地影响着后人，成为中国历代士大夫膜拜仿效的典范。

庄子是寂寞的，他的寂寞恰恰是因为对世间人深情的热爱。庄子眼极冷，心肠极热。眼冷，故是非不管；心肠热，故感慨万端。虽知无用，而未能忘情，到底是热肠挂住；虽不能忘情，而终不下手，到底是冷眼看穿。庄子生活的时代，是血腥和混乱的时代，白骨露于野，千里无鸡鸣。他看惯了人世间的种种荒唐与罪恶，耿耿而不能释怀；他不主张像孔子那样知其不可而为之，而主张学会涵养生命，规避矛盾，与其避人，不如避世。他用谬悠之说，荒唐之言，无端崖之辞来与世界周旋。所以，庄子的文章中充满了寓言故事，大鹏鸟、燕雀、螳螂、神鬼都作人语，看似无正义、无逻辑、无方向、无心肝，但是，正是因为他对战乱不止的社会充满厌恶，对人生充满悲悯之情，所以他才用鲜活的形象，引导人们去养护心灵，跳出狭隘的物质世界，去悦己而达生。庄子是寂寞的，他寂寞是因为他不汲汲功名，不投机专营，不同流合污。他满腔深情，都化作一纸荒唐言，都化作一把辛酸泪。他的寂寞是怪诞和孤傲，如果懂得庄子，怎能不肃然起敬，油然生爱呢？

　　庄子的姿态是与这个喧嚣世界保持一定距离而静静远观。庄子是喧嚣社会的隐逸者，功名利禄的冷观者，才华横溢的思考者，妙语连珠的哲理传播者。他贫穷而不潦倒，出世而不消沉，清静而不昏聩。他懂得人生真谛，是富有处世智慧的世外高人。他蔑视与摒弃功名利禄，他向往人性的生机勃勃，他与这个世界作长久地厮守，他对世界极端地怜惜，又极端地失望与无奈。他理智时像哲人那样清醒，寒气渗透又敏锐无比；他细腻时又像诗人那样沉醉，怜悯四溢而柔情万种。他把世人看重的一切掷在脚下，作践给我们看，而当众人散去，他又独自失声痛哭。他就是这样恣肆怪诞、汪洋浪漫，一路挥洒着他的天才、激情与痛苦，在那个受伤的时代，独自抚摸伤口，令人难以忘怀。

五、彻悟生死，超然通透的达观心境

　　庄子对生死有着常人所难以企及的透彻与通达。死亡是沉重的话题，但庄子却看得淡然、超然。《庄子》中记载，庄子的妻子死了，他不但没有悲伤哭泣，反而鼓盆而歌。他的朋友惠施不理解，庄子则认为，世间一切事物从无到有，从生到死，就像春夏秋冬四季循环反复一样。人死了，平静地躺在宇宙间巨大的居室里，而活着的人，却在身边大哭，那就是没有彻悟生命的本质。他认为道法自然，生生死死是人类的新陈代谢，生则好好生活，死则超然以对。在庄子生命垂危时，更可看出他的人生态度。当时，他的弟子们商量，要对贫困一生的恩师进行厚葬。而庄子说，他以蓝天为棺椁，把日月当宝玉，视群星为珍珠，用天下万物做陪葬，这还不够齐备吗？还搞什么厚葬？弟子们解释说，怕他的遗体被乌鸦啄食。庄子说，放在地面上为乌鸦啄食，埋到地下则会被蝼蚁所食，这就等于从乌鸦嘴里夺过来，再送到蝼蚁嘴里，这不是偏心吗？面对死亡庄子能如此看得透，勘破生死，乐生悦死，问世间能有几人？

《庄子》中记载，庄子骑着一匹瘦马，慢慢行走在通向楚国的古道上。凛冽的西风扑打着庄子瘦削的面孔，掀起他萧瑟的鬓发。庄子顾目四野，但见哀鸿遍野，骷髅遍地，一片兵荒马乱后的悲惨景象。夕阳西下，暮野四合。庄子走到一棵枯藤缠绕的老树下，惊得树上几只昏鸦盘旋而起，聒噪不休。庄子把马系好后，想找块石头坐下休息，忽见树下草丛中露出一个骷髅来。庄子走近去，用马鞭敲了敲，问它道："先生是因贪生违背事理而落到此地步的吗？还是国破家亡、刀斧所诛而落到此地步的呢？先生是因有不善之行、愧对父母妻子而自杀才到这地步的吗？还是因冻馁之患而落到此地步的呢？亦或是寿终正寝所致？"说完，拿过一骷髅，枕之而卧。不一会儿，便呼呼入睡。半夜时，骷髅出现在庄子梦中，说道："先生刚才所问，好像辩士的口气。你所谈的那些情况，皆是生人之累，死后则无此烦累了。您想听听死之乐趣吗？"庄子答："当然。"骷髅说："死，无君于上，无臣于下，亦无四时之事。从容游佚，以天地为春秋。即使南面称王之乐，亦不能相比也。"庄子不信，问："如果让阎王爷使你复生，还你骨肉肌肤，还你父母、妻子、乡亲、朋友，您愿意吗？"骷髅现出愁苦的样子，道："吾安能弃南面王乐而复为人间之劳乎！"庄子借与骷髅的对话说明于生无所恋，于死有所怀。

庄子曾言："夫大块载我以形，劳我以生，佚我以老，息我以死，故善吾生者，乃所以善吾死也。"在道家看来，活着就像是劳苦，死去就像是休息。对于生死，道家一向看得很开，他们认为人生一世，酸甜苦辣都尝过，生命最后的时刻，一切是非烦恼都一起化为泥土，随着一把火归于天地大道，又有什么不好。庄子以理化情，认为生和死本质上没有区别，都是自然的一种运化，如同四季的运行。既然死亡不可避免，那么安顺于变化，才能领悟生命的真谛，不再贪生怕死，哀乐自然不能侵扰内心的平静了。

古代的智者，给后世留下的不仅是汪洋恣肆的美文，更有那打破心灵壁垒的高远眼光。解读古人，"仰天大笑出门去，我辈岂是蓬蒿人"，让我们感受到诗人的豪迈与激情；"长风破浪会有时，直挂云帆济沧海"，让我们感受到信念和坚持的力量；"穷则独善其身，达则兼济天下"，让我们感受到用舍行藏的优游。也许当人们经历了太多的世事后，一身疲惫，百感交集，不知道心灵该去向何方时，透过书籍的缝隙，透过历史的烟尘，能隐隐约约地感觉到有一个人站在那里，那是一个瘦弱的身影，清癯的苍然面容，他的思想、文章和格局，却让人茅塞顿开，让人迷茫的心灵渐渐获得宁静。那位叫庄子的老人，在烟尘之外，等了我们好久。他启示我们打破物质世界负累而获得精神逍遥；让我们解放心灵，获得天人合一、物我相融的审美感知；让我们拥有用舍行藏、优游逐岁的思辨智慧，以悲悯而又充满挚爱的观世情怀、彻悟生死的通透与达观，来静观纷繁人生。他用笔下的世界，养护着我们的心灵，让我们喧腾而浮躁的内心平复为一汪潭水，静赏月光，静享流岚，渐渐地涵养成山谷中一处隐秘的桃源。

他为什么被尊为『中国历史上最伟大的爱国诗人』

——中国浪漫主义文学的奠基人屈原

○ 董晓慧

海德格尔曾说：人诗意地栖居在大地上。在遥远的历史长河中，我们曾认领岁月潮起潮落；在春华秋实的轮转里，我们曾静待明日花谢花开。然而千年等待从未让我们寂寞，万里江山如画只会令吾辈昂首。

翻阅历史画卷，重拾摇晃的红尘，我们追忆民族之根，寻找诗的源泉。我们发现曾有一人：他满腔悲愤，昂首问天，乞求挽救祖国命运；他远赴汉北，低语扪地，渴望寻觅众生之门；他含泪长叹，为国为民，虽九死而犹未悔；他怀石自沉，伟大的身影足以掀起汨罗江上的千层巨浪。他就是屈原。作为中国历史上最伟大的爱国诗人，他的一生给我们带来了太多感动，我们激动地读着他的《离骚》《九歌》，品着《天问》《招魂》，他的出现缔造了中国文学史一曲浩然悲歌，他的伟大成就了中国文化史上最伟大的传奇。作为中国浪漫主义文学的奠基人，屈原被誉为"中华诗祖""辞赋之祖""中华诗魂"。作为"楚辞"的创立者和代表作家，他开辟了文学史上一个"香草美人"的抒写传统，对后世文学创作产生了深远影响。他的出现，标志着中国诗歌进入了一个由集体歌唱到个人独创的新时代。他的出现实现了中国第一处地域文化与中原文化的大融合，他在贬谪中不忘初心的作为也为中国历代失意文人种植了一片足以栖息的后花园。时至今日，辰阳山下，湘江泽畔，仍有人在日夜传唱他留在这里最可歌可泣的离合聚散；时至今日，断鸿声里，湖天日月中，仍有他诗意的背影激荡着千古忠臣的操守与忧患。1953年，世界和平理事会号召全世界人民要纪念世界四大文化名人，其中屈原之名位列其首，这足以说明，屈原的影响已波及全球。

那么，这个集才华与才情、真诚与真性、超然与超逸、坚卓与坚定于一身的文化巨子，又是如何用他的生命和热忱诠释了伟大呢？这正是我们今天要讲给大家的故事。

一、创立"楚辞"诗体

屈原是我国两千多年前的一位伟大爱国诗人，同时也是当时一位十分杰出的政治家和思想家，由于历史的局限，屈原没能将自己的政治理想诉诸实践，却将其转化成了诗篇中的忠与美，这种新诗体就是我们今天说的"楚辞"。"楚辞"突破了此前《诗经》中整齐划一的文体格式，实现了文学作品在内容和形式上的巨大转变。

第一个转变就是创作主体的转变。以前诗歌是集体创作，个人化性质不明显，比如《诗经》305篇中，可考作者的不足10篇。根据周代"采诗说""献诗说"，《诗经》最早作为朝廷采集地方民情的依据，也就是说从创作缘由到创作实践，大多是集体行为，所以很多作品没有留下作者姓名，成为了千古遗案。楚辞则不同，完全是个人创作，"创立"楚辞这一新诗体完全是屈原的个人行为，没有得到朝廷指令，没有君主允准，显然这是中国文学由集体创作走向个体创作的巨大转变。屈原是实现这一转变的第一人。

第二个转变是创作精神的转变。《诗经》一般作为中国现实主义文学的源头而存在，尤其是在揭示战争、暴露黑暗、反映当时质朴的民俗民情方面有着非同凡响的意义。我国研究《诗经》的老前辈，原中国诗经学会会长夏传才教授曾说："《诗经》用写实的手法开辟了中国文学现实主义艺术的先河，用写实的方法真实地再现了社会生活，305篇描绘了周代社会的诸多图景，17世纪的欧洲读者阅读它时，就称它为'中国古代的风俗画卷'，甚至称它是一部认识中国社会的'百科全书'。"近代国学大师梁启超在《要籍解题及其读法》中也曾说："现存先秦古籍，真赝杂糅，几乎无一书无问题，其真金美玉，字字可信者，《诗经》其首也。"《诗经》为我们展现的周代社会各个阶级的生存状况以及阶级之间的悬殊差别、对立、矛盾重重，是非常真实而可靠的，这种对现实的反映对后世诗文创作产生了深刻影响，千年以后的杜甫、白居易等人，包括宋代诗文革新运动都离不开《诗经》开辟的这一传统。然而，文学从来不应走一支独秀的道路，这就好像如果唐代诗人阵营中，只有一个批判现实的杜甫，而没有一个大胆想象的李白，就"不会绣口一吐，就半个盛唐了"。李白天马行空的夸张和想象，将盛唐诗歌成就推向了顶峰，那么这种夸张和想象的源头在哪里？在屈原那里，在楚辞当中。楚辞的直接渊源应是以《九歌》为代表的楚地民歌，它后来经过屈原的改造加工形成了新诗体。现实中的屈原曾秉持着儒家圣人治世的理想，执着追求国家繁荣昌盛的政治理想，他有着忠信、仁义的高贵品质，最终却因报国追求受挫，导致理想幻灭，他也因此陷入极大的孤独与痛苦中。于是，他用一系列的夸张、想象为我们创作出了许多奇诡荒诞的文辞，而这恰恰变成了楚辞中最令后人倾心之处。这种想象奇特、语词瑰丽、比喻深刻、联想广阔的艺术特色与《诗经》中强烈要求描写现实的意指截然相反，屈原的大部分作品都气派雄浑、淋漓酣畅，诗人借助天上地下的神话传说、奇花异草，尽情渲染描绘他心中的理想世界。楚辞是中国浪漫主义文学的滥觞，这一结论毋庸置疑。

第三个转变则是语言艺术的变化。《诗经》基本句式为四言，305篇作品总句数为7281句，其中四言6724句，占总句数92%之多。而《楚辞》除了沿用四言句式之外，还创造了六言、七言句式。据统计，在所有现存《楚辞》作品中，四言句只占总句数的30%，而六言句、七言句，两者合计占总句数的44.5%。句子加长了，容量加大了，句法的参差不齐形成了楚辞灵活多变的骚体新形式，有利于诗人灵活自由地表达自己的思想感情。此外，先秦时期的诗歌，作者往往习惯使用语气助词加强情感，比如"兮"字，在《诗经·国风》中曾用了258次，然而在《楚辞》中总共用了1333次。

屈原及其所作《楚辞》的出现标志着我国古代诗歌艺术已发展到

了一个全新阶段。屈原死后百年间，汉赋出现，这种散韵结合的文体缔造了又一个伟大的文学时代。懂得中国文学史的人都明晰，如果没有屈原及其所作楚辞的绚丽多姿，汉赋不可能形成规模巨大、结构恢宏、气势磅礴、语汇华丽的特色，楚辞是汉赋的先河这已经是学界的共识。屈原对于中国文学史的影响，不仅是开创了楚辞，还有为汉赋的出现作出的重要铺垫。

二、彰显爱国情怀和高尚人格

开创了整整一个文学时代的屈原，不仅对"楚辞"和"汉赋"的出现起到了奠基作用，而且是一位具有极深爱国情感和极高人格精神的伟大诗人。他的人格魅力曾令太史公司马迁黯然垂泪："余读《离骚》《天问》《招魂》《哀郢》，悲其志。适长沙，观屈原所自沉渊，未尝不垂涕，想见其为人。"唐代著名文学家柳宗元在《吊屈原文》中说："何先生之凛凛兮，厉针石而从之。"宋代著名学者洪兴祖在《楚辞补注》中称"屈原之忧，忧国也"。这种爱国忧国之心在屈原的作品中随处可见，如《哀郢》中："鸟飞返故乡兮，狐死必首丘""望长楸而太息兮，涕淫淫其若霰""去故乡而就远兮，遵江夏以流亡。出国门而轸怀兮，甲之鼂吾以行。"如《离骚》中："陟隆皇之赫戏兮，忽临睨夫旧乡。仆夫悲余马怀兮，蜷局顾而不行。"《招魂》中："魂兮归来，哀江南！"屈原所作楚辞共23篇，这23篇中虽无一句包含有直白的"爱国"字眼，但却字里行间都洋溢着对楚国的无限眷恋。宋代著名学者朱熹在《楚辞集注》序中盛赞屈原："原之为人，其志行虽或过于中庸，而不可以为法，然皆出于忠君爱国之诚心。"

长久以来，屈原的爱国情怀一直作为中华民族爱国主义思想的重要渊源而存在。古往今来，多少仁人志士从屈原那里汲取营养，立德立功立言，仅从中国文学史的发展历程来看，从屈原到杜甫，到陆游，到文天祥，再到清代林则徐等人，中国爱国主义传统脉络清晰，根源在屈原那里。屈原的爱国情怀甚至在世界范围内都引起了强烈震动，史书记载：屈原作品传播到朝鲜半岛之时，"高丽文人墨客争先恐后地谈论'诗变为骚'，手口不离楚辞作品"，他们对屈原矢志不渝、忠贞不二的爱国情怀深深叹服。屈原的爱国，绝不是一些学者口中狭隘的"愚忠"，他对"国"的理解更不仅仅是楚国的一国一民、一地一事，他心中牵挂的是社稷民生、天下安宁，这是狭隘的忠君思想之上更高的精神追求，是先秦士人心中德之所聚、道之所存、情之所系、魂之所依，是超越了时代和地域的博爱大爱。爱国浓缩了屈原个人文化修养的更高追求，既是其爱国意识的集中迸发，也是其人格精神的最高体现。屈原因此成为"中华魂"，成为历代"爱国志士的楷模"，成为忠心为国、敢赴国难、舍身殉国的志士的"崇拜者"。

屈原的人格精神亦是其最终成为后人精神领袖的重要原因。他才华横溢，他光明磊落，他正气凛然，他最终以自沉的方式来捍卫他的理想、他的坚持，这正是他追求完美人格的表现。在《涉江》中，他写道："吾不能变心而从俗兮，固将愁苦而终穷。接舆髡首兮，桑扈裸行。忠不必用兮，贤不必以。伍子逢殃兮，比干菹醢。与前世而皆然兮，吾又何怨乎今之人！余将董道而不豫兮，固将重昏而终身！"在《怀沙》中，他写道："重仁袭义兮，谨厚以为丰。重华不可遌兮，孰知余之从容？古固有不并兮，岂知其何故？汤禹久远兮，邈而不可慕！"

坚持人格的完美，保全人的美好的自然本性，不与世俗同流合污，是屈原作品的主旋律，对后世文人影响最大的正是这一点。《离骚》全诗自始至终贯穿着"吾"之"美"与"众"之"恶"的殊死搏斗。诗人通过"芳草""美人""好修""信洁"等形象言词，反复强调人格美的可贵可爱，反复强调自己坚持的决心。两汉时期的学者对屈原人格评价最高：刘安极力赞扬屈原"志洁""行廉"；贾谊称"高其志"；司马迁高度评价屈原的人格；王充、王逸颂扬屈原的"洁白""清白"。宁折不弯、死而无憾是屈原人格精神的外在表现，爱憎分明、刚烈不屈是屈原人格精神的内在维度。在中国三千年的诗史上，再也找不到一个人如屈原一般，将追求完美人格作为终极理想。杜甫也爱国，陆游也爱国，文天祥也爱国，但这三人在追求个人人格完美方面显然没有屈原付出的心力大，因为在他们的作品中，我们虽然可以看到很多关于关心国家前途命运的诗篇，但却很少见到其自身人格修为的影子。屈原是历史上第一位将爱国情怀和人格精神完美融合之人。公元前278年，屈原于汨罗江上飘然远走，他的爱国情怀和人格精神震撼了3000里荆楚大地。公元前221年，秦始皇统一六国。公元前209年，陈胜吴广起义爆发，起义军建国号"张楚"，取张大楚国之意。同年，项梁起兵，拥立楚怀王之孙熊心为义帝，"楚虽三户，亡秦必楚"的民谚开始流传。是屈原，用生命唤醒了天下人对暴秦的反抗之心；是屈原，用生命完成了对忠诚二字的真正诠释。相传屈原是在农历五月初五这一天投江自杀的，人们为了纪念他，往往在五月初五这一天举行很多盛大的活动，最流行的便是划龙舟和缚粽子，划龙舟的本意是要打捞他的尸首，缚粽子的本意是要将其作为祭品投入水中。两千多年过去了，人们依然保留着这样的传统，充分说明广大民众对于这位伟大爱国诗人深切的爱戴！像屈原这样长久地占据人民的内心，以这种方式将其伟大形象一直保存在中国五千年文明史中的，在中国历史上并不多见，在全世界范围内也十分难得。因此，世界和平理事会才决定将屈原列入世界四大文化名人，这是世界对中华儿女民族精神的肯定，屈原是我们全中国人的骄傲！正是由于他对祖国的热爱，对人民大众生活的关怀，他为了祖国和人民不惜牺牲个人利益，自始至终与国内外黑恶势力进行着坚强不屈的斗争，这一切都是他自身完美人格的现实体现。

三、开辟中国贬谪文学主题的先河

　　贬谪文学是中国文学史上非常重要的一个主题，如要追溯这一主题的根源，鼻祖正是屈原。以往文学主题，有描写祭祖燕飨的，有描写战争徭役的，有描写婚姻爱情的，有描写农事怨刺的，内容已经涉及社会生活的方方面面，但唯独没有对贬谪主题的描绘。学者张学松认为：流寓遭际是作家思想品格、才华素养形成的根本因素。流寓经历使作家处于极度生存困境当中，心态发生重大变化，而在文艺理论中有一种说法叫作"人穷则反本""诗穷而后工"，流寓遭际使作家能澄心静虑地观察与思考，对作品精雕细刻。贬谪是流寓的一种方式，贬谪经历必然会带来作家思想心境的转变，进而形成文学经典和奇观。学者尚永亮认为：贬谪文学具有高度的美感效应，原因在于这种沉重的人生苦难，可以刺激诗人或作家全身心地去感悟生命，接触到人类命运与生存意义等文学艺术中最本质的问题，进而促进他们生命意志力最大限度的勃发。作为中国历史上一种独特的文化现象，贬谪文学高度囊括了封建时代社会政治的本质特征，也深刻揭示了古代士人基于人生忧患的心理过程。这一过程，既集中体现了中国传统儒、道、佛诸家思想的消长转换，又展示了个人在面对困厄时作出的选择。贬谪文学带给我们的，是一条古代士人于沉重苦难中从执着走向超越的生命轨迹，其中内涵则是中华民族生生不灭的自强不息。

　　翻开中国文学史的长卷，展现在我们眼前的，是一支支主题明确、意蕴深厚、充溢着生命感悟的文学乐章，同时更是一首首由血泪交织而成、饱含苦闷意识的中国贬谪士人的悲愤离歌。在历史长河中，我们见识到了因伸张正义而横遭飞祸、被贬黜到荒山野岭的朝廷命官，也见识到了因不平则鸣揭示真相而惨遭罹难、被遣戍苦寒烟瘴之地的文人墨客，那种遭受贬谪之后的苍凉与悲苦，那种对前途命运进退维谷的孤独感最终演绎出了中国文学史上最壮美的乐章，从而给文学增添了水石相激般的壮美风采：面对外来压力顽强抗争，身处逆境誓不低头，九死一生坚守信念，饱经磨难不忘初心。这部乐曲的前奏演绎者正是伟大的屈原。

《史记·屈原贾生列传》记载：屈原早期提倡的"美政""法制""举贤任能"被楚怀王采纳，但他耿直的个性和不与世俗同流合污的人格，招来了令尹子兰、上官大夫靳尚和怀王宠妃郑袖等人的污蔑和排挤，最终被楚怀王疏远。屈原第一次离开郢都不久，楚怀王受子兰等人怂恿来到秦国被囚禁至死。怀王之子横即位，屈原原以为可重新得到重用，却不想被新君彻底放逐，从此在政治上彻底失意。朱熹说"屈原既放，思君念国，随事感触，辄形于声"，王逸肯定屈原是在"章皇山泽，无所告诉"的痛苦中才得以"文采铺发，遂叙妙思"。可见，没有屈原的放逐，便没有激怒、忿恨、忧伤、痛苦的真实感情。以此而论，我们可以说贬谪之痛是屈原文学创作的激发点和动力源，他的二十余篇诗歌皆是在贬谪之后所作。明知前路无知己，却依旧心向补苍天，初衷不移，痴情不改；明知国将不国，却仍哀民生之多艰，虽九死而犹未悔。这就是屈原的伟大，这种伟大为中国贬谪文学史确立了一个经久不衰的范式。此后千年，贾谊、韩愈、柳宗元、刘禹锡、白居易、范仲淹、欧阳修、苏轼等人相继出现，中国贬谪文学史演绎出了最催人泪下的代际大戏。那些被贬谪、被罢官、被流放郁郁不得志的文人学者，那些身处逆境仍心系国家的朝廷命官，无不以屈原为楷模，开始着他们痛并快乐着的创作，他们身上体现出来的反抗意识、忧患意识、爱国意识、民族意识、超越意识表现出了文学最强大的生命力。对于贬谪文学的开启，屈原功不可没。

四、实现中楚文化大融合

众所周知，中国南方和北方，原分属于两个不同的文化系统。北方注重的是史官文化，重人事，讲求实际；南方注重的是巫官文化，信鬼神，富于想象。显然，楚地文化属于后者，由于其以祝融文化为根基，注重巫鬼祭祀，因此与北方文化相比开蒙较落后。春秋时期，南北方文化基本属于两种独立的文化形态，少有交叉，战国早期，巫史文化有了一定程度的相互借鉴，但显然没有达到融合的程度。文学是古代文化的主要表现形式，文学上的革新会带来文化上的进步。到了屈原的时代，正是他个人的创作实践，推动了中原文化与楚地文化的大融合。

屈原将史实写作引用到诗歌创作当中，改变了原有的抒写传统，比如《离骚》，除了开篇的自陈祖考之语以外，屈原历述尧、舜、禹、汤、周文王等华夏圣君，并历数挚、咎繇、武丁、吕望、宁戚等华夏贤臣，历斥夏桀、商纣等华夏暴君。这种手法是对以往的楚地文化形态的极大挑战。在向楚人传播中原文化方面，屈原功不可没。他写作的长篇奇文《天问》，提出了170多个关于天地万物和古往今来的各种问题，但其中所涉及的神话，大多关于中原地区的历史人物，来自黄河流域，而并非荆楚之地。屈原所作《九章》中，也叙及了大量中原地区的人和事、这种打破常规的写法客观上扩大了中原文化在楚地的影响力。如果从融合地区文化角度来看，屈原显然比前辈庄子做得更好，这也印证了屈原之爱国并不狭隘，他的一腔热血也绝对不是对楚王的愚忠。鲁迅先生在《汉文学史纲要》中评论《离骚》时，曾说："楚虽蛮夷，久为大国，春秋之世，已能赋诗，风雅之教，宁所未习，幸其固有文化，尚未沦亡，交错为文，遂生壮采。"范文澜也在《中国通史简编》中指出："巫史两种文化的合流，不仅在文学上开出新境界，在华夏文化的扩展上，意义更为重大。"

　　屈原堪称中国乃至全世界的文化伟人，他作品中艺术的独特性和思想的深邃度至今令后人难以企及。中国文学史可谓蔚为大观，真无愧"江山代有才人出，各领风骚数百年"。建安有七子，竹林有七贤，初唐有四杰，吴中有四友，李杜可并称，韩柳可同谓，苏辛可并举，但中国文学史、乃至中国文化史上不会再有一个人可与屈原相提并论，屈原的伟大是独一无二的，屈原的执着是独一无二的，屈原的人格是独一无二的，屈原对于文学史和文化史的贡献亦是独一无二的。屈原离开我们已经2000多年了，当我们不停地回首这位从上古时期走来的翩翩公子，当我们枕读他的诗歌、高谈他的深邃，我们发现原来他距离我们并不遥远。那些沧桑的史实告诉我们，应该永远记住这位生活在先秦时期的文化巨子、思想巨人、诗坛巨擘，他对国家和人民的一片诚挚之心、忠义之情、赤子之感值得我们一生铭记、缅怀！

他为什么被尊为『史学之父』
——伟大的史学家司马迁

○ 董晓慧

　　中国有着悠久的史学传统，是一个史学大国。在司马迁之前，史书浩如烟海，从《尚书》到《春秋》到《左传》再到《秦纪》，都闪烁着智慧的光芒；史家更是群星璀璨，从齐太史到南史氏再到董狐，都充满着史家的正气。那么，在浩如烟海的史书和群星璀璨的史家中，司马迁为什么能脱颖而出，成为中国"史学之父"呢？对此，我们还是要先想想孟子说过的一段至理名言："天将降大任于斯人也，必先苦其心志，劳其筋骨，饿其体肤，空乏其身，行拂乱其所为，所以动心忍性，曾益其所不能。"这句话用在司马迁身上是再恰当不过了。

一、转益多师，厚植学术根基

司马迁，字子长，西汉史学家，《史记》作者，生于公元前145年，卒于公元前86年，享年60岁。据说司马迁家自唐虞至周，是世代相传的历史学家和天文学家。中断多年后，到司马迁的父亲司马谈时，他又做了汉武帝的太史令，恢复了祖传的史官恒业。其实，太史令并不是什么显赫的官职，即使在朝廷中也是一种边缘性的职位。但司马谈却以此为荣，把修史视为一项崇高的事业，不仅自己鞠躬尽瘁，而且再三叮嘱司马迁要转益多师，厚植学术根基，重振远古家学，把祖先的事业发扬光大。遵循父亲的教诲，司马迁自幼就走上了刻苦学习的道路。

在《太史公自序》中，司马迁用"年十岁则诵古文"来描述自己少年时的学习历程。"诵古文"是什么概念，《汉书·艺文志》记载：汉代小学教授蒙童识六书、习六体，要能背诵并书写九千字以上，且每个字必能写出古体、异体、小篆、隶书、篆刻印章、草书六体，方可称为成。可以想见，如果没有一番闻鸡起舞、悬梁刺股的功夫是无法达到这种水平的。

司马迁到京师任职以后，京师人才济济，他结识了一批饱学贤能之士，其中对他影响最大的是董仲舒和孔安国二人。

董仲舒是西汉时期著名的哲学家、思想家，是今文经学的创始人，也是"春秋公羊学"的一代大师。公元前134年，他提出的"罢黜百家、独尊儒术"被汉武帝采纳，该学说体现了儒家思想的兼容性和发展性，此后两千多年来成为中国文化的正统和主流思想。司马迁于公元前126年，与身居茂陵的董仲舒邂逅。《太史公自序》中记载的司马迁与壶遂之间的问答，多次提到董仲舒，称董仲舒为"董生"，其尊敬之意溢于言表。在《史记》中凡是涉及《春秋》之问，司马迁都是化用《春秋繁露》中的论述，而《春秋繁露》恰是董仲舒政治哲学思想的代表作，二人师承关系由此可见。司马迁在《史记·儒林列传》中评价董仲舒的公羊学高度，他说："故汉兴至于五世之间，唯董仲舒名为明于《春秋》，其传公羊氏也。"对"曲学以阿世"的公孙弘则批评说："公孙弘治《春秋》不如董仲舒。"可见，司马迁对董仲舒的学问极度推崇。具体说来，董仲舒的公羊学在以下几个方面对司马迁产生了较大影响：其一，公羊家颂扬汤武革命，主张以有道伐无道，这成为《史记》反暴政的思想基础；其二，公羊家"尊王攘夷"，主张"大一统"的思想，这成为《史记》贯穿全书的主要观念；其三，公羊家的崇让尚耻主义，成为《史记》褒贬历史人物的道德标准。

在与董仲舒交往的同时，司马迁还求教于当时的大经学家、孔子第十代孙孔安国。《汉书·儒林传》记载："孔氏有古文《尚书》，孔安国以今文字读之，因以起其家逸《书》，得十余篇，盖《尚书》兹多于是矣。遭巫蛊，未立于学官。安国为谏大夫，授都尉朝，而司马迁亦从安国问故。迁书载《尧典》《禹贡》《洪范》《微子》《金滕》诸篇，多古文说。"这段记载说明，司马迁师从孔安国，向孔安国请教古文《尚书》之事。西汉时期，经学有今古文之争。董仲舒是今文经学家，强调经学中的微言大义；孔安国虽今古文经兼通，但更倾向于古文经，强调经学的训诂考证。从这个意义上，孔安国是让司马迁受益最多的一位历史文献学导师。司马迁从这位古文经学大师身上学到了考据训诂的方法，学到了立论有理有据的原则，学到了选择运用古文资料的经验，因而他写作《史记》时才能灵活引用《尚书》，兼采今古文和逸篇，使后人读到的历史更加接近真实。

与此同时，司马迁对"至圣先师"孔子也是顶礼膜拜的。虽然二人相处时代前后相差400多年，但对于这位中国历史上最伟大的教育家，司马迁的崇敬之心可用"高山仰止"来形容。在《史记·孔子世家》中，司马迁许这位圣人以"至圣"称号，至者，极、最也，也就是说，在司马迁的心目中，没有任何一个人可以超越孔子的地位，这是继孟子之后，中国历史上第一次有人在典籍当中公开如此推崇孔子的地位。司马迁尤其叹服孔子设帐收徒、周游列国、传道授业、坚守信念的丰功伟绩和他以"礼"为治、以"仁"为本的崇高理想，而孔子那种"明知不可为而为之"的君子品格更是令司马迁无比敬佩。他在《史记》中写孔子"不仕，退而修《诗》《书》《礼》《乐》，弟子弥众"，并曾断言"自天子王侯，中国言六艺者，折中于夫子"，这种对孔子的高度赞誉虽有言过其实之嫌，但却真实地彰显了孔子在中国思想史上至高无上的地位。万世师表的孔子是司马迁的第一人生导师，而孔子致力于"六经"的修订，这也深深地影响了司马迁，让他看到了一位真正的智者对理想追求的不懈努力，这努力可与日月同辉，可与天地同寿！而孔子的追求何尝不是司马迁自己的追求！

另外，司马迁还向西汉时期著名的天文学家、星占家唐都请教学问。唐都曾教授司马迁之父司马谈天文学，后来又亲授司马迁历法之说，为他以后改定《太初历》奠定了实践基础。虽然那时的天文学发展水平较低，但仍然体现了我国古代先贤探索自然的智慧和勇气。

庄子说："合抱之木，生于毫末；九尺之台，起于累土；千里之行，始于足下。"司马迁刻苦认真，经年不辍，从师从董仲舒到孔安国到孔夫子再到唐都，从诵古文到学六经再到究天文历算，建立起了一个卓尔不群的知识体系，为他成为一个伟大的历史学家厚植了学术根基。同时，司马迁早年的学习经历也告诉人们：不管做什么事情，过程都是不可逾越的，只有一天一天地刻苦努力，只有一步一个脚印地踏实前行，才能达到预期的目的。

二、田野调查，掌握鲜活史料

要成为伟大的历史学家，仅凭书本上的知识是不够的，还必须进行田野调查，挖掘掌握第一手资料。因而，司马迁遵从父亲的教诲，从20岁那年开始，进行了大约3年的漫游，用现代的学术术语说，就是进行田野调查。

大约3年的时间，司马迁都到了哪些地方？他在《太史公自序》中记载道："二十而南游江、淮，上会稽，探禹穴，窥九疑，浮于沅、湘；北涉汶、泗，讲业齐、鲁之都，观孔子之遗风，乡射邹、峄；厄困鄱、薛、彭城，过梁、楚以归。"司马迁的这段记载，文字过于简略，而且古今地名变化较大，我们今天很难理解。对此，余秋雨老师经过认真研究，反复考证，用现在的地名将其排列出来。他翻译整理得干净利落，晓畅明白，为我们作出了明确的解答。这里不惧掠美之嫌，将其转录如下：

> 从西安出发，经陕西丹凤、河南南阳、湖北江陵，到湖南长沙，再北行访屈原自沉的汨罗江。
>
> 然后，沿湘江南下，到湖南宁远访九嶷山。再经沅江，至长江向东，到江西九江，登庐山。再顺长江东行，到浙江绍兴，探禹穴。
>
> 由浙江到江苏苏州，看五湖，再渡江到江苏淮阴，访韩信故地。然后北赴山东，到曲阜，恭敬参观孔子遗迹。又到临淄访齐国都城，到邹城访邹泽山，再南行到滕州参观孟尝君封地。
>
> 继续南行，到江苏徐州、沛县、丰县，以及安徽宿州，拜访陈胜、吴广起义以及楚汉相争的诸多故地。这些地方收获最大、感受最深，却因为处处贫困，路途不靖，时时受阻，步履维艰。

摆脱困境后，行至河南淮阳，访春申君故地。再到河南开封，访战国时期魏国首都，然后返回长安。

这次漫游之后，司马迁得到了一个很低的官职——郎中。以后他又奉命出使西南，并数次随汉武帝出游。毫不夸张地说，司马迁几乎游遍了当时汉朝统治的所有地区。

行万里路，胜读万卷书。司马迁从这些游览考察中获得了许多书本上无法获得的知识。明代著名思想家顾炎武从地理学的角度评价司马迁道："秦楚之际，兵所出入之途，曲折变化，唯太史公序之如指掌。以山川郡国不易明，故曰东曰西曰南曰北，一言之下，而形势了然。……盖自古史书兵事地形之详，未有过此者。太史公胸中固有一天下之势，非后代书生之所能几也。"宋代著名文学家苏辙从落笔行文的角度评价司马迁道："太史公行天下，周览四海名山大川，与燕、赵间豪俊交游，故其文疏荡，颇有奇气。……其气充乎其中而溢乎其貌，动乎其言而见乎其文，而不自知也。"二位大师的评价切中肯綮，诚如斯言。

除此之外，如果我们以《史记》为镜子，来反观司马迁多年的漫游，还会发现他从中获得了许多生动鲜活的历史资料，这使他后来撰著出来的《史记》更加真实、深刻、感人。例如：通过对地方文献、历史遗存的考察，他了解到陈涉少有鸿鹄之志，实非一介平庸之辈；了解到刘邦青年时的种种无赖，暴露出这位汉朝开国皇帝性格深处的自私与冷酷；了解到陈平、周勃等人的青年经历，证明他们堪大任；也了解到韩信贫贱之时便葬母于高敞之地的气魄，以及他少时受胯下之辱能屈能伸的性格。所以，我们今天看到的《史记》本纪部分写得最精彩的便是《高祖本纪》，将刘邦复杂的性格总结得全面，分析得透彻；而列传部分写得最精彩的就是《淮阴侯列传》，将韩信少年贫贱的生活，成人后卓越军事指挥才能的展现，以及汉朝建立后如何被吕后骗入宫中惨遭杀害的传奇经历，描绘了出来。这些都缘于司马迁漫游时的所见所闻。

总之，司马迁多年漫游的经历拓宽了他的胸襟，田野考察的收获丰富了他的史学贮藏，中华民族的浩荡历史给了他千里雄风和万丈豪情，他成就一番伟大事业的条件逐渐成熟了。

三、牢记使命，实现家族梦想

正当司马迁转益多师求学问道、四海漫游考察历史、准备把祖传的恒业发扬光大时，他又接受了父亲的临终嘱托。

公元前110年，汉武帝前往泰山封禅，司马谈作为太史令自然跟随前往。不料，在行进途中，司马谈病倒在了河南洛阳。司马迁得知后，急忙从西南赶来看望父亲。司马谈在弥留之际，握着司马迁的手说道："我们的祖先是周朝的太史。远在上古虞舜夏禹时就取得过显赫的功名，主管天文工作。后来祖业衰落了，现在难道要断送在我这里吗？你继位太史，就可以接续我们祖先的事业了。""我死以后，你一定会做太史；做了太史，你千万不要忘记我要编写的论著啊。""如今汉朝兴起，海内统一，贤明的君主、忠义的臣子的事迹，我作为太史不予评论记载，就中断了对国家历史的文献记载，对此我感到十分不安，你可要记在心里啊！"司马迁听后泪流满面，低着头对父亲表示道："小子虽然不聪敏，但是一定把父亲编撰史书的计划全部完成，不敢有丝毫的缺漏。"父亲授予的遗命，司马迁牢记在心，决不会有一丝的怠慢或违背。

公元前108年，司马迁正式任太史令，有了阅读汉朝宫廷所藏图书、档案以及各种史料的机会。他一边整理资料，一边参加改历。公元前104年，中国第一部历书《太初历》正式修完。从此，他按照父亲的遗命，开始编撰《史记》，以完成家族世代的梦想。但是，谁也没有想到，就在这时发生了震惊朝野的"李陵事件"，一下子把司马迁的命运推到悬崖绝壁的边缘。

李陵乃汉代名将飞将军李广之孙，曾深入匈奴二千余里侦察地形，被武帝倚重升为骑都尉。他平日善待家人，厚待将士，在下层士兵中有较好的口碑。公元前99年，汉武帝下达出击匈奴的动员令，李陵带领五千步卒，出居延，北行三十天，直达浚稽山以吸引匈奴主力，为贰师将军李广利作策应。然而孤军深入的李陵却被铺天盖地的匈奴兵马团团围住，匈奴骑兵由一开始的三万增加到八万，可以说是举全国之力在围堵李陵所部军队。李陵且战且退，经过十几天的搏杀共歼敌一万余人，但终因寡不敌众，粮尽矢绝，全军覆没，李陵被俘。李陵兵败的消息传到汉廷，引起了朝堂上的一场轩然大波。为了迎合武帝心意，保护皇亲李广利，众臣皆把兵败罪责委于李陵一人身上。面对群臣的落井下石，刚正不阿的司马迁仗义执言替李陵申辩，汉武帝极其不满。不久，将军公孙敖从捕获的俘虏口中得知"李陵教单于兵以备汉"，武帝大怒，诛了李陵一家，而司马迁因为替李陵说话被处以腐刑。

腐刑是割去男人的生殖器，这对一个男人来说是莫大的戕害，对其列祖列宗来说也是莫大的耻辱。受腐刑以后，司马迁在《报任安书》中详述了自己当时的精神状态："仆以口语遇遭此祸，重为乡党所笑，以污辱先人，亦何面目复上父母之丘墓乎？虽累百世，垢弥甚耳！是以肠一日而九回，居则忽忽若有所亡，出则不知其所往。每念斯耻，汗未尝不发背沾衣也。"可见，司马迁常常处于神不守舍的状态之中，无法摆脱强烈的耻辱感。他也曾想过一死了之，但他还是选择了生，因为他有他的价值追求。

他认为：慕义而死，虽名节可保，然书未成，名未立，这一死就如九牛之一毛，与蝼蚁之死无异。于是他说了足以震撼千古的至理名言："人固有一死，或重于泰山，或轻于鸿毛，用之所趋异也。"在他心目中，比泰山还重的就是《史记》。

他认为："盖西伯拘羑里，演《周易》；孔子厄陈蔡，作《春秋》；屈原放逐，著《离骚》；左丘失明，厥有《国语》；孙子膑脚，而论《兵法》；不韦迁蜀，世传《吕览》；韩非囚秦，《说难》《孤愤》；《诗》三百篇，大抵贤圣发愤之所为作也。"他也要做这样百折不挠、自强不息的人，无愧于父亲交代的使命，也无愧于自己的史才史德。

经过生与死、荣与辱、伤与痛的考验，司马迁奋然挺起，眼含热泪，心头滴血，抱着残躯于公元前93年完成了《史记》的写作，用生命之魂、血肉之躯为《史记》筑起了一道坚不可摧的钢铁长城。

时光流逝，司马迁的时代已经一去不复返，但那个在烛光中秉笔直书、呕心沥血的太史公形象在人们的意识中却从未模糊，他那种在困境中崛起，在沉痛中奋进的坚韧精神，一直激励着后人。

四、创新创造，托起史学太阳

功夫不负苦心人。司马迁几乎用毕生心血所编撰成的《史记》，不同凡响。它创榛辟莽、前驱先路、创新创造、承前启后，在中国史学史上起着开天辟地的作用，为中国史学升起了永不落的太阳。

——他创造了纪、表、书、世家、列传五种史书体例。这五种体例既互相独立，又互相联系和补充，形成了一种系统的有机的历史编纂方法，比较好地记录了社会现象和自然现象。《史记》是我国第一部纪传体通史，也是我国第一部规模宏大的传记文学名著。全书共130篇，52万余字，记载了从传说中的黄帝到汉武帝太初年间3000多年的历史。其中，"本纪"记述历代最高统治者帝王的政迹；"表"

把错综复杂的史实用简明表格谱列出来；"书"叙述天文、历史、水利、经济、文化、艺术等方面的发展和现状；"世家"记载贵族王侯的史事；"列传"是官吏、名人以及部分下层社会人物的传记。《史记》开创了中国纪传体史书的先河，后来历朝历代的正史都是仿照《史记》的体例编写的，从这一点上说，司马迁是中国"二十四史"的总策划师。

——他开创了以人物为中心的"国民的历史"。在《史记》以前的史书，如《左传》《春秋》《国语》《战国策》等，它们只记载在政治、军事、外交上地位重要、名声显赫的大人物，而对社会下层的小人物很少涉及，即使涉及也着墨不多。《史记》则不同，它大大地扩展了史载人物的阶层和范围，不但记录了帝王将相、皇亲国戚、大臣贵族、官吏佞臣等，而且还把学者、医生、农民、隐士、刺客、侠士，甚至倡优、卜者、方士、星相等各类人物，都写入了正史中，总共记录了4000多个人物。《史记》不仅把帝王将相描写得形象鲜明，性格突出，而且把社会下层小人物也写得有血有肉，活灵活现。正如梁启超在《中国历史研究法·过去之中国史学界》一书中所说："《史记》以社会全体为史的中枢，故不失为国民的历史。"

——他弘扬了秉笔直书的史学传统。在《史记》一书中，司马迁弘扬了我国史学秉笔直书的优良传统：对暴君、暴政、豪强、酷吏进行了猛烈的抨击；正视现实，关心人民疾苦，把反抗强暴、敢于起义的英雄人物，都提到了很高的地位；凡是爱国爱民的、急公好义的、尚义行侠的或在文化教育上取得成就的，都给予了很高的评价。这种不为时屈的浩然正气，对后世史学产生了深远的影响。

——他使史学获得了独立的地位。在古代，史学没有独立的地位，一直被置放在经学的范围内。自司马迁修成《史记》以后，《汉书》《后汉书》等一批史书相继问世，史学的地位和作用越来越受到人们的重视。因此，晋人荀勖为适应新的要求，把历代的典籍分为四部，史学为其中一部。从而，史学在学术领域获得了独立的地位，追根溯源，这一功绩应归于司马迁的《史记》。

——他树立起了史学浩荡的文风。司马迁挣脱了他周围的那种铺张、套路、工丽、空洞、华而不实、装腔作态的文风，以一种干净、朴实、灵动、深沉的文笔来记录历史。他写下3000多年的历史变迁，有群山之辽阔、四海之波澜、世态之炎凉、风云之变幻；他笔下的各种事件，有人物、有场景、有细节、有结果；他笔下的各种人物有形象、有性格、有神态、有气韵。因此，《史记》既是纪传体史著，又是传记文学，开创了一代史学和文学的新鲜文风。

司马迁如巍峨高山一般，写不尽，说不完。他藐视苦难，超越羞辱，不忘初心，坚守信念的铮铮傲骨，为后世史学家树立了人格典范；他"究天人之际，通古今之变，成一家之言"的不懈追求，为后世史学明确了价值定位；他开创的纪传体体裁，为包罗历朝历代、金戈铁马、市语野歌的二十四史确立了基本框架；他浩荡的文风，优雅的文采，为后世史学开导创话语范式。可见，司马迁"史学之父"的桂冠，是生命的凝铸，是历史的加冕。

他为什么被尊为『书圣』

——一代书法家王羲之

○ 武欢欢

中国文化源远流长，中国书法博大精深，书法不但是中华民族的瑰宝，也是世界艺林的财富。几千年来，在书法发展的历史长河中，群星璀璨，名家辈出。谈到书法，大家马上能想到的书法大家就是王羲之，后人评价他的书法："飘若浮云，矫若惊龙。铁书银钩，冠绝古今。"王羲之是中国书法史上具有划时代意义的大书法家，他"上承汉魏质朴之余风，增损古法，裁成今体"，其唯美典雅的书风对后世影响很大，成为中国书法的象征和代表。

王羲之是东晋人，字逸少，有"书圣"之称，生于303年，卒于361年，原籍山东临沂，后迁至浙江绍兴。他曾任江州刺史、会稽内使、右军将军，人称"王右军"，其书法兼善真、行、草、隶各体，张怀瓘《书断》中形容王羲之："备精诸体，自成一家，千变万化，得之神功，自非造化发灵，岂能登峰造极。"王羲之的代表作《兰亭序》被誉为"天下第一行书"，其子王献之继承了父亲的书法精髓，成就颇高，世人将他们合称为"二王"。

今天，我们称王羲之为"一代书圣"，但王羲之"书圣"的地位是历经几起几落的。南朝宋泰始年间，他的署名居于第一；到了宋齐之间，他排在了王献之的后面，位列第二；南朝梁时，又恢复了第一的位置。直至唐太宗时期，由于李世民酷爱王羲之的书法，亲自为《晋书·王羲之传》撰写赞辞："详察古今，研精篆素，尽善尽美，其惟王逸少乎……其余区区之类，何足论哉！"唐太宗的大力追捧奠定了王羲之在书法史上无可撼动的地位，以至于后世的书法大师们，只能望其项背而自叹弗如。后人如此评价颜、柳、欧、赵四大书法家：颜真卿仅得王书之肉；柳公权只具王书之骨；欧阳询乃获王书之筋；赵孟頫取王书之血。他们仅仅得到王羲之书法真谛之一面已足以傲视众生，可以想见王羲之本人的书法造诣达到了何等神奇的地步！

王羲之生活在魏晋时期，在他身上也流露着魏晋风骨的气质，他不但在书法艺术上卓尔不群，还有着儒雅的气质、率真的性情、自由不羁的情怀、一生痴迷一件事情的执着，有着那个时代普遍的内心觉醒和对人生的独特感悟。今天，我们就一同走进"山阴路上桂花初，王谢风流满晋书"的时代，去了解和感受"一代书圣王羲之"的魅力。

一、术业专攻，成就艺术辉煌

王羲之出生在东晋时期琅琊王氏家族，祖上世代为官，伯父王导、王敦都是东晋名臣，当时流传"王与马共天下"的说法，"马"是指皇帝司马氏，可见当时王家权势之盛。王家不但在政治上锋芒毕露，还是一个书法世家，家族中很多人都在书法上颇有造诣。王羲之的父亲王旷也是书法家，因而他从小就在墨香中耳濡目染，自幼勤习书法，7岁时跟随当时著名的书法名家卫夫人学习楷书，12岁时跟随叔叔王廙学习行书和草书。《书断》记载，其父王旷收藏了东汉书法家蔡邕的《笔论》，书中记录了写书法时的用笔技巧、指腕配合等技术，王旷视若珍宝，从不示人。王羲之偷偷在家里翻找，终于在父亲睡觉的枕头里发现了这本书法秘籍，王旷知道了就去质问王羲之："你为什么要偷我收藏的东西？你现在看还太早，等你长大成人我再教你书法。"王羲之一听，赶紧跪下来说："父亲，长大再看就耽误孩儿的才华和将来的发展了。"王旷听了很惊讶，就把书给了他。结果还不到一个月时间，王羲之的书法就有了很大进步。卫夫人看了他的作品后说："这孩子一定看过用笔诀窍，最近看他的书法，就已变得老成持重，他将来名声一定超过我，必成大器。"

王羲之学习书法，除了天资聪颖，更多的是靠后天的勤学苦练。据说他练字用坏的毛笔，堆在一起成了一座小山，人们叫它"笔山"；他家旁边有一个小水池，他常在这水池里洗毛笔和砚台，后来池塘里的水都变黑了，人们就把这个"临池学书，池水为墨"的地方叫作"墨池"。为了练好书法，他每到一个地方，总是跋山涉水到处寻找历代碑刻并钤拓练习，积累了大量的书法资料。他在书房内、院子里、大门边，都安放好笔、墨、纸、砚，每每突发灵感，想到一个结构好的字，就马上写到纸上。他在练字时，聚精会神、凝眉苦思，以至废寝忘食。长期的刻苦训练造就了王羲之笔法的不俗功力，传说东晋明帝有一次要去京都祭祀土地神，让王羲之把祭文写在木制祝板上，再派人雕刻，结果刻字者把木板削了一层又一层，发现王羲之的书法墨迹一直印到木板里面去了，直到削去三分厚度才见白底，木工惊叹王羲之的笔力雄劲。这就是成语"入木三分"的由来。

"书圣"的成功不仅是"1%的天才+99%的汗水"，王羲之的成功还在于他能够转益多师、博采众长、精研体势、观摩实践、推陈出新，一变汉魏以来质朴古拙的书风，创造出妍美流便的新书体，把隶书、章草、草书糅合成行书，并将行书在艺术上发挥到出神入化的境界。行书是在隶书的基础上发展而来的，介于楷书、草书之间的一种字体，是为了弥补楷书的书写速度太慢和草书的难于辨认而产生的。行书不像草书那样潦草，也不像楷书那样端正，实质上它是楷书的草化或草书的楷化。王羲之学习张芝的草书、钟繇的楷书，不是单纯的摹仿，而是学习其中的创造精神，把前代的和当代的书法作品在用笔、结字方面的优点融为一体，创造出属于自己的行书，笔画的精细变化、用笔的藏露互见、字形的大小参差、结字的疏密斜正都配合得当，"兼撮众法，开一代之风"，可以说，直至王羲之手中，行书的实用性和艺术性才得到最完美地结合。

在王羲之所有书法作品中，最为著名的就是"天下第一行书"——《兰亭序》。它是我国书法艺术史上一座前无古人后无来者的高峰。东晋时会稽地区有踏青的风俗，初春时节，人们会一同结伴去河边游玩，以消除不祥的征兆。永和九年三月初三，王羲之与41位亲朋好友云集于会稽郡山阴县以南的兰亭饮酒作诗。诗人们散坐在溪畔，置于溪中的酒杯顺流而下，停在谁的面前，此人便满饮此杯，再作诗一首，这就是著名的"曲水流觞"。一天下来，共得诗37首。诗人们将诗集为一册，公推王羲之为之作序。王羲之趁酒兴、抒豪情、挥毫泼墨、一蹴而就，完成了被后世书法家奉为楷模、尊为神品的《兰亭序》。全序28行，324字，自辟径蹊，不落窠臼，其章法布白，浑然一体。其中"之"字最多，达20余处，变转悉异，全无雷同，字体遒媚劲健，绝代所无。序中首先写兰亭景色之美和聚会之乐，然后转写内心的慨叹，认为良辰美景终将消散，何况人生短促，欢乐转眼间就成了往事，所以便不能不回顾往事以求安慰。古人创作的心理动力，大多是由于珍惜生活、珍惜生命，而伤感于生命的短促与死亡。所以，生命与死亡成为文学创作的一个永恒主题。王羲之对自然山水的喜爱和对宇宙人生的感悟，在《兰亭序》中都有所体现，其文字内容和意境气韵都流露出美感，令人回味。苏轼曾说：书初无意于佳乃佳尔。意思是书法最开始不要刻意求最好，书写时候应当放松随意，自然就能达到佳境。王羲之在创作上十分自由，他最注重的是文章内容的表达，书法的审美效果还是其次，所以在酣畅淋漓的书写中有多次涂改，这乃情之所至。这也是为什么他酒醒之后，又临摹了数十遍但都不如第一遍效果好的原因。虽然唐代以后，我们看到的《兰亭序》都是后人的摹本，但这无损于《兰亭序》的价值。

"书法无色而具图画的烂漫，无声而有音乐的和谐。"这种美能够陶冶人的情操、修养人的心性、净化人的心灵、表达人的情感。王羲之一生精研书法技艺，他那一笔一划中饱含着圆熟的笔墨技巧，一横一竖中体现着深厚的传统功力。唐太宗在评价王羲之时说："玩之不觉为倦，览之莫识其端。"这一句包含了书法家对于书法艺术的追求：写出一种可以穷极一切变化而合于自然之道的境界。王羲之的书法在千变万化的表现中臻于妙境，你永远猜测不到他下面会怎么写。我们现在有许多人功夫可谓到家了，字也写得的确好看，然而总是一种格式、一种思维，没有悬念。我们不但要学习王羲之书法的"形"，更要好好领会其书法的"神"，使更多富有创造性的书法爱好者向先贤看齐，传承书法文明，重塑中华精神，通过中国书法宣传中国文化，扩大中国传统文化在世界的影响力。

二、淡泊名利，追求率意人生

王羲之少有美誉，胸怀旷达，虽有安邦济世之才，但却淡泊于功名利禄。当年，出身显赫的王羲之20岁就当了秘书郎这样清贵显要的官职，又经过十年的奔波转战，被征西大将军任命为参军。因为王羲之有很多美誉，朝廷也非常珍惜人才，就多次召他做侍中这样的官员，但是他每次都推拖不去上任。虽然不想在仕途上有所成就，但是王羲之做事非常认真，为官时做了不少好事，多次向皇上请求减免税收、开仓赈济、惩治贪官污吏。48岁的时候，王羲之初为右将军、会稽内史。但只做了四年，他就辞官回家。他远离仕途的举动和一个人有关，这个人叫王述。王述本是会稽内使，但由于母亲去世，要奔丧守孝三年，于是王羲之顶替王述的职务，接任会稽内使。王述非常希望大书法家王羲之能够来家里吊唁，但王羲之素来轻视王述，原本接替人家的职务应该要表示感谢，哪怕是面子上也应该去慰问一下，但王羲之屡次说要去，却接连多日也没去。王述每次听到外面有鼓角之声，都以为王羲之来了，急忙命令仆人把家里打扫得干干净净，主动迎出，但每次都失望而归。一次王羲之突然来到他家门口，王述赶紧穿好衣服出去迎接，却看见王羲之门也不进，扬长而去，二人由此结怨。王述守丧结束后，不久就升任扬州刺史，成了王羲之的上司。王述后来不停地派人督查会稽郡的各项工作，使得王羲之疲惫不堪。于是"羲之深耻之，遂称病去郡"。辞官后，王羲之带着儿孙们，跪在父母坟前发表了一篇辞官宣言，发誓从此脱离仕途，永不为官。

王羲之的为人，如其书法一样，恣肆奔放、不藏锋芒、率性而为、不假矫饰，颇具魏晋名士之风骨。年轻时就在他身上发生了"东床快婿"的佳话。当时的太傅郗鉴派人到王家去挑选女婿，发现很多人听说来选女婿都变得拘谨起来，唯独东床上有位公子，袒腹躺着，若无其事，郗鉴马上选中了这位东床坦腹的公子为女婿，这人就是王羲之。

许多艺术家都有各自的爱好，有的爱种花，有的爱养鸟，王羲之却有一个特殊的癖好——养鹅。他认为养鹅不仅可以陶冶情操，还能让自己从鹅的某些体态姿势上领悟到书法执笔、运笔的道理。王羲之的手臂和手腕的力量很大，因为他经常模仿大白鹅划水游泳的动作来锻炼自己的腕力。他因特别喜爱鹅，常常观察鹅的行走姿态，并将其与书法结合起来，书法技艺日趋成熟。不管哪里有好鹅，王羲之都有兴趣去看，实在喜欢了，还会把它们买回来玩赏。据说山阴有一个道士，他想要王羲之给他写一卷《黄庭经》，可是他知道王羲之是不肯轻易替人抄写经书的。当他打听到王羲之喜欢白鹅之后，就特地养了一批品种好的大白鹅。王羲之听说道士家有好鹅，真的跑去看了。那一群鹅在水面上悠闲地浮游着，一身雪白的羽毛，映衬着高高的红顶，实在惹人喜爱。王羲之在河边看着看着，简直舍不得离开，就派人去找道士，要道士把这群鹅卖给他。那道士笑着说："既然王公这样喜爱，用不着破费，我把这群鹅全部送您好了。不过我有一个要求，就是请您替我写一卷经。"王羲之当时就毫不犹豫地给道士抄写了一卷经，那群鹅就被王羲之带回去了。这就是书圣"以字换鹅"的故事。还有一次，王羲之发现了一只鹅长得不同寻常，它的羽毛像雪一样洁白，顶冠像宝石一样红润，叫声更是分外悦耳动听，他非常喜爱，立即派人到附近去打听，想把这只鹅买下来。一了解，原来鹅的主人是一位白发苍苍的老妇人，老人家身边没有什么亲人，只有这只白鹅作伴。王羲之知道后，完全体谅老人的心情，表示不买这只宝贵的鹅了。为了进一步观察，他决定登门拜访。而这位老妇人听说书法家王羲之要到她家来，高兴极了，可是拿什么来招待贵客呢？于是老人就把心爱的白鹅杀了，做了一道美味的菜肴，等待王羲之的到来。当王羲之了解到热情慷慨的主人把仅有的一只心爱之鹅拿来待客时，他不仅为这只鹅的死感到可惜，更为主人的盛情所感动。王羲之就是这样一位具有真性情的艺术家。

辞官之后的王羲之遍游诸郡，穷诸名山。携子操之由无锡徙居金庭，建书楼、植桑果、教子弟、赋诗文、作书画，以放鹅弋钓为娱。他追求的是平淡的生活、幽雅的精神、人生的品质、理想的修为。王羲之虔心信道、修道，以纯正之心感受天地造化的自然万物，探索宇宙的深奥精微，并将这种感悟映射到书艺上，我们在《兰亭序》中也可以感受到这种情怀。他的书法艺术之所以能达到"登峰造极"的高度，与他崇道信道、书道合一密切相关。他触悟山水之美、宇宙之玄和人生之真谛，以书法艺术反映了魏晋名士的审美情感和精神风貌。

三、德艺双馨，传扬翰墨正气

古人云："文如其人，字如其人。"在我们今天看来，这种说法有一定的道理，但并不全对。文与字的好坏和一个人的道德品质没有必然的联系，双重人格的艺术家一方面创作义正言辞的作品，另一方面做道德恶劣的举动，这在历史上并不少见。其实，"文如其人、字如其人"应该把人的内涵从道德转向气质、性格，如钱锺书所说："其言之格调，则往往流露本相，狷急人之作风，不能尽变为澄淡，豪迈人之笔性，不能尽变为谨言。"王羲之是个追求自由洒脱、随性不羁的人，他的书法飘若浮云，矫若惊龙，这是符合他气质性格的表现。此外，他身处乱世，能够坚守信仰和节操，彰显出古代仕人之正气和风骨。他不喜欢王述，也绝不委曲求全；他敢于为民请命，直言进谏；他不够圆滑变通，只求遵循本心。所以，王羲之书品亦如人品。李白曾写诗称赞说："右军本清真，潇洒出风尘……扫素写道经，笔精妙入神。"王羲之以他的为官和书法之道验证了"作字先做人，心正则笔正"的古训。

王羲之当年贵为右将军、会稽内史时，为人十分平易近人。相传绍兴城内有座古桥，此桥下有一位老妪，以卖扇为生。有一天，王羲之与她相遇，闲聊之中知道老妪生意不好，不由心生怜悯。于是他对老妪说："阿婆，且把你的扇子给我，我给你在扇上写几个字，使这扇子不仅好卖，还能卖好价钱。"卖扇的阿婆将信将疑，但看到对方一介书生，风度翩翩，又如此热心，便把扇子给了他。王羲之欣然命笔，在扇子上写字题款后，又对老妪说："阿婆，你这回拿它去卖，原来卖3文钱一把，你只须说此扇由王右军题词，即可卖100文。"老妪照着去卖，果然一吆喝，行人很快围拢过来，一篮扇子一抢而光。阿婆心里很感激，备了一份薄礼，次日守在桥头等候王羲之，想略表一下谢意，不料，却再也没等到王羲之。原来，王羲之见阿婆拿着礼品候人，明白了是怎么回事，就转进了附近的一条小弄堂，躲避开来。后人为纪念这段"书圣"的佳话，就把这座小石桥命名为"题扇桥"，那条小弄堂命名为"躲婆弄"。

魏晋时期，虽然长期动乱，但士人注重修身立德自成风流，王羲之便是其中的代表人物之一。据说，有一次王羲之与好友许玄度结伴去奉化一带采药，夜宿小客栈时，遇见两兄弟因争夺资财，动辄斗殴，最后弟弟竟然把哥哥打死了。王羲之对许玄度说："此二子残忍如此，不知你我后辈如何？"回到家后，忧心忡忡的王羲之把自己所见的事情告诉儿子，并写下了"敦、厚、退、让"四个大字，命儿子们日日临摹，牢记践行。因王羲之出自著名世家望族琅琊王氏，代代有传家规家训，所以王羲之本人及其子孙也多有课教后代、立身治业的治家理念，以言传身教的方式让家规家训世代相传。

当年王献之彻悟父亲"练尽十八缸水"的教诲，不图捷径，勤学苦练，终成一代书法大师。这个故事常使人感慨规矩严谨的家风对后代成长的重要影响。王献之是王羲之的第七个儿子，自幼聪明好学，在书法上专工草书隶书，也善作画。他七八岁时始学书法，师承父亲。有一次，王羲之看献之正聚精会神地练习书法，便悄悄走到他背后，突然伸手去抽献之手中的毛笔，献之握笔很牢，没被抽掉。王羲之很高兴，夸赞道："这孩子日后肯定能功成名就。"献之听后心中沾沾自喜。还有一次，王羲之的一位朋友让献之在扇子上写字，献之挥笔便写，突然笔落扇上，把字污染了，献之灵机一动，添上几笔，一只小牛栩栩如生于扇面上。再加上众人对献之书法绘画赞不绝口，他不由洋洋自得起来。王羲之和妻子郗氏在一旁若有所思，决定要找机会教育一下这骄傲的孩子。一天，王献之问母亲郗氏："我只要再写上三年就能赶上父亲了吧？"母亲摇摇头。"五年总行了吧？"母亲又摇摇头。献之急了："那您说究竟要多长时间？"母亲告诉他："你要记住，写完院里这十八缸水，你的字才会有筋有骨，有血有肉，才会站得直、立得稳。"献之一回头，原来父亲站在了他的背后。王献之心中不服，一语不发，一咬牙又练了五年，把一大堆写好的字给父亲看，希望听到几句赞扬的话。谁知，王羲之一张张看过，一个劲儿地摇头。掀到一个"大"字，父亲显出了较满意的表情，随手在"大"字下填了一个点，然后把字稿全部退还给献之。王献之很懊恼，又将全部习字拿给母亲看，并说："我又练了五年，并且是完全按照父亲的字样练的。您仔细看看，我和父亲的字还有什么不同？"母亲果然认真地看了三天，最后指着王羲之在"大"字下加的那个点儿，叹了口气说："吾儿磨尽三缸水，唯有一点似羲之。"献之听后羞愧不已，又锲而不舍地练下去。功夫不负有心人，献之练字用尽了十八大缸水，终于在书法上突飞猛进，他的字也到了力透纸背、炉火纯青的程度。后人将他和父亲王羲之并列，称为"二王"。王羲之教子有方，传扬翰墨正气，这和王氏"孝敬和睦、遵守规矩、尽职不傲、敦厚退让、与人为善"的家风家训有密切关系，王氏后人从家规中提炼出的孝顺、和睦、守规、好义、勤学这些精神内质，对今天培育有道德有教养的当代公民，很有现实意义。

一代书圣王羲之，不但自己精研书法，形成了书法艺术和谐而富于变化的鲜明节奏和韵律，他还总结前人的经验进行艺术实践，将书法技艺和书法理论发扬光大。在王羲之的身上，既显现着超脱豪放的魏晋风流，也流淌着敦厚仁义之风。可以说，东晋有一个王羲之，是东晋王朝之幸，中华民族有一个王羲之，是中华民族之幸！正是因为有大批像王羲之一样的书法家的不断追求，中国书法才熠熠生辉。今天，我们追慕古人，探寻历史，不是凭空发思古之幽情，而是要古为今用、推陈出新，让那些优秀的历史文化成为我们当代人的精神力量，是要回归经典、守正创新，弘扬书圣精神，振兴书画艺术。

他为什么被誉为『古今隐逸诗人之宗』

——中国田园诗鼻祖陶渊明

○ 柳五

朱熹说:"晋宋人物,虽曰尚清高,然个个要官职,这边一面清谈,那边一面招财纳货。陶渊明真个能不要,此所以高于晋宋人物。"相比于朱熹,苏轼对陶渊明更是喜爱有加,他的100余首《和陶诗》就是最好的证明,这些诗还被当作苏轼晚年诗歌的代表。黄庭坚称苏轼:"子瞻谪岭南,时宰欲杀之。饱吃惠州饭,细和渊明诗。彭泽千载人,东坡百世士。出处虽不同,风味乃相似。"

苏轼之前,昭明太子萧统辑纳了《陶渊明集》的初版,苏轼之后,更有众多文人的加持,陶渊明优秀诗人的历史地位得以持续巩固,影响也越来越大。到底是什么原因,使得陶渊明的魅力光环历久弥新,使他成为文学史上的一流人物?

这恐怕要归功于陶渊明能够在极为恶劣的环境中,开辟出美的生活,给人以美的希望。他以自己独特的方式摆脱了人生羁绊，获得心灵的超脱，为中国人的精神世界增添了独特的美。真善美即为人间大美。我们要在陶渊明的宦海沉浮中领略他的真，在《桃花源记》中读出他的善，在平实生活中发现他的美。

一、顺从真心的人生选择

陶渊明做官便做官，归隐便归隐，性情率真坦荡，活得潇洒通透。他也曾有跻身庙堂的远大抱负，多番投身官场，然而又厌恶官场的尔虞我诈，被迫远离官场。他作出这样的人生选择也不仅是天性恬淡，风骨使然，而是敢于顺从真心。

陶渊明深受儒家教育的影响，一直都是一个怀有崇高理想的人。在《癸卯岁始春怀古田舍二首》其二中，他说："先师有遗训，忧道不忧贫。"《饮酒》其三云："道丧向千载，人人惜其情。有酒不肯饮，但顾世间名。所以贵我身，岂不在一生。一生复能几，倏如流电惊。鼎鼎百年内，持此欲何成。"这里根本就没有归隐的意思，而是充满了欲有所为的昂扬斗志。陶渊明自幼饱读经书，对儒家那种积极用世，"兼济天下"的精神，自然会有所感悟，并在潜移默化之中，聚集起想要实现人生理想的巨大能量。他在《杂诗》其五中，就表现出掩饰和压抑不住的激情："忆我少壮时，无乐自欣豫。猛志逸四海，骞翮思远翥。"《拟古》其八中，他坦言："少时壮且厉，抚剑独行游。"

陶渊明背负家族荣誉，期望建功立业。《晋书·陶潜传》说："陶潜，字元亮，大司马侃之曾孙也。"《宋书·陶潜传》也说"曾祖侃，晋大司马"，又说"祖茂，武昌太守"。陶渊明的父亲也是官场上的人物，据元人李公焕《笺注陶渊明集》中《命子》诗注引《陶茂麟家谱》说，其父陶逸，曾任安城太守。由此可见，陶家祖辈都做过太守一类的大官，家境应该是殷实的。当然，由于其父早逝及战乱，家道中落也难免，但不会滑落到饥寒交迫的地步。所以，陶渊明出仕的主要动因，首先是家庭背景。从他在《命子》诗中，对祖上驰骋官场和功德显赫的夸耀艳羡以及对儿子的殷切期望来看，他是很有家族荣誉感的，并想效仿先祖，光宗耀祖，为子孙后代留下丰富的遗产。其《影答形》诗说："身没名亦尽，念之五情热。立善有遗爱，胡为不自竭？"这应该是他内心所思所想的自然流露，说明陶渊明曾胸怀大志，渴望建功立业，有所成就。

为了实现自己的理想，陶渊明断断续续地在官场上打拼了十三年，前后五次出仕又罢职，也算是几经沉浮。而且从第一次出仕任江州祭酒后，只要他愿意，几乎随时都可以有个不错的岗位给他，何况州祭酒这样的官职对于初入仕途的人来说，已经算是起点不低的官了，那么，陶渊明又因何几番退隐呢？

陶渊明所处的时代让人有志难伸。北方少数民族政权与逃到南方的东晋政权对峙，战争纷扰，社会动荡。东晋偏安一隅，非但没有图强意志，反而内部山头林立，疯狂争夺权力，官场贪腐更是由来已久，仕途愈发险恶，加上门阀制度森严，许多有志之士无法施展抱负。从汉末到西晋，是"天下多故，名士少有全者"的时代。除去短暂的建安时代有曹氏父子基于威权领袖文坛，很多知识分子为了保命，不断放弃独立人格、自尊和良知，乃至放弃判断力，他们或投入权势集团的怀抱，或谈玄论道，过起退隐和半退隐的生活。陶渊明也是在满腔昂扬斗志被残酷的政治现实熄灭后，于绝望中归隐田园的。

陶渊明的书斋气与官场格不相入。晋孝武帝太元十八年（393），年近而立的陶渊明走出书斋，出任江州祭酒。此前的岁月，陶渊明以读书闲居为主。《晋书·陶渊明传》说他"少怀高趣，博学善属文，颖脱不羁，任真自得；为乡邻之所贵，尝著《五柳先生传》以自况，时人谓之实录"。而其《五柳先生传》中的自我描述是"闲静少言，不慕荣利。好读书，不求甚解"和"忘怀得失，以此自终"。在《饮酒》十六中他也说自己"少年罕人事，游好在六经"，是一个很潇洒的读书人形象。但是他的仕途显然并不顺利，他那固有的秉怀和纯正的书斋气，与官场污浊的环境很难融合，不久即碰壁辞归。

陶渊明首次出仕，就被任命为江州祭酒。有人考证，陶渊明出任的江州祭酒主要负责管理州里的兵戎、治安、田租、户口、祭祀、农桑、水利、兵器等内容。这个职位级别可能不算高，但是有实权，努力的话，干出点成绩来显示自己的才华，吸引上司的注意，不是什么难事。当时江州刺史是大书法家王羲之的儿子王凝之——一个狂热的"五斗米道徒"。在"五斗米"道里，"祭酒"的地位仅次于首领，把这个位置给陶渊明，说明王凝之对陶渊明极为重视。但王凝之的宗教狂热，与陶渊明纯正的从政理念、儒家信仰乃至个性，差距太大甚至有冲突。在这种情况下，陶渊明选择了主动辞职，一走了之。

不久，州郡又征召陶渊明出任主管文书簿籍的州主簿，相当于今天的政府秘书长，他拒不应召。在家里闲居了6年后，静极思动，于399年，36岁的陶渊明投奔了时任江州刺史兼荆州刺史的桓玄。桓玄是东晋大司马桓温之子，位高权重，但是不久，桓玄废掉晋帝，自立为楚帝，又很快被刘裕灭掉。陶渊明投奔桓玄的时候，桓玄的篡帝野心还没有暴露出来，而且桓玄对陶渊明也还不错，所以陶渊明在桓玄手下任职了3年，是几次出仕停留时间最长的一次。因为生母孟氏去世，陶渊明要返家居丧，恰好避过了桓玄称帝，也因此免于背负附逆的罪名。

403年，陶渊明40岁时，投奔刘裕，做了参军。这是陶渊明的第三次出仕。但是灭掉桓玄的刘裕很快野心暴露，开始大肆残杀异己，官场上一片风声鹤唳。以陶渊明的思想和散淡的性格，断无留下之理。所以在第二年，陶渊明就离开了刘裕，投奔建成将军刘敬宣，任参军。大约4个月后，刘敬宣被免职，陶渊明也自动解职回家。

直到这时，陶渊明依然没有放弃致仕的想法。经时任太常卿的叔叔陶夔推荐，陶渊明被任命为彭泽县令。恰逢年底，会郡遣督邮至县，下吏请曰："应束带见之。"渊明叹曰："我岂能为五斗米，折腰向乡里小儿！"即日解绶去职，赋《归去来》，在任仅80多天。这就是著名的不为五斗米折腰的故事。这一次挂冠而去，也结束了陶渊明13年充满矛盾与痛苦的仕途生活，真正归耕田园。之所以下定离开官场的决心，是因为在这样的现实环境下，注定了陶渊明是无法实现自己的人生理想和抱负的，对现实的绝望，促使他转过身来，面向青山绿水，田野青纱，以不合作的态度重新寻找安身立命之所。

关于陶渊明其人，苏轼曾经说过："欲仕则仕，不以求之为嫌；欲隐则隐，不以去之为高。饥则扣门而乞食；饱则鸡黍以迎客。古今贤之，贵其真也。"他的仕隐，不为贤名，只求遵从自己的真心，这份赤子真心，足以让人羡慕和学习。

二、淡泊宁静的兼善天下

诸葛亮在《诫子书》中写道："非淡泊无以明志，非宁静无以致远。"不恬淡寡欲无法明确志向，不安定清静就不能实现远大理想。陶渊明正是这样一个在淡泊宁静中找到人生理想的世外高人，他不仅在时局混乱的官场之中做到独善其身，更是在归隐田园之后不忘兼善天下。

陶渊明独善其身于官场。陶渊明完全可以低下头，放下自尊，与官场中人阿谀逢迎，这样他根本不愁高官厚禄，更谈不上要清苦到为日常饮食犯愁的地步。然而对于当时士林虚伪、浮躁、放纵的风气，陶渊明极为反感。他痛恨王衍、潘岳之流，前者享尽荣华富贵，却号称口不谈钱，后者以《闲居赋》表达恬淡高绝的隐士情怀，实则却是个"望尘下拜"的卑劣小人。对于隐士生活，有的人不过是以退为进的装装样子，期待用名声钓得一个登堂入仕的机会。在《感士不遇赋》中，陶渊明斥责这种虚伪行径："自真风告逝，大伪斯兴。闾阎懈廉退之节，市朝驱易进之心。"陶渊明是诚心实意地过起了隐士的日子，在一个糟糕的环境中，以我行我素的态度，对当时的掌权者，投去不屑一顾的目光。他对历史上那些贫寒高洁之士却极为仰慕，写下了《咏贫七首》，专门歌颂之。在《咏黔娄》一诗中，陶渊明写道："安贫守贱者，自古有黔娄。好爵吾不荣，厚馈吾不酬。"诗句说的是黔娄，表明的却是自己的态度。这让昭明太子萧统对陶渊明赞叹不已："贞志不休，安道苦节，不以躬耕为耻，不以无财为病，自非大贤笃志，与道污隆，孰能如此者乎？"几百年后的南宋隐士朱敦儒，对自己晚年接受朝廷征召为官感到非常后悔，以陶渊明作比："而今心服陶元亮，做的人间第一流。"

在彻底看穿了官场的虚伪黑暗之后，陶渊明选择回归田园做真隐士，而不是留在官场做伪君子。一任情性，绝无伪饰。史书记载，就在陶渊明临去世前不久，当时的江州刺史檀道济上门来拜访他。作为刘宋王朝的宠臣，檀道济以居高临下的姿态动员陶渊明出仕为官。他对陶渊明说："贤者处世，天下无道则隐，有道则至。今子生文明之世，奈何自苦如此？"本就反感刘裕篡晋的陶渊明，即便当时已经处于贫病交加的状态，也依然无视檀道济的规劝，不但对于檀道济送来的赏赐坚辞不受，还很不客气地"麾而弃之"。

幸运的是，陶渊明并未因对政治现实的绝望而自暴自弃，他以积极的心态投入田园生活，而自小就熟悉的山水田园，经过陶渊明的诗意观照，为他在绝望中开辟出了新的希望，也让他走向了更高广的人生格局。

陶渊明兼善天下于"桃花源"。纯朴的田园生活并没有辜负陶渊明。归隐时陶渊明已经41岁，至61岁逝世，陶渊明隐居田园22年，并于晋宋交替之际，写下了千古名篇《桃花源记》，一个美好的世外桃源，一个理想的人间天堂，在中国文学史上横空出世。陶渊明笔下的桃花源环境优美，民风淳朴，那里没有压榨和争夺，人们安居乐业，无忧无虑。可贵的是，陶渊明没有像志怪文学里描述仙境那样描写桃花源，而是以写实性白描刻画了这个理想中的人间乐土。在那里生活着的是一群为避秦汉战祸而藏身于此的百姓，他们通过自己的劳动创造了和平、宁静、幸福的人间生活。陶渊明以反讽的方式，建构了一个美丽的乌托邦，以此对现实进行了深刻的批判。如果说陶渊明最初的归隐还只是个人的进退，《桃花源记》的出现，表明陶渊明已经超脱个体层面，把自己的朴素追求上升到社会理想的层面，他思考的是整个社会的出路和天下百姓的幸福。陶渊明迈出的这一步与其多年的躬耕和贫困的生活体验有关，虽然只是空想，但这一空想的提出意义非凡。陶渊明于绝望中开辟出新的希望，这希望不在虚无缥缈的神仙之地，而在坚实的现实世界中。这意味着，自此以后，一个理念中的完美世界，以中国文化文明中的一个标志性的意象和重要组成部分，成为建设现实世界以及衡量现实世界优劣的一个重要参照，为未来社会的发展提供了一个重要指向。

陶渊明一生追求"任真"并以之自期自许。陶渊明文如其人，创作上处处出之以"真"，他运用审美的目光观察田园风光，去伪存真，闲适自然，即"此中有真意，欲辨已忘言"，所以朱熹称其"出于自然"，并肯定"渊明所以为高，正在不待安排，胸中自然流出"。元人陈绎称赞陶渊明"情真、景真、事真、意真"。

陶渊明求"真"的同时，不忘将真与善联系起来——"养真衡门下，庶以善自名"。他视真和善为一体，并以此作为自己的人生追求。他对善的追求也不再局限于只求个人的自我完善，还将文学创作的目的建立在分清善恶的基础上，"善恶苟不应，何事空立言"。在陶渊明的思想里，"立言"的不朽也就是美德和正义的永存。

《礼记·大学》中提到："大学之道，在明明德，在亲民，在止于至善。"至善是人性达到极完美的境界，是大真、大善、大美、大智的体现，是自我到无我境界的一种升华。千百年来，陶渊明获得各种不同出身、不同地位、不同思想的读者的喜爱，正是由于他超凡脱俗的至善境界征服了无数跋涉于俗世的灵魂，才让人心生艳羡，高山仰止。

三、充实平凡的人生大美

陶渊明虽归园田居，走进一个恬淡闲适、寄情山水的自我世界，却不是看破红尘。他丝毫没有与世隔绝的矫情和垂丧，而是不断通过否定旧我来重塑新我，寻求新的人生价值。在隐居中他仍然渴望有所作为的人生，他的生活过得丰富而普通，充实而平凡，而这充实平凡之中却隐藏着人生的大美。

陶渊明享受着大美天地的田园风光。他自幼成长在山水自然的怀抱中，熟悉乡村生活，所以离开乡村时恋恋不舍，回到乡村时欢欢喜喜。他用质朴的语言把自己看到的乡村景致与丰富的内心世界有机融合，熔炼出一篇篇佳作。在写《归园田居》组诗时，陶渊明已经42岁，在辞去彭泽令后，他从上京（里）迁居僻处南野的园田居。在《归园田居》其一中，他用白描的手法描写了村居的情景。"方宅十余亩，草屋八九间。榆柳荫后檐，桃李罗堂前。暧暧远人村，依依墟里烟。狗吠深巷中，鸡鸣桑树巅。户庭无尘杂，虚室有余闲。"朴素自然，又亲切，毫无违和感。作者把自己回归田园的过程说成是"久在樊笼里，复得返自然"，把对仕途生活的厌烦和处境比喻成樊笼，自己误入尘网不得自由，但是自己一直像恋旧林的鸟、思故渊的鱼那样，始终惦念着田园生活的真意。如今，打破樊笼，获得身心解放，无论如何都是令人感到快意的事情。再如《读山海经》其一："孟夏草木长，绕屋树扶疏。众鸟欣有托，吾亦爱吾庐。既耕亦已种，时还读我书。穷巷隔深辙，颇回故人车。欢言酌春酒，摘我园中蔬。微雨从东来，好风与之俱。泛览《周王传》，流观《山海》图。俯仰终宇宙，不乐复何如？"这首诗写于前一首诗的两年之后，作者当时44岁，已经村居两年，习惯了悠闲的乡间生活。在诗中，他再次描写了园田居的景色：正是盛夏季节，草木繁茂，众鸟欣然，就着新鲜的蔬菜，一边浅吟慢酌，一边快意读书，别有情趣。

陶渊明享受着大美至简的旷达心境。他不奉不受，躬耕垄亩，日出而作，日落而息，毫无勉强地生活于田园山水中间。在追逐名利、权势地位的两晋丛林社会，许多知识分子奔走于权贵之门，而陶渊明却能尽自己努力自食其力。如《饮酒》之九："清晨闻叩门，倒裳往自开。问子为谁欤？田父有好怀。壶浆远见候，疑我与时乖。""褴褛茅檐下，未足为高栖。一世皆尚同，愿君汩其泥。""深感父老言，禀气寡所谐。纡辔诚可学，违己讵非迷！且共欢此饮，吾驾不可回。"诗中描述了一个老汉早上来敲门，作者披着衣服开门，问他找谁，老汉拎了一壶酒对作者表示关心。看到他住的破房子，穿的破衣服，就询问他何必这样作贱自己……乡村生活中人际交往的场景以散淡平实的语言、清新质朴的叙述娓娓道来，这样的场面出现在诗歌中，这还是首次。在田园大美的陶冶下，陶渊明发现了自然的魅力，而他又有能力欣赏和表现这种魅力，这也坚定了他重自然、重真意的人生信念和审美观念。

陶渊明开辟了顺物自然的美学思想。他将艺术作品的"美"和所表现事物的"真"有机统一，这是田园诗的一个重要特色，也是其最令人着迷之处。钟嵘评论陶渊明的诗文"文体省净，殆无长语，笃意真古，词兴婉惬。每观其文，想其人德。世叹其质直"。在时人都去追求词采华美玄奥的时候，陶渊明回归率真，以平淡、孤洁表现日常生活的恬静自然和悠然自得。陶渊明自己也说："静念园林好，人间良可辞。"归隐于田园后，陶渊明用大量的田园诗，开辟了中国美学的一个新境界，也坐实了"古今隐逸诗人之宗"（钟嵘语）的历史地位。

　　陶渊明的努力在其身后得到了钟嵘的重视和阐发，用以修正齐梁文坛过分讲究宫商声病，以至"文多拘忌，伤其真美"，从而损害诗歌自然之美的问题。钟嵘称赞陶渊明的作品"自然英旨，罕值其人"，且"文体省净，殆无长语；笃意真古，辞兴婉惬"。正有见于陶渊明创作实践符合他所提倡的"真美""自然"的创作理论，他还赞扬刘桢诗"真骨凌霜、高风跨俗"，谢灵运诗"譬犹青松之拔灌木、白玉之映之尘沙"，范云诗"清便宛转，如流风回雪"，丘迟诗"点缀映媚，似落花依草"等，皆属于上述考虑。刘勰同样强调"巧言切状，如印之印泥，不加雕刻，而曲写毫芥"，赞赏"夫岂外饰，盖自然耳"。这些，显然都离不开渊明所做的贡献。

　　陶渊明之后，田园诗题材一直被强势延续。从初唐诗人王绩至盛唐山水田园诗派的出现，其发展可以说光彩夺目。作为开创者，陶渊明为田园诗打造了一片广阔的天地。相对于当时玄学盛行下，诗文创作内容呆板，动辄将老庄玄理拿来说教一番，或将佛家的禅机夹杂其中，脱离现实社会生活和真实丰富情感的现状而言，清新质朴的田园诗表现出强烈的革新精神。

　　陶渊明的美学思想对后代的影响十分深远。大诗人李白就反对绮靡的文风，推崇天真自然，这和陶渊明重自然、重真率的思想是相通的。唐代以王维、韦应物为代表的山水田园诗派，更是深受陶渊明崇尚自然的美学观的熏陶，他们的诗作着力描绘大自然的真美，饱含着自然万物的情性，合乎"顺物自然"的艺术规律。宋代诗人范成大，他在几十年的宦海生涯中，最大的理想就是像陶渊明那样，远离世俗，归隐田园。他在《思归再用枕上韵》一诗中写道："五柳栗里宅，百花锦城庄。何时去检校，一棹水云乡。"这一心愿伴随范成大度过了大半生。比苏轼幸运的是，范成大在晚年实现了归隐，这让他欣悦怡然莫可名状："税驾今吾将老，结庐此地不喧。恐妨蝴蝶同梦，笑傅颠当守门。""亲戚自有情话，来往都无杂言。酒熟径须相报，文成聊与细论。"从半世车马喧嚣、奔波劳碌，到终于寻到可以居无喧嚣、语无杂言、文成共析的人生归宿，此时的范成大，俨然已化身陶渊明。

陶渊明的生活让人艳羡不已，我们都有和苏轼一样的渴望，"几时归去，作个闲人，对一张琴，一壶酒，一溪云"，但终其一生也没有几人能真正实现陶渊明那诗酒田园的生活。陶渊明的精神流风遗韵，滋养心灵。我们可以在嘈杂的人生中不断体悟真、善、美的至善境界，让它丰富我们的精神世界，从而在风雨人生路中感受"归去，也无风雨也无晴"的豁达坦然。

他为什么被尊为『中国画祖』
——东晋著名画家顾恺之

○ 李婷婷

在中国历史上，魏晋时期是一个动荡的年代，同时也是一个思想空前活跃的人性觉醒的时代，名士们率真潇洒、清俊通脱的魏晋风度风靡一时。因而，这一时期诞生了独具个性的"竹林七贤"，诞生了一代"书圣"王羲之，诞生了田园诗的鼻祖陶渊明，同时也诞生了被尊为"中国画祖"的顾恺之。

顾恺之生于348年，卒于409年，字长康，小字虎头，江苏无锡人。顾氏家族是江南的名门望族，顾恺之的父亲、祖父、曾祖父都是朝廷高官，因此，顾恺之受到了良好的家庭熏陶，从小便热心向学，颇有才情。《晋书·顾恺之传》中评价他："恺之有三绝：才绝、画绝、痴绝。"在"三绝"之中其绘画成就最高，创作内容也丰富，涉及山水、花卉、禽鸟、猛兽、人物，其中尤以人物画最多，造诣最深。虽然由于年代久远，其作品多已不存，但我们从吉光片羽中仍能领略到其大家的风采。今天，我们就一同穿越时空，沿着顾恺之的足迹，瞻仰他的遗风，探寻其成为"中国画祖"的来因去果。

一、冠称三绝的才情底蕴

底蕴丰厚是顾恺之成为"中国画祖"的重要原因。家学的渊源，时代的风尚，个人的勤勉使得顾恺之拥有才绝、画绝、痴绝的"三绝"之称。所谓"才绝"是说他工诗赋、书法，擅长绘画；"画绝"是指他精于描绘人像、佛像、山水、禽兽等，在绘画方面有较高天赋和造诣；"痴绝"是形容他不同流俗的旷达人格。正是这"三绝"涵养了顾恺之独特的审美感悟，为其成为"中国画祖"奠定了坚实的基础。

"才绝"出类拔萃。顾恺之的文才极好，所作诗赋多是对自然神趣的描绘，其文学作品成果颇丰，如《画云台山记》《湘中赋》《湘川赋》《筝赋》《雷电赋》《观涛赋》等均收在其文集中，虽然其一生所著的《启蒙记》三卷及文集三十卷等都已不传，但从一些故事中我们仍能感受到他的才情。他曾评价自己的《筝赋》道："吾赋之比嵇康琴，不赏者必以后出相遗，深识者当以高奇见贵。"因为嵇康的《琴赋》是被奉为"精当完密，神解入微，为音乐诸赋之冠"的文章，顾恺之敢把自己的文章与其相提并论虽有自负之嫌，但也能看出他的文学功底之深。

在给荆州刺史殷仲堪当参军时，顾恺之有一次从老家回荆州，身边的人问他，会稽的山水怎么样？他答道："千岩竞秀，万壑争流，草木蒙笼其上，若云兴霞蔚。"只此几句就将江南的美景描绘得如在眼前，而这几句话也广为流传，成为中国古代山水画创作的一个主题。明代的文徵明、程邃等都画过《千岩竞秀图》，现代画家李可染、郑午昌等人也创作过同一题目的画作。顾恺之的《神情诗》："春水满四泽，夏云多奇峰。秋月扬明辉，冬岭秀寒松。"以诗作画，描绘出了四季变换的独特风光。他对当时朝廷权臣桓温所治理的江陵城称颂道："遥望层城，丹楼如霞。"并因此受到了桓温的奖赏。他想象力极其丰富，出口成章，文采斐然，他的诗赋创作的灵感均来自内心真实的感受，那就是对美的感知。正是这种博学才情及对身边事物的强烈观察力、感受力、表现力，赋予了顾恺之绘画上审美的感悟、诗意的情怀、灵动的内心，铸就了其画境的高远传神。

"痴绝"与众不同。顾恺之的"痴"是就其性情而言的，《晋书》中记载他为人"好谐谑，人多爱狎之"，是说他幽默旷达，率真而为，人们都乐于和他交往。顾恺之的"痴"并不是真的傻，桓温说："恺之体中痴黠各半，合而论之，正得平耳。"可见，这是一种高深的处世智慧。

顾恺之因受到大司马桓温的赏识和器重，被招揽为参军。因为桓温独断专横，有篡夺帝位之嫌，所以他在朝野的名声并不好，死后很多人都疏离而去，但顾恺之却并不理会这些，跑去跪拜哭坟并赋诗："山崩溟海竭，鱼鸟将何依！"事情过后，有人问他是如何为桓温哭坟的，他毫不掩饰地回答："声如震雷破山，泪如倾河注海。"此事足以见得其"痴"之真诚。桓温之子桓玄雄强自负，常常捉弄顾恺之，桓玄曾经拿着一片柳叶戏弄顾恺之，说这叶子是"蝉翳叶"，即蝉用作蔽身的叶子，人也可以将它贴在额头上实现隐身。没想到顾恺之竟然信以为真，试图用柳叶隐身。桓玄故意装作没有看到他，趁机在他头上撒尿，他不但没有生气，反而兴奋地以为自己真的隐身了。此事足以见其"痴"之憨直。还有一次，顾恺之将一箱十分珍贵的画作寄存在桓玄处，为了防止画作散轶，他将箱子用封条封住。没想到，桓玄私自打开箱子，把里面的画作全部窃取，并按原样贴上封条。当顾恺之来取箱子时，发现里面的画都不见了，可封条却完好无损。他见状竟说道："妙画通灵，变化而去，亦犹人之登仙。"便将此事付之一笑。苏轼曾经在一首题画诗中评论桓玄盗取顾恺之存画一事："巧偷豪夺古来有，一笑谁似痴虎头。"此事足见顾恺之"痴"

之宽容。还有一则趣事是说，顾恺之上任散骑常侍，心里非常高兴，于是经常在月下吟咏。时任参军的谢瞻，因与其官署相连而"每遥赞之"，远远地赞美他，顾恺之因得到赞美而愈加兴奋，吟咏不知疲倦。有天夜里，谢瞻想要早睡，却不想让恺之失望扫兴，便叫侍从代他喊"好"，没想到顾恺之光顾着自我陶醉，丝毫没有察觉到这并不是谢瞻之声，依然兴致不减地吟咏到天亮。此事足以见其"痴"之专注。在东晋那个政治动荡、生命飘忽的时代，顾恺之的痴醉恰恰成了自己的保护伞，他的"痴黠各半"是一种不计得失的逍遥从容，是一种自然自由的人生智慧。也正因如此，在处理与政治核心人物之间的关系时，他也能够巧妙地独善其身。

"画绝"出神入化。顾恺之是一个天才画家，但其"画绝"与其"才绝""痴绝"却有着紧密的关系。其画艺之超绝，其文采之斐然与其性情之达观相融相和，生发出了力量，铸就了其伟大。有一个故事讲的是顾恺之曾经喜欢上一个邻家女孩，可是女孩并未对他有好感。于是，他就将女孩的芳容倩影画在墙壁上，并把针钉在女孩画像的心脏位置。不久，女孩竟然得了心痛的病症，顾恺之爱慕女孩深情如此，女孩便依从与他。然后，顾恺之才悄悄把针取下，女孩的病症便也消失了。虽然这个故事有夸张之嫌，但是足见顾恺之的画功已经达到了神妙的程度。

顾恺之的绘画精妙无比，绝对当得起世人以及他自己对他的高评。有一次，顾恺之给西晋时期的裴楷画像，特意在裴楷的脸颊上多画了三根胡子。有人问顾恺之是什么原因，顾恺之说："裴楷俊逸爽朗，很有才识，这三根毫毛恰恰是用来表现他的才识的。"看画的人寻味起画来，确实觉得增加了三根胡子的裴楷更有气韵，远远胜过没有添上的时候。顾恺之能恰当地把握人物性情，并根据人物现实需求而适度调整，所以他的人物画总是那么惟妙惟肖，让人叹为观止。

顾恺之之所以青史留名、后世称赞，就是因为他本人的绘画水平极其高超。传世佳作《洛神赋图》《女史箴图》《斫琴图》都是不可多得的珍宝，虽然有些已经遗失，不存于世，但是只看后世的摹本，也能看出顾恺之的绘画特点和水平。

"才绝、痴绝、画绝"是顾恺之的人生标签。他得魏晋风流之精髓，有着渊博的知识、痴黠的举止、高妙的画功，用达观自由的人生智慧，谱写其神逸超脱的艺术人生。

二、画龙点睛的神来妙笔

顾恺之的绘画作品繁多，其中以人物画最为突出，他画人物的技巧被后人称为"春蚕吐丝""高古游丝描"——线条古朴圆转，既能够传神地勾勒出人物的形象特征，又能精妙地表现人物的内在性情。唐人张彦远评论他的画"意存笔先，画尽意在"，且说道："自古论画者，以顾生之迹天然绝伦，评者不敢一二。"唐人张怀瓘则认为"象人之美，张（僧繇）得其肉，陆（探微）得其骨，顾（恺之）得其神，以顾为最。"东晋著名政治家、军事家谢安对顾恺之十分赏识，称赞他的绘画为"苍生以来，未之有也"。

顾恺之不仅创作了大量知名的绘画作品，还总结了许多深刻的绘画理论来指导自己的艺术实践，如《论画》《魏晋胜流赞画》《画云台山记》等，虽零星地保留在张彦远的《历代名画记》中，但其核心绘画思想"以形写神"和"迁想妙得"却影响深远。他在评论前人之画《小列女》时说道："面如恨，刻削为仪容，不尽生气。"在评论《壮士》时说道："有奔腾大势，恨不尽激扬之态。"意思是说这两幅画都只是描绘了对象的外形，而没有传达出其内在神韵。可见，无论是对他人画作的评论还是对自己的创作实践，他都强调"以形写神"的重要性，主张透过描摹对象的外貌，深入其精神世界中去。

绘画表现中，描其"形"易，得其"神"难。《世说新语》中有关于顾恺之作画的记载："顾长康画人，或数年不点目精。人问其故，顾曰：'四体妍蚩，本无关于妙处，传神写照，正在阿堵中。'"强调了眼睛对于刻画人物心理个性和精神气质的重要性。有故事说，顾恺之曾经给友人画扇面，扇面中的人物是阮籍和嵇康，可是画到最后他都没给两人画眼珠，别人问其缘故，他竟答道："画上眼珠子，人就活了，那是要说话的。"

在顾恺之20岁时，其父亲顾悦之正在朝任职尚书左丞，顾家住在江宁瓦官寺附近，正好赶上瓦官寺募捐建院。富豪们最多捐了十万钱，顾恺之却要捐百万，众人都怀疑非富非贵的顾恺之是否能够兑现如此大额的捐资。为此，顾恺之用一个月时间在瓦棺寺北殿画了一幅《维摩诘》画像，要画眼睛时，顾恺之让寺僧发出公告：第一天观看者施十万钱，第二天施五万钱，第三天则随意施舍。没想到"及开户，光照一寺，施者填咽，俄而得百万钱"。等到"开光点睛"那一天，许多人从四面八方赶来一睹神采，顾恺之当众点睛，捐钱者众，从而轻而易举地兑现了捐资百万钱的诺言。由此可见顾恺之点睛之笔的高妙。

顾恺之的名画《洛神赋图》是其表现"以形写神"理念的代表作。这幅画是以三国时期著名诗人曹植的《洛神赋》为文本进行创作的。画作描绘了曹植与洛神之间动人心弦、凄婉缠绵的神人之恋。由于原作已经不传，所以我们今天看到的只是宋人的摹本，但即便是摹本，我们依然能感受到画作中的梦幻意境，以及人物的神韵情致。画卷用浪漫的手法分别描绘了邂逅、定情、殊途、分离、怅归五个情景。其中"子建睹神"部分，曹植在神思散漫、疲劳失度的情态之下，忽然"睹一丽人"，其有意拦住侍从，怕惊扰了女神，只深情地注视着水泽之畔的洛神，那种又惊又喜、极为专注的眼神被刻画得生动传神。为了对比和凸显曹植对洛神爱慕的眼神，恺之故意将其身边的侍从描绘得眉眼低垂、神情木讷，以此将饱含深情的曹植描绘得栩栩如生。整幅画卷都以洛神与曹植眼神之间的对视交流展演开来。"定情"时曹植深知人神殊途，以玉佩相赠，激动兴奋却又难免惆怅寡欢的复杂心绪，洛神含情脉脉、顾盼回首、欲言又止的情态，将二人互相爱慕却又惆怅万分的感情传神地表达出来。

"迁想妙得"也是顾恺之画论中非常重要的一个观点。他在《论画》第一则中谈"迁想妙得"时就指出："凡画，人最难，次山水，次狗马；台榭一定器耳，难成而易好，不待迁想妙得也。"当代著名学者李泽厚认为"迁想"是一种自由想象，是一种"神会"，是一种精神性的感悟，"其最终目的是在直感地领悟把握那由想象所得的形象呈现出来的某种微妙的'神'，亦即某种提到了形而上的哲理高度的精神、心灵的表现"。"迁想"与"妙得"都是佛学上惯用的术语。顾恺之实际上是在用佛学的术语来阐释一种绘画追求，即是把画家所感悟到的事物的个性、气质等内在精神要素，移注到所描绘的对象中去，使其具有独特的个性气质，同时使受众获得超越画作本身的奇妙感受。

比如，顾恺之在评论《伏羲神农》一画时说到："神属冥芒，居然有得一之想。"评《汉本纪》时说到："至于龙颜一像，超豁高雄，览之若面也。"都是说在观赏完这些作品之后会有超出形象的感受。顾恺之也画了大量魏晋名士画像。比如，他画谢鲲，谢鲲其人任性放达，以"纵意丘壑"自负，曾因挑逗邻家女孩而被打断两颗牙齿。顾恺之为其作画，便以山岩作为背景，并解释道"此子宜置丘壑中"。再如，他想要为荆州刺史殷仲堪画像，殷仲堪因害眼疾，一只眼瞎掉，而拒绝被画，顾恺之便极力劝说，说自己会将他的眼睛画得明亮有神，然后用飞白扫抹，形成"轻云蔽月"的效果，以此博得了殷仲堪的许可。这些故事都说明了顾恺之作画是在尊重描摹对象原本外貌的基础上，注重透视其内在独有的个性特征，并以此来传达人物的内在精神气质，所以给人以传神之感。

难能可贵的是，顾恺之的传神主张并不以舍弃形象为代价，而是以形象作为"写神"的工具，将形象适度的取舍、调整以此来实现精神情感的自由表达。他认为："以形写神而空其实对，荃生之用乖，传神之趋失矣。"即传神不能脱离对真实形体的描绘，这也正是顾恺之的高明与伟大之处。他强调"传神"的绘画主张，经后世南齐谢赫提出的"气韵生动"、清代石涛提出的"不似之似"的强调及发展，贯穿了中国古今绘画长廊中的人物画、山水画、花鸟画等各个领域，成为品评绘画的最高标准，对后世人解读绘画作品的精神内涵具有重要的指导意义。

三、率真畅达的人性觉醒

顾恺之的创作和绘画理论，使人们由注重外形转向关注内在气质，由注重形似转向注重神韵，将绘画境界提高到了一个新的水平。精神气质是一个人的本质特性，传神作为人物画的品评标准，正是从顾恺之开始的。徐复观认为，以顾恺之为代表，在中国人的心灵里所潜伏的与生俱来的艺术精神在魏晋时代成为文化的普遍自觉。

宗白华在《美学散步》中说："汉末魏晋六朝是中国政治上最混乱、社会上最痛苦的时代，然而却是精神史上极自由、极解放，最富有智慧、最浓于热情的时代。因此也就是最富有艺术精神的一个时代。"东晋末年是一个皇室衰微，士族相争，社会极不安定的时代，文人墨客深陷政治斗争的旋涡，对现实的恐惧与忧患与日俱增，生活的动荡使他们强烈地感受到人生的飘忽和无常，因此引发他们对生命的依恋与反思，他们渴望在精神上得到慰藉。因此，人们的关注点便从外部世界转向内心世界，从对现实社会的关注转向对抽象玄理的探寻。魏晋名士以玄学清谈为风尚，风流之辈层出。竹林七贤之一的阮籍曾说："徒寄形躯于斯域，何精神之可察。"他将形神对立，为魏晋个性解放之风张旗呐喊。同样身为竹林七贤的嵇康也曾有诗："目送归鸿，手挥五弦。俯仰自得，游心太玄。"顾恺之非常推崇这首诗，曾经专门为之作画，且题诗："手挥五弦易，目送归鸿难。"由此可见，顾恺之的人生与绘画中所表现的对人物才情、个性、气质的赞赏，对人物精神和人格神韵的褒扬，都深深受到魏晋名士玄学之风的启发和影响，蕴含在其绘画审美之中的主题是"人性的觉醒""艺术的自觉"。

　　魏晋时期，在老庄精神的启发下和在玄学盛行风尚的引领下，顾恺之将生活的艺术与创作的艺术合而为一，其画作无不传递着顾恺之对人生、对生命的追问，其"以形写神"恰是其内心感悟与人生境界的审美性传达。这种创作的自觉，即是对文化寻根的自觉，也是对时代精神的回应。正如李泽厚所评价的那样："这'神'不仅仅是一般所说的精神、生命，而是一种具有审美意义的人的精神，不同于纯理智的或单纯政治伦理意义上的精神，而是魏晋所追求的超脱自由的人生境界的某种微妙难言的感情表现。它所强调的是人作为感性存在的独特的'风姿神貌'，美即存在于这种'风姿神貌之中'。"顾恺之创《维摩诘》，论其所画维摩诘之形象，并不比后世吴道子等所画的更像其本人，其"传神"主要是因为维摩诘是东晋名士所追求的精神解放、个性自由的象征，而顾恺之作为魏晋时期的一个全才式人物，他能够深刻地理解、传达出维摩诘的这种内在人格气质。

　　徐复观曾经说："在人的具体生命的心、性中发掘出艺术的根源，把握到精神自由解放的关键，并由此而在绘画方面，产生了许多伟大的画家和作品，中国文化在这一方面的成就，不仅有历史的意义，并且也有现代的、将来的意义。"顾恺之率真洒脱的性格和达观自然的生命境界，是其成为艺术家的决定条件。在艺术创作上，作家只有具备本真的艺术追求，作品才会成为他释放真实感悟的自由天地；反之他就不可能创作出感人的伟大作品，也不可能成为伟大的画家。

陈师曾在《文人画之价值》的结论部分写道："文人画之要素：第一人品，第二学问，第三才情，第四思想；具此四者，乃能完善。盖艺术之为物，以人感人，以精神相应者也。有此感想，有此精神，然后能感人而能自感也。所谓感情移入，近世美学家所推论，视为重要者，盖此之谓也欤？"顾恺之集中了陈师曾所提到的四个要素，虽然其作品具有魏晋时代的特殊烙印，但仍不失以独立的审美审视时代的特殊价值。顾恺之在诗、赋、记、序等文学方面的造诣也是其绘画创作具有鲜活生命力的重要因素，是其建立起千古不朽的艺术之厦的重要基石。顾恺之之所以被称为画祖，不仅是因为他高超的绘画手法，更是因为他以深厚的文化底蕴以及对生命和人生的独特理解，为中国绘画确立了重精神、意趣，推崇格调境界，彰显人性自觉的艺术精神，这种精神不仅代表了魏晋时代文人们自由洒脱的人生观，而且直指心灵，意蕴恒久。正因如此，顾恺之的作品才能够穿越时空，令后世画家无不对其推崇备至。

随着时光的流逝，魏晋时代已与我们渐行渐远，可是那个时代所留下的"简约云澹，超然绝俗"的处世风尚却时时在我们心间回响。顾恺之因生活在这个时代而绽放出绚烂的生命之花。他底蕴丰厚，有冠称"三绝"的坚实根基，有"以形写神""迁想妙得"的绘画理论，有人性觉醒、文化自觉的价值追求，这些都给现代人以艺术的启发和精神的引领。我们应当有这样的决心：像名士先贤一样——保持生命的纯真，触摸生活的底色，精于传达生命的意义，敢于引领时代的精神，去创造辉煌的明天。

他为什么被尊为『诗仙』

——伟大的浪漫主义诗人李白

○ 张冬颖

诗人余光中曾在诗中说："酒入豪肠，七分酿成了月光，剩下的三分啸成了剑气，绣口一吐，就是半个盛唐。"他以无限的敬仰之情，缅怀了以诗和酒磅礴了盛唐文化的巅峰诗人——李白。盛唐的诗歌一改前代的华靡文风，格律上短小自然，内容上清新脱俗，风骨上不卑不亢。而能将格律、内容、风骨完美结合到"清水出芙蓉，天然去雕饰"境界的诗人中，李白无疑是最杰出的。

李白是中国诗歌史上一个独特的存在，在他身上，有任侠者的豪迈，有修道者的狂放，有爱国者的忧思，还有信笔惊人的诗才。杜甫在《天末怀李白》一诗中写道："凉风起天末，君子意如何。鸿雁几时到，江湖秋水多。文章憎命达，魑魅喜人过。应共冤魂语，投诗赠汨罗。"杜甫将李白视为性情与屈原同样高洁不阿的"君子"，李白的人生与仕途如屈原一般是抑郁不得志的，但是，他并没有因怀才不遇而忧郁颓丧，反将超脱与豁达之情怀充盈于自己的人生之路，把心中的豪情与忧思化为壮丽的诗句，写就了飘逸洒脱和清灵高远的诗篇。李白是孤高自傲，甚至自负的，有时他的诗歌里会出现显露自恋或疯狂的惊人之语。但是，李白以丰富的才学与独特的胆识，将其超脱豁达的人生态度与豪放洒脱的生命智慧毫无保留地呈现在世人面前，我们在解读李白的过程中，会获得诗歌创作的大智慧，能透彻挥洒人生的大自由。

一、飘逸灵动的诗歌盛宴

李白的一生，正值中国历史上文化和政治达到顶峰的盛唐时代。他自号青莲居士，又号"谪仙人"，是唐代伟大的浪漫主义诗人，被后人誉为"诗仙"，与杜甫并称为"李杜"。《新唐书》记载，李白为西凉武昭王李暠九世孙，与李唐诸王同宗。他为人爽朗大方，爱饮酒作诗，喜交友。李白5岁时，发蒙读书，到15岁时，已有诗赋多首，并得到一些社会名流的推崇与奖掖，开始从事社会干谒活动，亦开始接受道家思想，好剑术，喜任侠。李白24岁时，离开故乡而踏上远游的征途，先后游历了成都、峨眉山、渝州。他在30岁之前到处游历，广交朋友，希望得到引荐，却未能如愿。直到742年，由于玉真公主和贺知章的交口称赞，玄宗看了李白的诗赋，对其十分仰慕，便召李白进宫，令李白供奉翰林，职务是给皇上写诗文娱乐，陪侍皇帝左右。后来，李白对御用文人生活日渐厌倦，开始纵酒以自昏秽，又因权贵谗谤，玄宗疏远，内心烦闷，李白最终离开了宫廷。755年，安史之乱爆发，李白与妻子宗氏一道南奔避难。757年，李白因投永王兵败下狱，被判罪长流夜郎。759年，李白经过长期的辗转流离，终于获得了自由。到761年时，已六十出头的李白因病返回金陵。在金陵，他的生活相当窘迫，不得已只好投奔了在当涂做县令的族叔李阳冰。第二年，李白病重，在病榻上把手稿交给了李阳冰，赋《临终歌》后与世长辞。

盛唐富庶安定的社会环境造就了李白对事业的强烈追求，也激起了他用诗歌创作表达理想追求的强烈愿望。究此根源，其狂放不拘的个性特点造就了这一切。李白的"狂"在于，他可以狂妄到连皇帝的宠妃也不放在眼里，并曾经借醉酒让杨贵妃为其脱靴；李白的"放"在于，才情横溢的他一贫如洗，以至于不得不拿诗歌换酒钱来勉强度日，其豪放令人啼笑皆非；李白的"不拘"在于，他确实不拘泥于世俗，渴望离开这个现实世界去寻仙得道，然其最终却落得仙人未寻到反将自己弄得狼狈不堪的境地。这种看似痴狂的行径实则反映了李白本身之"孤独"以及他那不为世人所理解的赤诚之心。这种心态不可避免地反映在了他的诗歌之中，如他的七言古诗《庐山遥寄庐侍御虚舟》：

> 我本楚狂人，凤歌笑孔丘。
>
> 手持绿玉杖，朝别黄鹤楼。
>
> 五岳寻仙不辞远，一生好入名山游。
>
> 庐山秀出南斗傍，屏风九叠云锦张，影落明湖青黛光。
>
> 金阙前开二峰长，银河倒挂三石梁。
>
> 香炉瀑布遥相望，回崖沓嶂凌苍苍。
>
> 翠影红霞映朝日，鸟飞不到吴天长。
>
> 登高壮观天地间，大江茫茫去不还。
>
> 黄云万里动风色，白波九道流雪山。
>
> 好为庐山谣，兴因庐山发。
>
> 闲窥石镜清我心，谢公行处苍苔没。
>
> 早服还丹无世情，琴心三叠道初成。
>
> 遥见仙人彩云里，手把芙蓉朝玉京。
>
> 先期汗漫九垓上，愿接卢敖游太清。

这首七言古诗是李白在闲游庐山时，见庐山秀丽如画之美景转而又触发了自己对朋友的想念之情而作的山水诗，他将此诗赠送给自己的好友卢虚舟。在此诗中，他不仅用独到的手法将庐山秀丽飘逸的美景描绘得大气磅礴，还将自己现实中的满腔热血注入于此，充分显现了他渴望寻仙访道、遨游天下的雄心壮志。然而，更重要的是，他所独有的那种狂放不羁的男子气概在这首诗中得到了极好的体现。李白在这首写景诗的第一句便以一种"语不惊人死不休"的语态称自己为"楚狂人"，接下来更大言不惭地表示自己正如春秋时期楚国隐士接舆一般能够"凤歌笑孔丘"，此一句足以令人洞悉李白的自信与自负。而从另一个层面来说，全诗除了通过景色描绘让读者有气势磅礴的感受之外，也让人们更加深度地了解到了李白的"狂"与"癫"。即便如此，在盛唐诗学中，其所标榜的豪放不拘、大气飘逸的诗情仍不容置疑。他似乎是将这种痴狂之气融入自己的骨子里，转而又融汇到自己的诗歌之中，让这种"骨气"成为自己诗歌的风骨，从而达到"见其人如见其诗，读其诗如见其人"之境。

李白的诗歌充满了强烈的主观色彩，侧重抒写豪迈气概和激昂情怀，很少对客观事物做细致的描绘。喷发式的抒情方式，发想无端，变幻莫测，表现了他对理想的追求和理想难以实现的苦闷，揭露和抨击了朝政的昏暗，表达了他对功名富贵的蔑视和对自由生活的追求。他在《蜀道难》中写道：

噫吁嚱！危乎高哉！蜀道之难，难于上青天！蚕丛及鱼凫，开国何茫然！尔来四万八千岁，不与秦塞通人烟。西当太白有鸟道，可以横绝峨眉巅。地崩山摧壮士死，然后天梯石栈相钩连。上有六龙回日之高标，下有冲波逆折之回川。黄鹤之飞尚不得过，猿猱欲度愁攀援。青泥何盘盘，百步九折萦岩峦。扪参历井仰胁息，以手抚膺坐长叹。

问君西游何时还？畏途巉岩不可攀！但见悲鸟号古木，雄飞雌从绕林间。又闻子规啼夜月，愁空山。蜀道之难，难于上青天，使人听此凋朱颜。连峰去天不盈尺，枯松倒挂倚绝壁。飞湍瀑流争喧豗，砯崖转石万壑雷。其险也若此，嗟尔远道之人胡为乎来哉！

剑阁峥嵘而崔嵬，一夫当关，万夫莫开。所守或匪亲，化为狼与豺。朝避猛虎，夕避长蛇，磨牙吮血，杀人如麻。锦城虽云乐，不如早还家。蜀道之难，难于上青天，侧身西望长咨嗟！

本诗最能代表李白的诗歌风格，充分体现了其浪漫主义特色。全诗运用想象、夸张、比喻、暗示、渲染等艺术表现手法，气势宏大，语言雄健奔放、挥洒自如。本诗在时间上由古到今，在空间上由远及近，在情感上由浅入深，表现了由秦入蜀的道路之高、险、奇、难。全篇笔酣墨饱，诗人奔涌跌宕的感情激流，忽翕忽张，起落无常。情极悲愤而作狂放，语极豪纵而又沉着。诗情由悲转乐、转狂放、转愤激、再转狂放、最后结穴于"万古愁"，回应篇首，如大河奔流，有气势亦有曲折，纵横捭阖，力能扛鼎。全篇表达了李白式的悲哀：悲而能壮，哀而不伤，极愤慨而又极豪放。表是在感叹人生易老，里则在感叹怀才不遇。

李白是继陈子昂之后，把唐诗推上高峰的伟大诗人。他的出现，促成了中国古典诗歌第一个黄金时代的到来，他把屈原开启的浪漫主义诗歌传统推上了新的高度。可以说，李白的诗歌是真正意义上从通过展露自身个性特点来凸显自己独特创作风：既飘逸隽秀，又大气磅礴；既明丽剔透，又一气呵成。李白的诗歌是后世独一无二的瑰宝，令后人用尽全力也无法企及。后人便只能在诵读叹赏之余，不觉掩卷叹息；在自叹弗如之余，又不觉深深佩服。

二、通透豁达的人生选择

李白的人生是通透豁达的，他用诗歌谱写人生的华章，而酒就是他发酵惊天诗才的引子。在中国文学史上，诗与酒相从相随，几乎有一种天生的缘分。中国诗人大多爱喝酒。多少诗人因酒忘却人世的痛苦忧愁，因酒在自由的幻境中尽情翱翔，因酒而丢掉面具口吐真言，因酒而成就传世佳作。这一点，在天才诗人李白身上尤为突出。他是"诗仙"，又自称是"酒中仙"，时人也号之曰"酒圣"。古时酒店都爱挂上"太白遗风""太白世家"的招牌。直至现在，还有沿用的。

李白流传下来的1500首诗作中，有170首写到饮酒。从李白的诗作中，我们能闻到一股浓浓的酒味。《月下独酌四》之一有"花间一壶酒，独酌无相亲。举杯邀明月，对影成三人"。《叙赠江阳宰陆调》有"大笑同一醉，取乐平生年"。《赠刘都史》有"高谈满四座，一日倾千觞"。《酬岑勋见寻就元丹丘对酒相待以诗见招》有"开颜酌美酒，乐极忽成醉"。《月下独酌四》之三有"醉后失天地，兀然就孤枕，不知有吾身，此乐最为甚"。李白是因醉酒致疾丧命的，就连升天的灵魂都带着醉意。矛盾与浪漫，使李白爱酒成为必然。在矛盾中坚持浪漫，以浪漫去对抗矛盾。李白从小抱有"辅弼天下"的志向，但一直不得志，他咀嚼痛苦，他以一颗纯真的赤子之心，把时代投射的假相当作真相，并以为可在这种环境中实现自己的理想。他张扬自我，豪放不羁，洒脱乐观，如一位飘逸不群的仙人出于浊世而不染。他有过几多矛盾、几度挫折，但仍然有着"天生我材必有用"的豁达。酒成了李白最好的解脱，也成了他雄心壮志破灭后的最大安慰。自始至终，李白在写酒时都在言志或写壮志难酬后的悲慨、消沉、失落、苦恼，这背后是他那一颗不曾泯灭的积极用世之心。

与唐代其他诗人相比，李白的诗歌蕴含着一种超越自我的意味，他始终坚守着"以大我统观小我，让小我服从大我"的诗学意识，时刻充满着激情与张力。在他的笔下，月亮可以伸手摘取；星星可以与之对话；高山江河的雄伟可以登高领略；遨游幻境可以享受神灵仙人的自由。可见，李白的诗歌在很大程度上描绘的是一种自我存在，是他以自己的生命为基础而作的。因此，从一方面来看，他的诗歌中处处表现着桀骜不羁、宠辱不惊的自我个性；而从另一个方面来说，其诗歌也深度突出了他超脱豁达的人格力量与人生态度。例如，在他的五言律诗《渡荆门送别》中：

> 渡远荆门外，来从楚国游。
>
> 山随平野尽，江入大荒流。
>
> 月下飞天镜，云生结海楼。
>
> 仍怜故乡水，万里送行舟。

这首五言律诗是726年李白沿长江出蜀东下时写下的。它以大气恢弘的笔法描绘出一幅色彩浓丽的长江山水图。"渡远荆门外，来从楚国游"首句下笔极其开阔，虽是描述地点，但却给人一种极其壮阔、弘丽之感。第二联紧接着首句，将山概述为"山随平野尽"，将水描绘成"江入大荒流"，使人们的视野继续打开。第三联则又紧承着第二联，指出长江之水如月光照耀下的"飞天镜"，江上水雾交接如"云生结海楼"。三联紧密相连，给人以极其宏大的场面感。而尾联将笔锋一转，使得壮阔的山水之景与深厚的故乡情思紧密连接起来，但这并没有让人感觉突兀，反将李白豪放的气概、豁达的胸怀、超脱的视野以及深厚的故乡情思展现在世人面前。

可以说，李白的诗歌处处都彰显着与众不同的秉性，展示着其张扬、狂傲与自得的个性，也渗透着其超脱、豁达的"骨气"。这种"骨气"源于现实却又超越现实，源于自我却又超脱自我，它作为一种独特的人格魅力展现出来，附加在李白的诗歌中，进而成就了他豁达开朗的人生态度，这种人生态度具体表现为其将大我置于小我之下，又用大我充实小我的强大人格力量。就人格的理想性而言，他追求的是功成身退；就人格的现实性而言，他追求的是狂放进取；就人格的精神性而言，他追求的是大鹏天马；就人格的生命性而言，他追求的是剑舞月酒；就人格的文化性而言，他追求的是浪漫创造。所有这一切，都展现着李白的自我超越、自我觉醒、自我奋斗、自我肯定、自我信任和自我标榜等。诚如"天生我材必有用"的底气十足，"长风破浪会有时"的热切期盼，"游说万乘苦不早"的兴奋得意，以及"长安宫阙九天上，此地曾经为近臣"的不凡和满足，归根到底，这些都在某种程度上向众人呈现了他乐观豁达的人生态度及其同样乐观豁达的一生。

三、自由洒脱的生命智慧

李白的一生就如一首大气磅礴又灵动飘逸的诗歌，然其人生最大的贡献似乎就是给后人留下自由洒脱的生命智慧。他的诗歌是凭借其生命的热情而作的，从而处处体现着他独有的人生感受与生命体悟。他以一颗赤诚的心灵忠爱着他的国家，关爱着他的朋友，深爱着他的故乡，纵然其诗歌多为山水而诵，却也时刻渗透出一种浓郁的生命气息与豪放洒脱的个人智慧，常常令人们从内心深处为之动容。

李白爱自己的国家，爱他所属的那个时代，因此也不可避免地要受到当时社会风气的影响，加之其建功立业、报效家国心切以及与生俱来的刚直气节，以至于其纵有着杰出的才华，却仍然避免不了被贬谪、流放的命运。但是，他并没有自怨自艾，忧郁不平，而是如青松一般愈发顽强，百折不挠。虽然他曾经气愤地道出"安能摧眉折腰事权贵，使我不得开心颜"以表现自己蔑视权贵的心态，但在被告知遇赦时，又喜不自禁地发出"朝辞白帝彩云间，千里江陵一日还。两岸猿声啼不住，轻舟已过万重山"的感叹。可见，李白的喜和怒都是与诗歌紧密相连的，他的生命体会与生活感悟也都是用其诗歌来记录与抒发的，而他的诗歌也正因被注入了赤诚的情感才愈加生动，愈加感人。当然，我们能看出来的是：李白爱什么，他的诗歌所描写的就是什么；李白憎恨什么，他的诗歌所表现的就是什么。就如其热爱自己的故乡，所以才会有"仍怜故乡水，万里送行舟"。他关爱自己的朋友，所以才会有"浮云游子意，落日故人情"。他爱喝酒畅饮，所以才会有"人生得意须尽欢，莫使金樽空对月"。他爱寻仙遨游，所以才会有"遥见仙人彩云里，手把芙蓉朝玉京"。说到底，他的诗歌实质上就是其人生经历的真实写照，同时也映照着其豪放洒脱的一生。

李白的诗歌中有他的笑，"仰天大笑出门去，我辈岂是蓬蒿人"；也有他的愁，"抽刀断水水更流，举杯消愁愁更愁"；有他的得意，"人生得意须尽欢，莫使金樽空对月"；也有他的失意，"人生在世不称意，明朝散发弄扁舟"；更有他的孤独，"月下一壶酒，独酌无相亲"；有友人送别之喜，"桃花潭水深千尺，不及汪伦送我情"；也有友人送别之悲，"挥手自兹去，萧萧班马鸣"……可见，李白的诗歌就好似一本独特的人生日记一样，将他的喜悦、悲伤、愤懑、快乐、愁苦、欢笑等种种人生体验和生命感悟都记录其中，乃至于其豪放洒脱的生命轨迹都能够在这些诗歌中找寻到相应的痕迹，吸引着人们从这些诗歌中挖掘出蕴藏在最深处的人生智慧。

四、生为理想的傲岸情怀

李白始终是一个理想主义者，李白终其一生，其实都在兼济天下与独善其身的矛盾中徘徊。他对那白发死章句的鲁叟肆意嘲笑戏谑，也称赏为人排忧解难而分文不取的鲁仲连，他明白功名富贵不可能长久，却始终幻想着如渭水边垂钓的姜尚一样，忽有一日与君王风云际会，得以辅佐明主，建立不世功业。而天宝元年，从长安飞至南陵的那封紫泥凤诏更是助长了他的这种幻想，使年过四十的诗人狂喜异常。此时，家中白酒新熟、黄鸡正肥，更是无限添助了诗人的春风得意之感。他"呼童烹鸡酌白酒"，醉眼笑看妻儿，高歌起舞。虽然遗憾未能在更早的年岁里实现游说万乘的理想，但现在能够跨马远涉，去拜谒天子，也不失为一件幸事。更兼想起历史上朱买臣曾因贫贱遭愚妇相弃，而自己此次辞家，也正是告别不得志的过去，去实现夙愿。值此人生快意时刻，怎能不令他仰天大笑？李白的矛盾正在于他不曾将现实与理想以及历史分辨清楚。他所生活的时代似乎并不需要他的雄心壮志，玄宗诏他到长安，非问治国与经济之策。故而他的到来，似乎只是为大唐这个盛世锦上添花罢了。一腔热血的诗人自然不能接受这冰冷的现实，再加上他本就惯于自由、率性而为，因而不但出现了"李白斗酒诗百篇，长安市上酒家眠。天子呼来不上船，自称臣是酒中仙"的趣事，也常常无端遭到谗毁。他自感白璧无辜而染垢，《白雪》曲高而和寡，世路艰难。

李杜诗篇万古传。说起盛唐的诗人，我们首先想到的便是李白与杜甫。他们不仅在诗歌创作上有着齐名的成就，就连漂泊的身世也是十分相似，他们都仕途失意、一腔抱负无处施展，太多的相似让两人惺惺相惜，成了莫逆之交，并且常常用诗歌劝慰鼓励着彼此。唐玄宗天宝四年，李白与杜甫在山东兖州分别，杜甫写下了第一首赠与李白的诗，用词浅显，却将李白"安能摧眉折腰事权贵"的傲岸风貌刻画得入木三分：

秋来相顾尚飘蓬，

未就丹砂愧葛洪。

痛饮狂歌空度日，

飞扬跋扈为谁雄。

这首诗从表面上看，好像写的是李白炼不成丹药就荒废日子、饮酒为伴，杜甫对此进行劝慰，让他把时间好好用在炼丹事业上，不要虚度年华。但是杜甫实际上另有深意：李白一生狂放不羁，贵妃磨墨、力士脱靴，权贵在他眼中与常人无异。他藐视权贵，权贵也处处排挤他，他与杜甫这次相遇便是因为受到排挤，被迫离开京都，所有的孤高自傲终是落了个四处漂泊、不被重用的下场，此中的无奈与悲愤属于李白亦属于杜甫。"痛饮""狂歌""飞扬""跋扈"将李白的狂与傲刻画得淋漓尽致。李白也曾写过"安能摧眉折腰事权贵，使我不得开心颜"。其傲世情怀跃然纸上。

总之，李白是时代的骄子，一出现就震惊了诗坛。中晚唐韩愈、李商隐等诗人都对他推崇不已，宋以后，论诗者皆将李杜并称。李白对后世的影响，他诗歌中所表现的人格力量和个性魅力以及他狂放不羁的纯真的个性风采，无疑有着巨大的魅力。他的诗歌有豪放飘逸的风格、变幻莫测的想象、清水出芙蓉的天然，对后来的诗人有着巨大的吸引力。李白的生命就像是一首诗，是一首赤诚的诗，更是一首包含着无数生命智慧的诗。李白一生都在"寻找真人"，而他自己便是一个真正意义上的"真人"。他将自己的一生看作是一个探寻生命与感悟生命的过程，把人生中的酸甜苦辣寄托在纵情诗歌当中，使自己的喜怒哀乐所附注的生命智慧得到完美体现，并最终在诗歌里寻找到了真正的自由，成为整个诗学界的"真人"，同时也成为自己生命中的"真人"。与其说李白的一生都在研究如何作诗，不如说其一生都在追寻另一个目标，即成为一个真正意义上的"真人"。这也是李白用其灵动飘逸的诗歌和其豪放洒脱的一生所要告知给我们的最终生命智慧——唯有成"真"，方能成"仙"。

他为什么被尊为『诗圣』

——伟大的现实主义诗人杜甫

○ 王瑞雪

唐朝是中国古代诗歌空前繁荣的时代，诗人众多，流派纷呈。在唐朝灿若群星的诗人群像里，李白和杜甫尤其光彩照人。"李杜文章在，光焰万丈长"，他们一个是浪漫主义的典范，一个是现实主义的巅峰。

杜甫，生于712年，卒于770年，字子美，自号少陵野老，世称"杜工部""杜少陵"等，河南省巩义市人。杜甫是中国文学史上伟大的现实主义诗人。他的诗真实地反映了唐朝由兴盛走向衰亡的社会面貌，具有丰富的社会内容、鲜明的时代色彩和强烈的政治倾向，被后人公认为"诗史"。杜甫忧国忧民、心系苍生，胸中激荡着热爱祖国、热爱人民的炽烈情感和自我牺牲的崇高精神，诗艺精湛，在中国古代文人中备受推崇，影响深远，被后人尊为"诗圣"。

任何一个杰出人物的成长过程，都势必带着他独一无二的精神密码。杜甫的精神密码是什么？他为什么会形成这样的精神密码？他的精神密码包蕴了怎样的人生智慧？今天，就让我们从他的履痕、他的作品、他的人格中去寻找答案。

一、抱致君尧舜之理想

杜甫出身贵族世家，少有才学，中年不顺，晚年漂泊。他个人的凄凉际遇，与黎民的苦难交互交融，孕育出了现实主义的巅峰之作，这种经历和思想，自然而然地成为了杜甫诗歌创作的灵感源泉。

杜甫的家族京兆杜氏是一个北方的大士族。祖上杜预是晋代名将，功勋卓著；祖父杜审言恃才傲世，才华出众，曾任膳部员外郎；父亲杜闲，曾任奉天县令。杜甫成长在官僚家庭，自小耳濡目染的是忠君报国的儒家思想。而他也极其推崇他的祖先杜预和祖父杜审言，希望可以延续先人的事业和文才，重兴家族声威。《进雕赋表》里的一句"奉儒守官，未坠素业"，可见杜甫的人生理想和事业追求。他中年时期积极谋取官职，甚至不惜向任何一个当权者寻求援引，安史之乱中他多次躲过叛军的追杀，九死一生、历尽艰辛也要追随唐朝政府，这反映了学而优则仕的儒家思想对他的影响之深。他最初的理想就是要"致君尧舜上，再使风俗淳"，直到他的晚年，也还是不改初衷。"不眠忧战伐，无力正乾坤"，正是这一追求的真实写照。

杜甫的政治理想在他的诗歌中有十分真切的反映。他为逃役的老翁一家写《石壕吏》；为不足年龄被迫征兵的孩童作《新安吏》；为新婚后作死别的夫妇吟《新婚别》；自己草堂漏雨他想的是天下士子的处境；自己无力解决温饱却为孤居无食的老妇写解围信……他无时无刻不关心天下苍生。他没有学李白的放任潇洒，没有学陶渊明的遗世独立，他践行着屈原式的坚守，却比屈原更坚韧。杜甫一生崇敬仁政，希望"致君尧舜上，再使风俗淳"。他忠君守正的思想、悲天悯人的情怀促使他即使穷困，也要独善其身，还要兼济天下；即使没有物质的救助，也要用诗为苦难人民申诉。可以说，他儒生的身份对他"诗圣"地位的巩固起了很大作用。

在官宦世家出身的庇佑下，青年时期的杜甫着实过了一段潇洒游学、衣食无忧的日子。他24岁那年在洛阳参加进士考试，结果落第。天宝六年，玄宗诏天下"通一艺者"到长安应试，35岁的杜甫应诏前去，这是他第二次参加科举考试。由于权相李林甫编导了一场"野无遗贤"的闹剧，参加考试的士子全部落选。仕途失意，家道中落，生活窘迫，杜甫陷入了前所未有的困境。此后他客居长安十年，郁郁不得志。科举之路无望，为实现自己的政治理想，杜甫不得不转走权贵之门，投赠干谒，奔走献赋，但都无结果。天宝十年，玄宗举行三个盛典祭祀"玄元皇帝"老子、太庙和天地。杜甫写出辞采壮伟的《三大礼赋》进献，得到玄宗赏识。玄宗命宰相考评他的文章，让他等待分配，但最终没有下文。之后他不断写诗投赠权贵，希望得到举荐，但仍然没有结果。

　　杜甫时代的唐朝，皇帝昏聩，沉湎美色，李林甫掌权，排压异己。在这样动乱的时代，面对这样腐坏的统治阶级，遭遇这样无情的潜规则，杜甫没有高的地位，没有优的背景，没有多的钱财，没有厉害的人脉，没有惊人的治国之才，于上级不讨喜，于同级不讨好，想要有所作为实属难事。

　　杜甫的为官经历有三次。755年，在长安，也许是上呈左丞相韦见素的诗起了作用，44岁的杜甫，被任为河西县尉。但当时的县尉是为恶的官职，他毅然辞却，后改就右卫率府胄曹参军，任务是看守兵甲器仗，管理门禁钥匙，职位正八品下。为此他写了诗《赴奉先县咏怀五百字》。但没工作多久，安禄山打到洛阳，长安沦陷，国难官不成。757年，在凤翔，46岁的杜甫被唐肃宗任为左拾遗，职务是侍奉皇帝，进谏言，举贤荐良，职位从八品上。但仅工作三个多月，他就因不讨肃宗喜欢而被放还回家。764年，在成都，52岁的杜甫受严武的举荐任节度使参谋，检校工部员外郎，职位从六品上，但幕府幕僚间相互倾轧的状态使杜甫心力交瘁，次年正月他便辞职卸任。从他的事业轨迹看，杜甫没有大起，也不存在大落，甚至谈不上有一条事业线。在理想与现实巨大的落差面前，杜甫的眉骤然蹙起，此后再也没有完全展开。

763年，安史之乱爆发后，又逢大旱，杜甫一路从甘肃迁往成都，开始了生平最大的迁徙。经历了逃难、做官、被贬、辞官、再逃难等许多周折，两年后，765年，杜甫已经53岁。这个年过半百的老人处在生命中最后的五年，却依然要遭遇命运的无情嘲弄。在这一年，他辞去了节度使参谋的职务，回到成都草堂投奔好友严武。然而，平静是短暂的，严武去世后他又开始了漂泊不定的流浪，直到59岁在一条小船上去世。接近晚年的他在孤苦伶仃、穷困潦倒甚至自己温饱问题都解决不了的情况下，仍为"肥男有母送，瘦男独伶俜"而哀叹"天地终无情"，为"积尸草木腥，流血川原丹"而"塌然摧肺肝"。一个自身难保、未老先衰的人却无时无刻不在为百姓着想，无时无刻不在为百姓担忧。这一刻的杜甫，已完全融入百姓之中，将自己的生命与百姓紧紧地联系在一起；这一刻的杜甫，不再是讨好权贵渴望谋求一官半职的杜甫，也不再是盲目侍奉皇帝、安于享乐的杜甫；这一刻的杜甫，才是我们一直敬仰的伟大的"诗圣"杜甫。

文章憎命达。科举不中、官场失意、小人当道、命途多舛，杜甫的创作却因此开始爆发出前所未有的张力，从平凡的普通诗人到伟大的"诗圣"，他完成了一次巨大的转变。

二、吟忧国忧民之诗篇

从杜甫的生平经历中，我们看到的是一位忧国思民、心系苍生的官者，更是一位居无定所、漂泊无依的苦者。能将二者合而为一、以诗命史者，无人能出其右。

杜甫的诗歌，思想内容丰富多彩，各具特色。他留下的1400多首诗歌中，以下三类思想内容占据了主要。

（一）热爱祖国，忧国忧民

《春望》诗曰："国破山河在，城春草木深。感时花溅泪，恨别鸟惊心。烽火连三月，家书抵万金。白头搔更短，浑欲不胜簪。"诗人用"花溅泪""鸟惊心"描述自己的亡国之恨。无知的花、鸟尚且如此，诗人的痛苦不言而喻。《茅屋为秋风所破歌》中说："安得广厦千万间，大庇天下寒士俱欢颜，风雨不动安如山。呜呼！何时眼前突兀见此屋，吾庐独破受冻死亦足。"只要百姓安乐，杜甫自己甘愿受冻，表现了诗人忧国忧民的博大胸怀。弥留之际，他在平生最后一首诗《风疾舟中，伏枕书怀三十六韵，奉承湖南亲友》中写道："战血流依旧，军声动至今。"他心系国家，叨念苍生。每当诗人遭受挫折，他总是首先联想起苦难中的国家，战乱中的百姓，将关怀投向大众，这是一种"仁者爱人"的可贵的人道主义精神，杜甫充分领悟、发扬了儒家的"推己及人"的思想。

（二）借史抒怀，咏物寄情

杜甫的咏史怀古诗秉有其诗歌的主要特征，多有沉郁顿挫之风，主要作品有《述古三首》《咏怀古迹》《蜀相》《八阵图》等将近二十首。杜甫《蜀相》中的"出师未捷身先死，长使英雄泪满襟"，凭吊诸葛亮，表达对当世的担忧，对英雄救世的渴望。同时他也以大量的抒情诗塑造了一个忧国忧民、深沉执着、百折不回的积极入世的老儒形象。"冯陵大叫呼五白，袒跣不肯成枭卢"，这里所表现的是一个疯狂的赌徒的形象；"儒术于我有何哉，孔丘盗跖俱尘埃"，这里所表现的是一个酒后狂言的形象；"头白眼暗坐有胝，肉黄皮皱命如线"，这里所表现的是一个贫病交加、几成饿殍的形象；"高标跨苍天，烈风无时休。自非旷士怀，登兹翻百忧"，这里所表现的是一个登高临远忧国恤民的形象。这众多的形象就是杜甫自己的，但他不是迂阔的腐儒，而是具有多面的性格，借诗歌寄托自己的身世家国之情。

（三）同情百姓，控诉战争

安史之乱时，诗人有著名的"三吏三别"，写战争给百姓带来的沉重灾难。《石壕吏》就是其中极具有代表性的一首。老妪家的三个儿子都在前线，其中两位已经阵亡。但县吏仍来捉丁，最终竟驱赶老妪应役。老妪一家的悲惨遭遇，是当时整个下层劳动人民遭遇的缩影。《新婚别》中诗人替新婚的征夫妻子诉说愁怨，新婚燕尔，仅相聚一天，丈夫便出征去了。公婆未得相识，处境尴尬。此外，还要为丈夫担惊受怕，遭受思念之苦的折磨。一个新婚妻子的幽怨，也是天下其他为人妻子者的离怨。《兵车行》，诗人从客观描述开始，以重墨铺染的雄浑笔法展现出一幅震人心弦的送别图，表现了"行人"内心的疾苦、民不聊生的窘况，表达了对百姓疾苦的同情。

此外，在杜甫的一些咏物、写景的诗中，甚至那些有关夫妻、兄弟、朋友的抒情诗中，也无不渗透着对祖国、对人民的深厚感情。杜甫一生潦倒悲惨，但作为一位伟大的现实主义诗人他时时关心着政治，关心着社会，关心着人民，他的爱国主义精神光照千古。

有人说，没有一个诗人能像杜甫那样，用自己的血泪写成一部历史，他把难以言说的热烈情感，全部倾注在一篇篇诗歌中，所以他是让我们动容的诗人。这里所说的把血泪凝结为历史，指的就是杜甫的诗歌被称为"诗史"。

之所以将之称为"诗史"，是因为杜甫诗歌中所体现出来的"善陈时事"的现实主义精神和创作方法。"善陈时事"包括两方面的含义。一是所写为当时的重大事件或与重大事件有关。由于安史之乱是唐帝国由盛转衰的关键，杜甫浓墨重彩地描述这一历史转折过程中的种种社会景象，使得他的诗具有深刻反映社会发展规律的意义，这就与一般的反映现实区别开来。二是除了作品所写的题材涉及社会重大事件外，还有作品所体现出来的思想认识是深刻的，对社会具有较大的正面的教育作用。这点在杜甫于安史之乱前后所写的诗歌中也表现得十分突出。他以积极的入世精神，勇敢、忠实、深刻地记录了他所生活的时代的特征，反映了广阔的社会生活，如同一部历史一样。尤其是安史之乱所带来的社会动荡，在他的诗中有非常详细的记载。他的诗歌可以视为历史，可以佐证历史，可以弥补历史，所以被称为"诗史"。

众所周知，每一个时代，都既有值得尽情歌颂的荣光，又有需要深刻凝视的黑暗。杜甫对统治者的憎恨与对人民的热爱是互相对立的，也是互相结合的。他的一支诗笔，能刻画无情的讽刺，也能书写深情的爱抚，这一点使他的诗具有很高的人民性。一方面，杜甫的诗充分表达了他对人民的深刻同情。在"三吏""三别"中，他把那颗爱国爱民的赤子之心展现在读者面前。"朱门酒肉臭，路有冻死骨"这千古不朽的诗句，更是被世世代代的中国人所铭记。另一方面，出自对祖国和人民的热爱，杜甫在许多诗中表达了自己对上层统治者横行、宦官奸臣霸道的憎恨。在《丽人行》中诗人写道："就中云幕椒房亲，赐名大国虢与秦。"这一句揭示出阶级对立的情绪，这一点在不朽的名篇《兵车行》中更是得到了淋漓尽致的表现。总之，无论在怎样一种险恶的形势下，杜甫的足迹一直没有离开大地，他时刻皱紧深锁的愁眉，俯视疾苦的人间。

"致君尧舜上，再使风俗淳"，杜甫的理想本像孔子那样辽远，但最后他还是义无反顾地走向了人民。品读杜甫的诗歌，让我们读懂了更多的历史、人性与气质。

三、创沉郁顿挫之诗格

"沉郁顿挫"是杜甫诗歌最主要的风格。它包括以下几层涵义：

一是它表现了杜诗思想内容的博大深厚，生活体验的真切丰富，感情的饱满有力；二是它经过了较长时期的积累、酝酿、消化、触发的过程；三是它以深厚完整的意境，锤炼精确的语言，铿锵嘹亮的音调，顿挫变化的节奏表现出来。

杜甫的诗歌为什么会形成沉郁顿挫的风格？

首先与诗人丰富广泛的生活阅历和遭际有关。曾经裘马轻狂的诗人在青年时代有过与李白相近的诗风，也有浪漫潇洒的诗歌传世，体现了盛唐时代傲视一切、充满高昂激情的一面。但是，35岁后的诗人，经历了太多的苦难，因此常怀抑郁，愁眉难展，表现于诗歌中，则是抒写人生的失意、生活的困顿、社会的巨变等。他又受"亲亲而仁民，仁民而爱物"的儒家思想的影响，常常推己及人，推己及社会，故而他的诗，国事家事是难以分清的，他更为沉重的情怀是对国家的关注。因此，每遇家事艰难，诗人往往于沉重的家事情感后忽而转写国事，虽然他对个人苦况未能尽写，但我们仍然能够深深体味到他内心深处的悲愁，他的诗因而具有了一波三折、潜气内转、深沉含蓄的情感表达特点。如《自京赴奉县咏怀五百字》中写到了家中饥寒交迫、困顿不堪、命不保夕的惨况，写到了幼子夭亡痛彻骨髓的悲伤。此时的诗人，痛失爱子，悲愤满怀，但他并没有抓住自己的伤心大书特书，而用一句"吾宁舍一哀，里巷亦犹呜咽"将痛失爱子的哀伤沉积于心底的最深处。但这悲痛却通过邻里的呜咽传达出来，并进而上升到对国家前途命运以及平民百姓生活的忧心。

其次与杜甫的审美理想和创作态度有关。作为伟大的现实主义诗人，杜甫对诗书画的审美要求是写真传神，"为人性僻耽佳句，语不惊人死不休"。作为语言的巨匠，他"读书破万卷，下笔如有神"。更难得的是杜甫对前代诗歌的态度比较宽容，主张"转益多师"，不轻易否定任何诗人、任何作品。杜甫朋友众多，又多是文人，往来信件多含诗文，不同的风格给了杜甫不同的启发，在诗词的交流传递中，他博采众长，提高着自己的创作水平，从而在诗歌中呈现出了深邃的思想、深刻的洞察力和高度的概括力。如《蜀相》中"三顾频烦天下计，两朝开济老臣心"，最能全面表现武侯心境，反映武侯功业，赤壁鏖兵、白帝托孤、六出岐山、五丈原头，一生志业尽在这耐人寻味的"老臣心"三字之中，内蕴丰赡而耐人寻味。《登高》中"艰难苦恨繁霜鬓，潦倒新停浊酒杯"中的"艰难苦恨"四字，包含着郁积难舒的爱国情感和排遣不开的羁旅愁思，不仅仅写出自己漂泊西南衰老多病，鬓毛早衰止酒停杯的窘境，也从另一个侧面反映出社会动荡不安满目疮痍，人民颠沛流离受尽苦难的现状。作者的悲情凝聚于这四字之中，郁结深厚而寄慨深广，将个人身世漂零之悲、抑郁失志之苦融于悲凉的秋景之中，极尽沉郁顿挫之能事。

语言是思想的载体。语言精炼苍劲，思想必然深沉内敛，在杜甫的诗歌中，沉郁顿挫合为一体，沉郁凭借顿挫，顿挫服从沉郁，二者相辅相成，构成了杜诗的主要风格。

四、留千古不衰之影响

杜甫作为中国诗歌史上的伟大诗人，衔接了诗歌从盛唐到中唐的转变。其诗歌的认知作用、借鉴作用、教育作用和审美作用是很多人难以企及的，给后世带来的影响是极为深远的。

杜甫的影响首先是艺术层面的。杜甫诗中以"诗史"为核心的现实主义精神是中国史官文化的体现，又是《诗经》现实主义传统的继承和发扬。杜甫为人民歌唱的现实主义创作精神，对唐代诗歌的发展，直接产生了积极的推动作用。唐代中叶，以白居易为首的"新乐府"派诗人们，就是在杜甫诗歌创作的启发下，倡导形成了一个现实主义诗歌运动。杜甫的现实主义创作精神，由白居易开始，一直渗透到唐末一些诗人的创作中，因此形成的现实主义诗派，在晚唐的诗坛上闪烁着光辉。除此以外，杜甫诗歌在艺术表现方面，也给唐代诗人以深刻的影响，如韩愈、李商隐等都是分别从不同的方面受到杜甫创作特质的影响，并建立起自己的风格。唐代以后，杜甫的影响随着时间的推移变得愈加广泛深远。

杜甫的影响还有道德层面的。他系念国家安危，同情人民疾苦，为历代士人所崇仰，是士人人格形成上的一面镜子。杜甫诗歌中高度的爱国精神，不仅在文学史上而且也在中国历史上起着积极的教育作用。宋代爱国诗人陆游深受杜甫影响，他曾在诗中说："后世但作诗人看，使我抚几空嗟咨"，从杜诗领会到"诗出于人"的道理。好诗是由优秀的人格所造就的，所谓"工夫在诗外"，这就纠正了陆游早年学诗"但欲工藻绘"的偏差。他一生创作出许多可歌可泣的爱国诗篇，可以说是受杜甫启迪颇多。民族英雄文天祥，一生酷爱杜诗，在燕京坐牢的三年间，更是专读杜诗，并集杜诗五言绝句二百首。他说："凡吾意所欲言者，子美先为代言之。"这位民族英雄的话，有力地证明了杜诗所具有的崇高思想内容。

杜甫的影响也有国际层面的。他所创作的诗歌深深地影响了美国、日本、韩国等一大批文学家、汉学家，在海外享有很高的声誉，对世界文学史的发展做出了不可磨灭的贡献。美国现代诗人雷克斯罗斯认为杜甫所关心的是人与人之间的爱，人与人之间的宽容和同情，他说："我的诗歌毫无疑问地主要受到杜甫的影响。我认为他是有史以来在史诗和戏剧以外的领域里最伟大的诗人，在某些方面他甚至超过了莎士比亚和荷马，至少他更加自然和亲切。"1481年，朝鲜将杜诗翻译成韩文，叫《杜诗谚解》。虽然杜甫对日本文学影响相对较晚，但到了17世纪，他在日本也拥有和在中国一样的名声。

杜甫被历代的诗人奉为诗歌的集大成者，中国诗人的一面旗帜，诗歌学习的最高典范。同时，海内外还出现了许多搜集、注解和研究杜诗的著名学者或选家。在中国古代文学史上，还没有一个诗人，能像杜甫一样拥有这样多的追随者。毫不夸张地说，杜甫及其诗歌产生的影响，从古到今，早已超出了文学的范畴。

白居易曾经在《读李杜诗集，因题卷后》中说："天意君须会，人间要好诗。"白居易说得对，人民的确是要好诗的，杜甫也确实没有辜负人民的期望，留下了许多好诗。他的诗是中华民族最宝贵的文学遗产，他对中国诗歌的贡献永远为后人所称道。

"圣"这个字，在中国古代是最高的荣誉，是各个领域里才华与德行兼备的至高人物才可以被称颂的字。"圣人"这个称呼是儒家的尊称。被称为圣人的人，都是符合儒家思想，忧国忧民，爱民如子，具有广阔的悲天悯人情怀的人。我们从杜甫的诗人理想、诗歌内容、诗歌风格、诗歌影响四个维度来看，他可以称得上是一个真正的儒家，他为人有圣人的风骨和胸怀，他写诗有圣人的高度和水准。"诗圣"二字，实至名归！

"千山鸟飞绝，万径人踪灭。孤舟蓑笠翁，独钓寒江雪。"在白雪皑皑的江面上，一叶小舟，一个渔翁，独自在寒冷的江心垂钓。这就是唐代著名文学家柳宗元在《江雪》中为我们描绘的一幅孤独的江乡雪景图。柳宗元的一生就像这位孤独的老翁一样，在时代的风口浪尖上，坚守着自己的理想与道德，寄苦闷于山水，寓深情于万物，虽然仕途坎坷，却在文学创造上做出了光辉的业绩，在诗歌、辞赋、散文、游记、寓言、小说、杂文以及文学理论方面，都做出了突出的贡献。

柳宗元，生于773年，卒于819年，字子厚，世称柳河东。他出身世代门阀，21岁考中进士，先后任集贤殿正字、蓝田县尉和监察御史里行。33岁时他被擢升礼部员外郎，参与永贞革新，失败后被贬为永州司马、柳州刺史，47岁客死在柳州任上，故又称"柳柳州"。柳宗元被贬南荒整整十四年后凄凉离世，其令人压抑的政治生涯在灰暗中落幕。当年与他一起参与永贞革新的十几个主要人物多数为人诟病，在两唐书与《资治通鉴》等正史中都被贬损批判，落难青史一千年。柳宗元却凭借不朽的文章引得同情无数，流芳千古。他一生留下诗文作品600余篇，其文的成就大于诗。他所作骈文有近百篇，散文论说性强，笔锋犀利，讽刺辛辣，游记写景状物，多所寄托。刘禹锡将其文稿编成《河东先生集》，并称其为"文雄"，宋朝人封其为"文惠侯"，明朝人将其列入"唐宋八大家"。

柳宗元为什么能成为"千古文章一大家"呢？这与他扎实丰厚的学识、孤独忧愤的经历、真诚热忱的性格、缜密深刻的思维、积极探索的精神等都密不可分。今天我们就走近柳宗元其人其文，去领略其为人之道和为文之道。

一、深厚学识积累创作源泉

读书破万卷，下笔如有神，柳宗元深谙文章之道中"厚积薄发"的道理。他出身的门阀士族，所在家族是河东三著姓裴氏、薛氏、柳氏中的一族。柳氏世代为官，诗书传家是传统。柳宗元的父亲柳镇尤其爱好文墨，与诗人李益等人是朋友。母亲卢氏也出身士族，有不错的文化基础。柳宗元自小乐于读书，4岁的时候父亲去江南宦游，柳宗元留在长安家中，在母亲的教导下诵读古辞赋。"某始四岁，居京城西田庐中，先君在吴，家无书，太夫人教古赋十四首，皆讽传之。"柳宗元比较聪明，"子厚少精敏，无不通达"，小时候还曾迷恋过书法和音乐。他13岁那年就能代人写文章，替崔中丞写了向皇帝祝贺的奏章《为崔中丞贺平李怀光表》，据说这是今天可以见到的他最早的作品。792年，柳宗元被选为乡贡，得以参加进士科考试。793年，21岁的柳宗元进士及第，弱冠之年在"三十老明经，五十少进士"的万人海选中脱颖而出，名声大振。796年，柳宗元被安排到秘书省任校书郎。798年，26岁的柳宗元参加了博学宏词科考试，并中榜，授集贤殿书院正字。学识渊博是他金榜题名的基础，也是他成为文雄的必备条件。我们通读柳宗元文集，会深切体会到他扎实深厚的学问积淀。夏商周三代之典籍，深奥如《尚书》《国语》，鸿富如诸子百家等，在他的文章里屡屡成为鲜活的素材，从中可以看出柳宗元学问精深。《柳宗元集校注》中评价其："柳于学术上颇有造诣，亦堪称有唐一代之大学者。"

二、待人以诚抒发真情实感

为人以诚才能为文以诚。柳宗元字"子厚"，作为儒家思想的忠实践行者，的确配得上一个"厚"字。为人子者，无愧于父母祖上，可谓厚孝；为人臣者，无愧于君王朝廷，可谓厚忠；为人友者，无愧于兄弟朋友，可谓厚仁。真诚忠厚使他成为一代大儒，也成为今天复兴传统文化时值得学习的典范之一。

首先是坦诚表达，忠诚于读者。贬谪永州之后，他心有余悸，实话实说自己很害怕："自余为僇人，居是州，恒惴慄。"同为贬官，在别人的文集里很少能看到这样的话。他在各类文章中避虚就实，以我手写我心，敢倒苦水，不故作旷达，从不矫饰。清代张伯行认为柳宗元行文是"自道其真情而无所饰"，看得很准！柳宗元把处境的悲凉、心灵的孤寂、生活的伤悲如实地化作笔墨，如实地写给读者，不自嫌烦。从与山水的对望到与亲友的遥望，他一直在真实地写，忠诚地写，老老实实地写，十四年从不倦怠，笔底流淌出了最真切的生活感受。他被贬永州后陆续给一些熟人写信，希望他们能出力解救自己。包括权要李夷简、武元衡、京兆尹许孟容、兵部郎中李建、翰林萧俛等人。他在书信中毫不隐瞒心迹，真诚剖析自己，坦诚表明求救于亲友的目的。这样的书信在柳集中占了好几卷，字字实在，句句坦诚，让人读了如见肺肝，隔着纸页感同身受。

其次是赤诚相见，忠诚于友谊。柳宗元、刘禹锡和韩愈曾经同是监察御史，三人友情深厚。柳宗元对待友情的事件中最为人称道的就是为刘禹锡伸张正义一事了。韩愈以见证者的身份为后人讲述了刘柳之间这一段义薄云天的友情："其召至京师而复为刺史也，中山刘梦得禹锡亦在遣中，当诣播州。子厚泣曰：'播州非人所居，而梦得亲在堂，吾不忍梦得之穷，无辞以白其大人，且万无母子俱往理。'请于朝，将拜疏，愿以柳易播，虽重得罪，死不恨。遇有以梦得事白上者，梦得于是改刺连州。"这件事使韩愈慷慨激昂铁笔丹书于《柳子厚墓志铭》，并大赞"士穷乃见节义"。柳宗元和刘禹锡是同一年考中的进士，两人政治命运始终连接在一起。二次被贬，远赴南荒，两人一路同行至衡阳，不得不分别，互相写诗劝慰对方，情谊深长。柳宗元大限将至，托付后事于刘禹锡，墓志则请韩愈执笔。"我不幸，卒以谪死，以遗草累故人。"刘禹锡把柳宗元的文稿编为文集三十卷，替柳宗元抚养幼子直至成功举业。二人可谓生死之交。

柳宗元待友以诚，韩愈又是一例，韩愈曾写有诗句："同官尽才俊，偏善柳与刘。"两人即便时有争论，但都是诚恳的批评，这使得韩柳之交成为文人友谊的典范。此外，柳宗元曾经为好友吕温写过一篇深情的怀念文章，写吕温去世后百姓举办社祭，岸上和舟船上的哭声，相邻的州司马柳宗元都能听到。文中慨叹说这样的场景只在古书里听说过，今天看到了。柳宗元文集里有多篇文章写到吴武陵，两人都是永州的贬官，惺惺相惜，互相鼓励，柳宗元一些重要的文章就是在吴武陵鼓励下写成的。也是在吴武陵等人的陪伴之下，柳宗元走遍了永州许多人迹罕至的地方，写下了最经典的山水游记。二人都曾为改善对方的处境而尽力呼吁，可惜的是柳宗元没能等到复出的那一天就去世了，吴武陵后来处境改善，为柳宗元鸣冤叫屈，感人肺腑。韩愈《柳子厚墓志铭》记载，柳宗元去世以后"其得归葬也，费皆出观察使河东裴君行立。行立有节概，重然诺，与子厚结交，子厚亦为之尽，竟赖其力"。出资为柳宗元料理后事的是他在柳州刺史任上的顶头上司裴行立，封建时代官大一品压死人，上下级官僚之间能有如此的交情，足见柳宗元待人之诚。

三、多维思想丰盈文章内蕴

柳宗元长于思辨，乐于探求真理，思维开阔，海纳百川，这是他的一个可贵之处，思想的深邃也成为他行文立论的底蕴源泉。

哲学思维打开天地之窗。屈原博大精深的思想引发过柳宗元的探究兴趣。屈原曾经写过《天问》，问天问地问历史，就天文、地理、历史等方面提出一百多个问题，柳宗元作了《天对》逐一回答，借以阐述自己的哲学观。相隔一千年的隔空问答趣味良多，引发了后人的相继围观，在不同领域启迪着人们的思考。这就是"天对"的故事。还有"天说"的故事：柳宗元关于宇宙的思索引来韩愈和刘禹锡先后参与讨论。韩愈认为天有意志，柳宗元作《天说》否认天有意志，刘禹锡跟着作《天论》三篇，提出"天与人交相胜"说，三人讨论得好不热闹，这是唐代关于天人关系最系统深入的一次讨论。这两次与天空大地的对话是柳宗元哲学思维的有益训练，对宇宙人生的终极思考增加了他认识世界的思想高度。柳宗元许多文章中都留下了思考的痕迹，他对于写作的对象有自己清晰深刻的认识，所作文章常常令后人拍案叫绝，钦佩不已。

宗教思维慰藉人生磨难。柳宗元首先是一个朴素的唯物主义者，这在一千多年前比较可贵。他能够统合儒释，兼收并蓄宗教经义。他盛年蒙难，不幸接踵而至。先是妻子病故，没有留下子嗣；接着自己被贬永州，谪居蛮荒远离繁华故地；母亲承受不住流徙变故病逝于半年之后，柳宗元以贬官身份又不得离开任所，无法护送母亲灵柩回长安归葬；身世可怜的女儿夭折；自己多病添身……政治打击与家庭苦难摧残着柳宗元的心灵，他需要超越物质的宗教力量做精神安慰。永州之任没有给他这个编外司马安排住处，他只能借住在寺庙里，佛教于是悄然走进了他的精神世界。作为唐代大儒的韩愈视佛教为异端，写文章批评柳宗元近佛的举动。现在看来韩愈是多虑了。柳宗元是个理性的人，他走近佛教是为了寻求其中有益于人心的义理，内心并不迷信。他审慎思辨儒释关系，发现佛家思想中有不少可取的地方，与儒家思想不谋而合。柳宗元写作了著名的《送僧浩初序》，回应韩愈排佛是"退之忿其外而遗其中，是知石而不知韫玉也"。儒家不语怪力乱神，释家崇拜神佛。柳宗元对佛家思想并不像激进鸿儒那样一刀切断，一棍子打死，他既反妄诞虚无，又不排佛，力求统合儒释为济世之道。这种态度本身就合乎儒家中庸之道。他曾经与关照过自己的僧人诗文唱和，文笔充满思辨精神。后世很多文人受此影响，以儒家入世者的身份广泛地与释家出世者交往，留下不少优秀的文化遗产。

科学思维破除歪理邪说。永州龙兴寺东北角佛堂里有个奇怪的现象，地面无故隆起，持锸平整的工匠都死了。当地风俗迷信鬼怪，居民受到了震慑，不敢轻举妄动。柳宗元初来永州，目睹居民的迷信蒙昧，先借助文献记载告诉百姓地面隆起在历史上也是常见现象，不必少见多怪，再指出真相："南方多疫，劳者先死，则彼持锸者，其死于劳且疫也，土乌能神？"作出了科学的解释。柳宗元担心学者以讹传讹，果断写了一篇文章阻止谣言的传播。他当时是一个落难贬官，却依然能以主人翁的姿态提笔参与民风教化，引领正确的舆论导向，挫败歪理邪说于萌芽状态，改变永州百姓的风俗习惯，其政治才能和行文智慧是遮盖不住的。柳宗元后来相继写了《答周君巢饵药久寿书》《辩鬼谷子》等文章，批评荒诞不经的歪理邪说。读过柳宗元文集，我们看到了一个不信仙家丹药、反对方术的思想者。这在当时是进步的思想，当时的皇帝唐宪宗，还有柳宗元的姐夫都是死于丹药，世风如此，柳宗元出淤泥而不染的智慧难能可贵。时代发展到21世纪了，科学精神深入中国人心一百年了，各种邪门歪道依然不绝如缕，每当荒谬绝伦的事件露头，总有各个阶层不加思索的糊涂人趋之若鹜，运用科学思维，提倡科学精神仍有现实意义。

社会思维启迪人生智慧。柳宗元的思想走向成熟阶段是从政治沉浮开始的。作为长安城里擅长文字功夫的青年才俊，他在刘禹锡的推荐下被二王政治集团看中，由底层小吏直接被提拔到尚书省做了礼部员外郎，与中枢一起工作，直接参与永贞革新。仅仅几个月之后，整个革新集团在政权交接过程中覆灭，他一下子成为政敌打压的标靶。宦海沉浮，石落井下，世态炎凉，跌落可谓铭心刻骨。柳宗元在懵神一段时间之后，冷静思索，挥毫泼墨，书写了对从政教训的深刻反省，对政坛小人的辛辣讽刺。《辨伏神文》告诫人们要善于辨别真伪，以免上当受骗："余病痞且悸，谒医视之，曰：'唯伏神为宜。'明日，买诸市，烹而饵之，病加甚。召医而尤其故，医求观其滓，曰：'吁！尽老芋也，彼鬻药者欺子而获售。子之懵也，而反尤于余，不以过乎？'余戚然惭，怅然忧，推是类也以往，则世之以芋自售而病人者众矣，又谁辨焉！"这样精炼而深邃的文笔源自善于思考的心灵，从此，柳宗元的智慧化成了一篇篇脍炙人口的寓言作品，"三戒"写出来了，《临江之麋》《黔之驴》《永某氏之鼠》引得多少糊涂人对号入座！《蝜蝂传》写出来了，讽刺贪婪形象万分。这些寓言作品思想深刻领悟透彻，把柳宗元熟悉的官场社会刻画得入木三分，把他对于政治斗争实践的反省表现得淋漓尽致。

四、角色转变实现人生价值

柳宗元一生最有意义的人生选择就是由官员到文学家身份的转变，这次角色转变成就了真正的柳宗元。

柳宗元出身世代为官的家族，家风使然，他从政之初是激情满怀的。初入政坛的他官微言轻，没有施展抱负的机会，就把居官为政的思考写到自己最擅长的文章里。柳宗元通过这些思考"纸上谈兵"，训练业务能力，演习从政本领。这是一种积极的从政姿态。可是他的从政道路在33岁入朝为官之后充满坎坷，那年他以礼部员外郎的身份参与永贞革新遭遇惨败，以一次轰轰烈烈的投火焚身而史册留名，被贬为"永州司马员外置同正员"长达十年不得召还京城，在偏远山区吃尽了苦头。元和十年他可算奉诏回京复起有望，哪曾想一月接旨还朝，二月刚到长安，三月再贬柳州，一直到死在贬所都没翻过身，朝廷真是对柳宗元耿耿于怀了。他的政治生涯以昙花一现的永贞革新为分水岭，后半生一落千丈。在官员的身份上他是彻底的失败者。

他在官场一败涂地，拿起笔来却是智者。贬官永州后他已经被剥夺了发言权，作为边缘人物有职无权，索性就去写作。他最好的作品都是在这次角色转换之后写出来的，那十年成就了文学家柳宗元。柳宗元表现在文章中的智慧确实高于他在政治实践活动中的智慧。他早年间写的《种树郭橐驼传》以寓言传记的形式提出官不扰民的主张，放到今天也是领导干部科学施策的优秀读本。《梓人传》探讨的更是宰相施政的艺术，指出宰相角色应该是谋划者、决策者、指挥者，而不是具体事务的实践者。跌落永州后他的笔力更为雄健，即便篇幅短小如《蝜蝂传》，都能刺贪见血使人猛醒，即便如《敌戒》那样名不见经传的文章，论起策略来也是"由柳州远瞰中朝，形乃洞如观火"，何况传世经典《捕蛇者说》与"三戒"寓言呢！尤其是《捕蛇者说》，该文传世千年，几乎成为他关注民生的代表作。文章诞生至今，历朝历代数不尽的执政者都读过，已经无法统计有多少事关民生疾苦的决策受到过柳宗元潜移默化的影响了。这种持久的影响力远远大于在朝为官能够达到的范围。在《赠薛存义序》当中柳宗元还提出了官员是百姓雇佣的仆役这一观点，具有历史的进步意义。柳宗元充分发挥自己的写作专长，广泛地在士大夫阶层推行教化，也算是有效地以自己擅长的方式参政议政了。他静下心来去山水之间寻求笔墨华章，最终以文章之功流芳千古。他能随着境遇的改变，采用擅长的存在方式把自己的生命力发挥到极致，成就又一种类型的自己，以成功转型者的形象传世，这是一种发展的智慧。他的这种智慧是经过人生起落的孤独苦涩总结出来的，更值得我们珍惜。现代都市人跳槽的多，或者被动改变工作部门岗位的多，处境变化了，身份改变了，都可以从柳宗元身上吸取智慧，积极转换自己的角色，找准定位后最大限度发光发热，实现人生价值。

五、寄情山水成就千秋经典

柳宗元悲情的一生代表了古代知识分子一种命运,他有志革新政治,不幸惨遭失败,被驱逐到荒远地方去,引发了幽怨的悲歌,却因祸得福远离人海静对山林,找到了最佳的写作素材。

柳宗元倾力踏察山水,在与自然的对话中寻找其美学价值,写出了以《永州八记》为代表的系列山水游记作品,以不朽的文笔成就了永州山水的盛誉,赋予了默默无闻的永州山水极高的知名度,也成就了自己千古文章大家之实。他专拣永州的冷清寂静之处采风,努力发掘那些残山剩水的价值,从荒野之中捕捉到清幽之美,提炼出自然气息中与心灵呼应的地方,以自己独有的心境体验,简练运笔,描绘出精致的山水美景。在柳宗元的笔下那些荒郊野外的山水比城里官场上的人更有人情味儿,那些山水是通人性的山水,它们与柳宗元同病相怜。"同是天涯沦落人",山水寂寞人孤单,你中有我,我塑造你,相看两不厌,一起达到了中国古典哲学的至高境界——"天人合一"。《永州八记》于是成为中国古典山水游记中的代表作,成为柳宗元最光辉的人生业绩,成为他短短四十七年的人生的最高成就。柳宗元诗歌代表作《江雪》中的渔翁形象显然是诗人自身的写照,该诗曲折地表现出诗人在政治改革失败后虽处境孤独,但顽强不屈、凛然无畏、傲岸清高的精神面貌。这一经典的不屈形象,也是在与自然山水的对话中完成的。这一孤独的守望者形象,极具悲情色彩,它使柳宗元的历史形象具备了触动人心的悲剧美,给后人带来了荡气回肠的审美体验。正如砂砾折磨河蚌,河蚌献给世界的却是珍珠一样,柳宗元被世界遗弃在边远地带,他却把心灵瞬间的美好体验借助自然山水写成文字分享给我们,回报给世界优美的文学作品。

柳宗元与山水对话不但写出了最好的作品,还从中悟出了智慧。

他把古人的礼乐治国思想，推进到山水治世的阶段。他在《零陵三亭记》中写道："邑之有观游，或者以为非政，是大不然。夫气愤则虑乱，视壅则志滞。君子必有游息之物，高明之具，使之情宁平夷，恒若有余，然后理达而事成。"这可以看成柳宗元又在山水之间寻找到了为官之道。这种思想对后人的影响是很明显的，欧阳修《醉翁亭记》与民同乐于山水之间就是一个很好的例证。中国人对于山水的亲近，对于自然的敬畏流传有序，经过柳宗元的笔墨达到一个很高的境界，体现出柳宗元作为富有哲学思辨精神的文学家的极高悟性，这是很高的智慧。直到今天，"绿水青山就是金山银山"的政治智慧和"敬畏自然和谐相处"的社会共识依然深入人心。

六、突破自我勇于改革文风

中国文学史上，唐宋古文运动是一次伟大的文风转变运动。在柳宗元生活的时代，承接自六朝的形式主义文风当道盛行，四六骈文被时人奉为圭臬。唐朝一些文学家开始尝试脱离形式主义的束缚，试图革新文风。韩愈和柳宗元一同主张文以载道，积极从事散体句式的文章写作，发起了轰轰烈烈的古文运动。这种文从字顺的文风吹拂到宋代，经过欧阳修、王安石、苏洵、苏轼、苏辙、曾巩等人的接续，终于成为影响中国文学千年之久的主流正脉。在这场古文运动中，"韩柳"并称，韩愈是旗手，是"文起八代之衰"的主帅，可是最好的实践作品却出自柳宗元之手。

一个人的成长不可能脱离时代，柳宗元要想在科举考试中不被淘汰，就得在青少年时代全力练习骈文写作。青年时代是一个人文风形成的基础时期，对文人一生都会产生深远的影响。柳宗元的了不起之处就在于他能格式化自己，努力摆脱写得很顺手的骈体文的束缚，积极采用散体文开展创作。我们在柳集中能看到他不少的文章，公文也罢，墓志铭、诔祭文等应酬之作也罢，都是以骈文写成的，可以想见他的突破与转变之艰难。但他积极转变文风，专心游记创作，写出了《永州八记》，赋予了永州山水在文学世界中的经典地位。他又写作了如《黔之驴》《蝜蝂传》等脍炙人口的寓言作品，寄托对于世道人心的反省规箴。他还写作了《捕蛇者说》《种树郭橐驼传》等佳作，表达对民生的关注。这些作品的传世，使他成为唐代古文运动的第一实践家，确定了柳宗元杰出文学家的历史地位。

"宏图愿，烟云散，笔雄健，文辉异灿，诗文辞赋六百篇。《封建论》直问天！平生打击悲惨，抒写郁愤诗，游记山水情，华章傲苍穹。"这是后人对柳宗元的评价。一生在政治变革中备受打击的柳宗元凭借丰厚的学识修养、成熟的理论建树，以赤诚的心灵、顽强的意志，在痛苦转型中完成了角色定位，他敏锐观察自然，深刻思考人生，写出了杰出的作品，最终以文学家的胜利姿态名垂青史。

他为什么被誉为『一代文宗』

——北宋文坛领袖欧阳修

○田野

"醉翁之意不在酒，在乎山水之间也"，一篇《醉翁亭记》，流传近千载，醉倒无数人，也让"庐陵欧阳修"这个名字在中国历史文化的璀璨星空中熠熠生辉。

欧阳修生于1007年，卒于1072年，字永叔，自号醉翁，晚号六一居士。他出生于四川绵阳，籍贯为江西省吉安市，是北宋时期的政治家、文学家、史学家和诗人。欧阳修于1030年以进士及第，历仕仁宗、英宗、神宗三朝，官至翰林学士、枢密副使、参知政事，死后累赠太师、楚国公，谥号"文忠"，故世称欧阳文忠公。

欧阳修领导了北宋诗文革新运动，是宋代文学史上最早开创一代文风的文坛领袖，与韩愈、柳宗元、苏洵、苏轼、苏辙、王安石、曾巩合称"唐宋八大家"，与韩愈、柳宗元、苏轼合称"千古文章四大家"。他举贤好士，荐才无数，堪称千古伯乐。苏轼评价欧阳修"其为人如古孟轲、韩愈之徒"，确属实至名归。

　　仕途上屡遭不顺的欧阳修，为什么会在文学领域取得如此高的成就？他凭什么被后人称为"一代文宗"呢？让我们透过欧阳修的为学、为政、为文、为人，来解读这位文化大师的成功密码。

一、世难匹敌的文化通才

欧阳修一生著述繁富，尤以诗、词、文、赋兼擅著称。他一生创作诗歌八百余首，词两百多首，散文词赋五百多篇，是宋代最重要的文学家之一，也是宋诗、宋词、宋代散文风格最重要的奠基人之一。

在欧阳修的文学创作中成就最高的是散文，他在论、序、记、碑、志、奏、疏、书简、祭文、题跋、赋、骈文各方面均留下了许多佳作，可谓"文备众体"。他的散文总体上呈现出一种简洁流畅、纡徐委婉之美，在韩愈的汪洋恣肆、柳宗元的清幽峻切之外别开生面，自成一格，对当时及后世文学都产生了深远的影响。欧阳修在诗歌创作方面发展了杜甫、白居易的诗歌理论，以文为诗，以理取胜，力矫西昆体雕琢之失，促使了有别于"唐音"的"宋调"的定型。欧阳修在宋初词坛上也占有一席重要的位置，他用词感慨身世、伤时叹老、描写景物、吟咏性情，还有意识地学习民间新腔，写了不少质朴清新的俗词。不仅如此，他从内容、风格、意境、语言、形式多个方面，对词体革新进行了大胆探索，"疏隽开子瞻（苏轼），深婉开少游（秦观）"，是承前启后的一代词宗。

除文学创作外，欧阳修在其他诸多文化领域也是成绩斐然，且多有开创之功。他是史学家，《新唐书》《新五代史》光耀千古流传至今；他是文学理论家，《六一诗话》首开"诗话"文学评论样式之先声；他是谱学家，《欧阳氏谱图序》开创民间家谱学之先河；他撰写的《洛阳牡丹记》是我国历史上第一部关于牡丹的学术专著；他参与编纂的《崇文总目》是我国现存最早的图书总书目。他是经学家，《易童子问》《诗本义》等经学著作开创了以务明大义、疑古辨伪为特征的"宋学"。他还是金石学的开山鼻祖，是"文人书法"的开创者，是技艺精湛的古琴演奏者，是高明的棋手……

欧阳修是文化英才，更是文化通才，他的艺术创造之全能、个人修养之全面，只有弟子苏轼堪与之比肩。

那么，欧阳修的全能是如何炼成的？我们先要从他的人生经历中寻找答案。

首先，良好的家风家教为欧阳修成才奠定了坚实基础。欧阳修出生于一个小官吏之家，3岁时父亲病故，出身书香门第的母亲郑氏亲自教他读书。家穷买不起笔墨，母亲就用芦苇杆当笔在沙地上写写画画。买不起书，欧阳修就找别人借，边抄边背，往往书不待抄完，已能成诵。母亲还经常给欧阳修描述他父亲为人的孝顺仁厚、为官的廉洁刚正，让道德的胚芽在欧阳修幼小的心灵中扎根。这种良好家风的传承，对欧阳修以后的政治态度、道德修养都产生了很大的影响。欧阳修在晚年所作的《泷冈阡表》中深情地回忆了母亲的慈爱贤良。后来，清江知县李观在写给欧阳修母亲的祭文中说："昔孟轲亚圣，母之教也。今有子如轲，虽死何憾。"他比欧阳修为孟子，比其母为孟母，言简意丰，也恰如其分地指出了家庭教育对欧阳修的影响。

其次，欧阳修的成就得益于有良师引路。欧阳修因不擅时文，两次科举考试都名落孙山。22岁那年，欧阳修专程赴汉阳拜大学士胥偃为师，学习时文写作。胥偃对欧阳修殷勤教导，并保举欧阳修来到东京开封府就试最高学府国子监，由此欧阳修的科举之路才出现转机——在此后三场重要考试中，欧阳修如有神助，接连夺得第一名，并最终在宋仁宗亲自主持的殿试中，被录取为甲科第十四名。时任主考官的晏殊后来对人说，欧阳修未能夺魁，主要是因为锋芒过于显露，众考官欲挫其锐气，促其成才。不管怎么说，在恩师胥偃的帮助下，欧阳修终于通过了科举选拔，人生步入新的阶段。有人说，一个人的成功，离不开高人指点、名师引路和贵人帮助，胥偃不仅是欧阳修人生中的贵人，后来也成为他的岳父。

再次，欧阳修的成就得益于他自身的勤奋努力。尽管后世很多人认为欧阳修是天才，但事实上欧阳修终其一生都在以"笨人"的方式读书和创作。欧阳修认为"立身以立学为先，立学以读书为本"，他少年时读书便废寝忘食，成年后更是手不释卷，他家藏图书上万卷绝不是为了附庸风雅。欧阳修一生勤于创作，"予平生所作文章，多在三上，乃马上、枕上、厕上也"。他向苏轼传授作文之法时说，"无它术，唯勤读书而多为之，自工"。欧阳修不仅勤奋，还认真。每篇文章写成之后，他总是习惯将初稿"贴之墙壁，坐卧观之"，反复琢磨、修改，直到满意为止。即便到了晚年，欧阳修也经常拿出自己平生所作诗文进行润色。夫人心疼地劝道："何必如此自讨苦吃？难道还怕被先生骂不成？"欧阳修笑答："不怕先生骂，却怕后生笑。"苏轼说"古之立大事者，不惟有超世之才，亦必有坚忍不拔之志"，欧阳修之所以能成为一代文学巨匠，与他自身的刻苦努力是分不开的。

最后，欧阳修的成就还得益于他坎坷的仕宦经历。欧阳修一生仕途多舛，大起大落，春风得意时做过皇帝的秘书和国家的副宰相，倒霉之际曾两度被人诬陷，三次被贬官。清代庄有恭有诗云："庐陵事业起夷陵，眼界原从阅历增。况有文章堪润色，不妨风骨露嶙峋。"欧阳修很多流传千古的诗文名篇，都是他在被贬谪期间写就的。坎坷的仕途经历、丰富的人生阅历，不但开阔了欧阳修的眼界和胸襟，磨砺了他的意志和心性，更为他的文学创作提供了源源不断的素材和灵感。谁都不愿面对挫折和痛苦，但有时恰恰是挫折和痛苦让我们的人生有了不同的况味。司马迁说"发愤著书"，韩愈说"不平则鸣"，欧阳修则说"诗穷而后工"，可见痛苦也是一笔财富。

当然，欧阳修的卓然成就也与北宋王朝重文轻武的社会风气有关。国学大师陈寅恪先生说："华夏民族之文化，历数千载之演进，而造极于赵宋之世。"宋代文化是中国传统文化的巅峰，欧阳修正是这座巅峰之上最早升起的一颗文化巨星。

二、引领文风的主盟历程

唐宋八大家中，因领导古文运动而被尊为"一代文宗"的有两个人：一个是韩愈，另一个即欧阳修。苏轼在《六一居士集序》中很客观地评价他的老师："欧阳子，今之韩愈也。"欧阳修对中国文化史的贡献，一方面在于他个人所取得的引人瞩目的艺术成就，另一方面在于他在北宋诗文革新运动中发挥的领袖作用。

中国散文界自周、秦以来，曾经涌现出左丘明、孟子、庄周、贾谊、司马迁、刘向、班固等杰出作家，绽放过迷人的异彩。但自两晋、南北朝开始一直到唐代中期，绮丽淫靡的骈俪文一度盛行，使原有的散文文风遭到极大破坏。安史之乱后，韩愈、柳宗元等人举起"复古"的旗帜，提倡学古文，习古道，开创了散文写作的新局面，取得了唐代古文运动的胜利。不过骈文并未就此销声匿迹，五代到宋初，浮靡华丽的文风再度泛滥，据记载，当时文章"忘于教化之道，以妖艳为胜"。宋初诗坛更是涌现出以杨亿、刘筠、钱惟演等人为代表的"西昆派"，这些人在艺术上片面发展了李商隐追求形式美的倾向，其诗雕润密丽、音调铿锵、对仗工整，但思想内容贫乏空虚，脱离社会现实，缺乏真情实感。

当时，王禹偁、柳开不满于五代以来及西昆体的靡丽文风，力主恢复韩愈、柳宗元的散文传统，提出文道合一的主张，但二人势单力薄，没能形成太大的影响。直到范仲淹的学生石介拍案而起，才给延续百年之久的淫靡文风以沉重打击。石介直言斥责"杨亿之穷妍极态，缀风月，弄花草，淫巧侈丽，浮华纂组，其为怪大矣"，并呼吁"二三同志，极力排斥之，不使害于道"，矢志"学为文，必本仁义"，宁死不作淫靡文章。石介的论调得到太学生们的拥护，从而"太学体"文风在北宋文坛大行其道。但完全与骈体文唱对台戏的

"太学体"既无古文的平实质朴，又乏骈文的典雅华丽，而是走向了"险、涩、奇、怪"的另一个极端。1046年，御史中丞张方平在《贡院请诫励天下举人文章奏》中，对"太学体""以怪诞诋讪为高，以流荡猥烦为赡，逾越规矩，或误后学"等诸般流弊进行了猛烈的抨击，引发众多共鸣。

然而，真正给"太学体"带来致命一击的，是十一年之后即1057年的欧阳修。

欧阳修早在少年读书时就倾心于韩愈雄辩滔滔、自由抒写的散体古文，厌恶写那种雕章琢句、不关现实的时文。他参加科举两考不中，原因也正在于此。只是为了应对考试，他不得不拜请名师专门学写时文，但等金榜题名走上仕途之后，他便再也不愿去写那种四六骈体官样文章，甚至因此谢绝了范仲淹让他担任掌书记之职的邀请。

欧阳修在《答吴充秀才书》《送徐吴党南归序》《与张秀才第二书》等文章中阐述了他的文学理念。欧阳修文道并重，既强调道对文的决定作用，认为"圣人之文，虽不可及，然大抵道胜者文不难而自至也""道纯则充于中者实，中充实则发为文者辉光"，又强调道与现实生活的密切关系，将道物化为百事。他在创作上以韩愈、柳宗元的古文为典范，提出"文章不为空言而期于有用"，指出求学者不能达到道的境地正是因为"弃百事不关于心"。简而言之，欧阳修认为好的文章一定要言之有物，平易自然。显而易见，欧阳修的主张与当时流行的"西昆体"和"太学体"都是格格不入的。

担任西京留守推官期间，欧阳修在钱惟演幕府结交了谢绛、梅尧臣、尹洙等志同道合的朋友，他们相与创作诗歌古文，携手走上诗文革新的道路。《重修实录本传》记载："是时，尹洙与修亦皆以古文倡率学者，然洙材下，人莫之与。至修文一出，天下士皆向慕，为之唯恐不及，一时文字大变从古，庶几乎西汉之盛者，由修发之。"

欧阳修在文坛上的声誉鹊起、名望日隆，与他在政治上的敢说敢为、奋不顾身密切相关。当石介因议论朝廷录用五代及诸国后嗣之事而被罢免御史台主簿一职时，欧阳修作《上杜中丞论举官书》，为石介鸣不平；当范仲淹因指责权相过失被贬至饶州时，欧阳修愤然上书为其辩护，又作《与高司谏书》，痛斥诋毁范仲淹的右司谏高若讷是"君子之贼""不复知人间有羞耻事"，结果欧阳修被贬为夷陵令。庆历年间，欧阳修被召还朝廷担任谏官，全力支持范仲淹领导的庆历革新，呈进大量献可替否的奏章，遇挫折而不气馁，奋不顾身地捍卫改革而不动摇。新政遭敌对势力诽谤时，欧阳修针锋相对地写了《朋党论》，劝仁宗皇帝"退小人之伪朋，用君子之真朋"。当范仲淹、韩琦等相继以党议罢去时，欧阳修"不避群邪切齿之祸，敢干一人难犯之颜"，慨然上书，力陈范仲淹等为"可用之贤"，高呼"正士在朝，群邪所忌；谋臣不用，敌国之福"。这种仗义执言、无私无畏的举动，赢得士大夫和舆论的广泛赞誉，他的声名和文名也随之远播四方。庆历新政失败后，欧阳修被贬滁州，他的声望不但没有跌落，反而越来越高，与之诗文唱和的文朋诗友越来越多，更有诸多后学前来拜访、求教，欧阳修俨然已是其言为四方所重、其人为"海内所师表"的"大贤长者"。只是，由于远离权力的核心，欧阳修想要扭转文坛不良风气的希望一直未能如愿。

机会终于在欧阳修51岁这一年降临。嘉佑二年，欧阳修受命"知贡举"，作为主考官主持礼部试。蓄势已久的欧阳修大刀阔斧地改革了取士标准，推出两条有力措施，一方面大力张扬"长于草野，不学时文，词语甚朴，无所藻饰"的文风，将此类考生全部擢为优等，另一方面坚决黜落那些"太学体"文风的考生。苏轼兄弟因此脱颖而出，而原本蜚声场屋的"太学体"高手刘几等人却纷纷落榜。

这一年的进士榜共录取388人，创历届之最。其中竟有数十位名动千古、对后世影响极深的人物，他们横跨了文学、政治、思想、军事等各个领域。这里面有三人位列"唐宋八大家"，分别是苏轼、苏辙、曾巩；三人先后出任宰相，分别为曾布、吕惠卿、章惇；三位理学大师，即张载、程颢、朱光庭；还有一位历史名将王韶。这届科举榜是当之无愧的"千年科举第一榜"。

关于这场科考，还有几件小事值得一提。

其一，批阅策论《刑赏忠厚之至论》时，点检试卷官梅尧臣呈给欧阳修一篇文章，欧阳修读后拍案叫绝，觉得无论文采还是观点，这篇文章都理应列为第一，但欧阳修猜测这份卷子有可能是自己的学生曾巩所作，为了避嫌就将其取为第二，结果试卷拆封后他发现，其作者竟然是苏轼。后来，苏轼作《谢欧阳内翰书》，欧阳修读后激动不已，在给梅尧臣的信中说："读轼书，不觉汗出，快哉快哉！老夫当避路，放他出一头地也。可喜可喜！"后浪苏轼从此登上历史舞台。

其二，嘉佑二年的礼部进士试共有6500人参加，当时状元呼声最高的是石介的得意门生刘几，此人在太学时屡试第一，文风险怪，很多人争相效仿。欧阳修从浩繁的试卷中，以其惊人的眼力捕捉到一篇"太学体"文章，见文中有"天地轧，万物茁，圣人发"的字样，便敏锐地判定其作者必是刘几，于是提笔在文后接了两句"秀才剌，试官刷"，随后，"乃以大朱笔横抹之，自首至尾，谓之'红勒帛'，判'大纰缪'字榜之"。开卷发榜后，其作者果然是刘几！欧阳修此举，实有杀一儆百之效。两年后，刘几化名"刘辉"再度参加科考，这一次他改弦更张学作古文，洗尽"太学体"文风，终于得到欧阳修的赏识而金榜题名。

其三，礼部试放榜之后，整个东京城为之哗然，落榜举子群情激愤地堵住欧阳修上早朝的必经之路，叫嚣着要向他讨个说法，以至于连街头巡逻的官兵都无法控制当时的场面。甚至还有人写了一篇《祭欧阳修文》，丢到欧阳修家里诅咒他不得好死。欧阳修顶着巨大的压力，坚持高扬古文运动的大旗，终于使"场屋之习从是遂变""文格终以复古"。

欧阳修结束了骈体文在散文创作领域自南北朝以来长达600年的统治地位，开创了一代文风，领导北宋古文运动取得决定性的胜利。《宋史》对之给与极高的评价——"挽百川之颓波，息千古之邪说，使斯文之正气，可以羽翼大道，扶持人心……"北宋名臣韩琦更是用激赏的笔墨盛赞欧阳修："自汉司马迁没几千年，而唐韩愈出。愈之后又数百年，而公始继之，气焰相薄，莫较高下，何其盛哉！"

历史选择了欧阳修，欧阳修也改写了北宋乃至中华文化史，让几近断流的中国文脉绵延至今。正如当代学者赵允芳所说："历史的发展演变有其偶然性……但历史又有其必然性，这种必然性，便是文化传承中的那条或明或暗的主流脉络——由《诗经》而至秦汉古文，再至唐宋散文，便是这样一道厚重文脉的接续。"

一代文宗，居功至伟。

三、风节自持的人格魅力

林语堂在《苏东坡传》中说："我不相信我们会从内心爱慕一个品格低劣无耻的作家，他的文字再富有才华，也终归无用。"欧阳修之所以被尊为"一代文宗""百世之师"，不仅仅因为他的才华与成就、他文坛盟主的领袖地位，更在于他卓尔不群的人格魅力。

欧阳修才华卓绝，文化上的全能掩盖了其政治上的才干。欧阳修曾说："文学止于润身，政事可以及物。"作为宋代著名的政治活动家，欧阳修是参加范仲淹政治革新的勇猛斗士，也是为国家社稷殚精竭虑的朝中重臣，更是深受百姓爱戴的地方官吏。他公忠谋国，直言不讳；胸怀坦荡，履险如夷；振奋精神，勤于职守；历练老成，稳当便民——他是中国文人从政的典范。

在朝为官时，欧阳修果敢刚直，尽职尽责，敢说敢为，"虽机阱在前，触发之不顾"，因此得到了很多正直之士的称许——蔡襄曾将欧阳修与范仲淹、余靖、尹洙并尊为"四贤"，也有士大夫将欧阳修与蔡襄、余靖、王素合称为"庆历四谏"，将欧阳修与富弼、包拯、胡瑗合称为"嘉佑四真"。同样是因此，欧阳修也成了政敌及小人们的眼中钉、肉中刺，他多次被污蔑、中伤，甚至陷入可怕的舆论旋涡无法自拔。但欧阳修依然守正如故，风节自持，终身保持真我风采。他曾因为在诗中批评晏殊只顾享乐不顾天下安危和社稷，而得罪了自己的恩师，还曾因为支持范仲淹改革，而与岳父胥偃、连襟王拱辰产生嫌隙。欧阳修在大是大非面前能够做到不徇私情，恰恰说明了他的襟怀坦荡、正直无私，他秉持的乃是一颗为国为民、爱憎分明的赤子之心。

在做地方官时，欧阳修为政宽简，以民为本，与民同乐，因而深得民心。被贬滁州后，他兴修水利，建城市排水系统，上表请朝廷减赋税，整顿不良官吏，为滁州百姓做了不少好事。滁州人感激欧阳修，他爱去的丰乐亭、醉翁亭，成了滁州人常去的地方。有妇女、后生单为一睹太守的醉颜，相约走几十里山路，"亭前伫望，良久不去"。移知扬州后，欧阳修依旧治事以简，恤民以宽，得到吏民的尊敬爱戴。扬州百姓也和滁州黎民一样，在他离开后深深怀念他，为他立生祠祭祀。欧阳修在扬州主持修建的平山堂、大明井、无双亭，成为不朽的名胜古迹。除此之外，欧阳修仕宦四方，不仅政绩卓著，还"挥毫万字"，创作出了许多脍炙人口的诗文，确立了"文章太守"的风范。王安石在《祭欧阳文忠公文》中说欧阳修"生有闻于当时，死有传于后世"，这个评价是极高的，也是历代文人从政者最想达到的。

欧阳修为后人所称道的还有他的慧眼识才、举贤荐能。他最得意的弟子当然是苏轼。晚年时，欧阳修把文坛盟主的重任交付给苏轼，动情地说："此我辈人，余子莫群。我老将休，付子斯文。"苏轼为人襟怀坦白，表里澄澈，加以学识渊博，文笔超人，深受朋辈晚生的崇敬和爱戴。他也像欧阳修一样，十分关心后学，扶持奖掖，不遗余力，凭着自己的人格魅力和文学成就，在身边聚集起一群有真才实学的文士，有力地推动着北宋诗文革新向纵深发展。除了苏轼，苏洵、苏辙、曾巩等文坛巨匠，张载、程颢、吕大钧等旷世大儒，王安石、司马光、包拯、韩琦等北宋名臣，也都曾得到过欧阳修的举荐提携，若论识人，欧阳修千古第一。

苏轼在《居士集序》中评价欧阳修说："自欧阳子出，天下争自濯磨，以通经学古为高，以救时行道为贤，以犯颜纳说为忠，长育成就，至嘉祐末，号称多士，欧阳子之功为多。"他还称颂欧阳修"嘉谋定国垂青史""事业三朝之望，文章百世之师"。王安石也曾评价欧阳修"以道德文章为天下所望""世之学者，无问识与不识，而读其文，则其人可知"。这些话虽是后学对前辈的赞誉之辞，但如今看来，其言并未过其实。

当代有学者明确地指出，所谓一代宗师，其实不只高在水平和资历，更高在视野和格局。欧阳修做到了。他前半生受贵人提携，后半生为晚辈铺路，在承上启下中开天辟地，在兼容并包中推陈出新，当之无愧是北宋文坛的灵魂。

综观欧阳修的一生，他在文章上独步天下，在政治上正道直行，在道德上率先垂范，堪称中国古代士大夫的杰出代表。尤其是他身上所具有的锐意进取、革故鼎新、勇于担当、襟怀坦荡的精神，既是我们中华民族最宝贵的精神财富，也是今天这个时代亟需的精神养料。

"所不朽者，垂万世名；孰谓公死，凛凛如生。"欧阳修，是一座永恒的文化丰碑。

他为什么被誉为『千年英雄』

——北宋文坛巨擘苏东坡

○田野

千百年来，热爱苏东坡的人数不胜数。

林语堂在《苏东坡传》中说："一提到苏东坡，在中国总会引起人们亲切敬佩的微笑。"何止中国，在美国、英国、日本、新加坡、韩国都有很多苏东坡的超级粉丝。2000年，法国《世界报》在全球范围内评选十二位"千年英雄"，苏东坡是唯一上榜的中国人。

苏东坡，本名苏轼，生于1037年，卒于1101年，字子瞻，号东坡居士，北宋文坛巨擘，"唐宋八大家"之一。苏东坡会通百家，冠绝千古，在众多领域中堪称大家、大师，是全才、通才、奇才、天才，被称作"百科全书式、全能型的文化巨人"，是中国文人心仪神往的人格典范。可以说，苏东坡是"人间不可无一，难能有二"之人，是五千年来活得最精彩的人，是中国历史上最具民族性和世界性的典型符号，有着跨越时空的恒久活力和无尽张力。

为什么人人都爱苏东坡？苏东坡的魅力到底在哪里？让我们走近这个谜一样的男子，一探究竟。

一、世无再二的花样才华

欣赏一个人，始于才华。

苏东坡是中国文学艺术史上罕见的"跨界天才"，作为北宋中期的文坛领袖，他在诗、词、文、书、画等各个方面都取得了极高的艺术成就，随便拿出一样，都足以傲视群雄。

苏东坡是北宋诗坛第一高手。他一生留下二千七百多首诗歌，创作数量居北宋文坛之冠。苏东坡一生宦海浮沉，奔走四方，所写诗篇中固然有痛苦、愤懑、消沉的一面，但更多的则表现了他对苦难的傲视、对痛苦的超越和对人生的妙悟。被贬黄州，他口中吟诵的是"也知造物有深意，故遣佳人在空谷"的自我安慰；被贬惠州，他笔端流出的是"罗浮山下梅花村，玉雪为骨冰为魂"的绝世清高；被贬至更远的儋州，他又欣然写下"他年谁作舆地志，海南万里真吾乡"，这是何等的旷达乐观！"我坐华堂上，不改麋鹿姿""浩然天地间，惟我独也正"，苏东坡的孤傲与狂放，丝毫不逊于那个被称为"谪仙人"的大唐李白；而"伫立望原野，悲歌为黎元""惟有悯农心尚在，起占云汉更茫然"等诗句，又让人自然而然地联想到那个满脸忧患之色、大呼"何时眼前突兀见此屋，吾庐独破受冻死亦足"的大诗人杜甫。清代学者赵翼评价苏东坡："天生健笔一枝，爽如哀梨，快如并剪，有必达之隐，无难显之情，此所以继李、杜后为一大家也。"

东坡词是宋词发展的一座里程碑。他将北宋诗文革新运动的精神，扩大到词的领域，扫除了晚唐五代以来专写男女恋情、离愁别绪的词作传统，开创了与婉约派并立的豪放词派，扩大了词的题材，丰富了词的意境，冲破了诗庄词媚的界限，对词的革新和发展做出了重大贡献。相传他担任翰林学士时，曾问幕下士："我词何如柳七（即柳永）？"幕下士答曰："柳郎中词只合十七八岁女郎，执红牙板，歌'杨柳岸，晓风残月'。学士词须关西大汉，铜琵琶、铁绰板，唱'大江东去'。"虽为戏言，亦可见东坡词影响之深。实际上，在苏东坡现存的三百四十多首词里，不仅有"大江东去，浪淘尽，千古风流人物"的高迈豪放，也有"枝上柳绵吹又少，天涯何处无芳草"的深婉柔情；不仅有"拣尽寒枝不肯栖，寂寞沙洲冷"的挣扎苦涩，也有"人有悲欢离合，月有阴晴圆缺，此事古难全"的旷达洒脱；不仅有"休对故人思故国，且将新火试新茶。诗酒趁年华"的超然自适，更有"回首向来萧瑟处，归去，也无风雨也无晴"的淡定从容。刘辰翁评论说："词至东坡，倾荡磊落，如诗，如文，如天地奇观。"可谓一语中的。

在散文创作方面，苏东坡是继欧阳修之后，领导宋代古文运动取得完全胜利的文坛领袖，他的创作实践代表着北宋散文的最高成就。苏东坡散文著述宏富，各体散文现存四千余篇，不仅门类齐全，而且在题材内容和写作技巧方面都进行了新的探索和开拓。在政论文《策略》《策别》等篇章里，苏东坡用大量的历史事实加以周密论证，字里行间颇有贾谊、陆贽的气势神韵。在史论文《平王论》《留侯论》等篇章中，他借评述历史人物、事件、典故，阐释政治见解，文笔纵横捭阖，词锋犀利，雄辩滔滔，读之令人汗出。苏东坡的记叙性散文包括碑传文、记体文及文赋等，其中尤以山水游记和亭台楼阁记为代表，其作品善于将写景、议论、抒情有机地结合在一起，自然随意而不露痕迹，尤其善于将自己对自然景物的赏会与对人生哲理的领悟融合在一起，凭借议论为文章辟出新的境界。苏东坡还有书札、题跋、杂记和随笔等一千五百余篇小品文，文章记述了他在日常生活中的各种见闻和感受，或谈艺论道，或抒写襟怀，或描景状物，或记人叙事，莫不如行云流水，波澜迭出，体现了苏东坡旷放豁达的人生态度和极富情趣的心灵，是其性格的升华和思想的结晶。清代学者沈德潜说苏东坡的文章风格是"天马脱羁，飞仙游戏，穷极变幻，而适如意中所欲出"。苏东坡自己也说，"吾文如万斛泉源，不择地皆可出""意之所到，则笔力曲折无不尽意"。苏文的纵横跌宕、富于变幻，正如东坡一生的经历。

苏东坡亦善书，尤其擅长行书、楷书，与黄庭坚、米芾、蔡襄并称为"宋四家"。"我书意造本无法，点画信手烦推求。"苏东坡提倡书法艺术要摆脱传统定式的束缚，讲究意之所至，自由创造，即追求意趣。苏东坡对自己有别于晋人、唐人的尚意书法很是自得，他说："吾书虽不甚佳，然自出新意，不践古人，是一快也。"黄庭坚称赞苏东坡的书法"其书姿媚，至酒酣放浪，意忘工拙，字特瘦劲……至于笔圆而韵胜，挟以文章妙天下，忠义贯日月之气，本朝善书，自当推为第一"。苏东坡最有名的书法作品《寒食帖》被称为"天下行书第三"。此书作于1082年的寒食之夜，这是苏东坡因为乌台诗案遭贬至黄州的第三年。如今，这幅千古名作被珍存于台北故宫，有缘一睹真迹的人仍能从那气势磅礴的信笔挥洒中感受到苏东坡当时的苍凉心境。吉林省博物院收藏的苏东坡书法真迹《洞庭春色赋》与《中山松醪赋》合卷，是苏东坡晚年59岁时被贬往岭南在途中所作的，也是迄今发现的苏东坡传世墨迹中字数最多的，乃吉林省博物院镇馆之宝。

苏东坡还工于画，尤擅墨竹、怪石、枯木等。他不仅推动了文人画的发展，还开创了湖州画派。苏东坡说，宁可食无肉，不可居无竹，足见其爱竹之心。米芾在《画史》中说："子瞻作枯木，枝干虬屈无端。石皴硬，亦怪怪奇奇无端，如其胸中盘郁也。"黄庭坚在《题子瞻枯木》中说："折冲儒墨阵堂堂，书人颜扬鸿雁行。胸中原自有丘壑，故作老木蟠风霜。"在《题东坡竹石》中又说："风枝雨叶瘦士竹，龙蹲虎踞苍藓石。东坡老人翰林公，醉时吐出胸中墨。"现存于世的《枯木竹石图》《潇湘竹石图》等作品，是以竹石寄托文人精神情怀的中国文人画典范之作。2018年11月26日，苏东坡的传世名画《木石图》以4.636亿港币的价格在香港佳士得拍卖专场成交，刷新了中国古画成交的最高纪录。

不仅仅在文学艺术领域成就非凡，苏东坡在生活中同样创造力惊人。众所周知，苏东坡是一个地道的美食家，以他的名字命名的美食，东坡肉、东坡鱼、东坡肘子、东坡饼、东坡豆腐、东坡春鸠脍、东坡玉糁羹等，至今还呈现在中国人的餐桌上。不仅如此，苏东坡也是一个充满奇思妙想的工程师，"东坡处处筑苏堤"，他把最得意的作品留在了天堂杭州，"苏堤春晓"乃"西湖十景"之首，而同为"西湖十景"之一、被誉为"西湖第一胜境"的"三潭映月"也是苏东坡设计的，后世康熙皇帝御笔亲题的"三潭映月"字碑至今仍矗立在岛的中央。在惠州时，苏东坡还协助朋友修建了广州城的自来水供水系统，今天的广州博物馆仍陈列着宋代广州城自来水装置的模型。苏东坡对中医和养生之术也十分在行，他搜集整理的《苏学士方》与沈括的《沈氏良方》被后人合编成《苏沈良方》。他甚至还对制墨和酿酒颇有研究……

古今中外，有才华的人不在少数，但像苏东坡这样才华如此全面，且在各个领域都能达到极高水平的，实属凤毛麟角。当代学者王水照说："苏东坡是我国文化史上一位罕见的全才，人类知识和才华发展到某方面极限的化身。"美国学者唐凯琳博士说："在西方汉学家的心目中，没有一个中国传统文人能像苏轼这样得到肯定和重视。这是因为他的身后留下了一个浩瀚渊深的'苏海'，几乎囊括了中国传统文化的各个领域。"

这样的苏东坡，谁能不爱？

二、豁达乐观的潇洒个性

爱上一个人，源于性格。

林语堂说："世上有了一个苏东坡，以后再难有第二个像他这样富有个性的人。"苏东坡元气淋漓、生动活泼的个性，把他从一个"神一般的存在"，还原成一个有血有肉、可亲可近的人。千百年来人们始终觉得苏东坡并不曾远离，他一直就活在我们身边，原因正在于此。

苏东坡性格中最突出的一点是豁达乐观。他一生中三起三落，得意时做过皇帝的秘书和老师，官至礼部尚书，失意时被贬来贬去，急急如丧家之犬。苏东坡曾感叹自己身、命两宫俱值磨蝎，与韩愈同病相怜，注定"平生多得谤誉"。然而，苏东坡一生中心情忧伤哀怨的时候并不太多，他更多地还是以一副豁达乐观的面容出现于世人面前。

1079年，苏东坡因乌台诗案被贬黄州，这里成了他的炼狱。正如余秋雨所说，黄州岁月使苏东坡经历了一次真正意义上的脱胎换骨，"他，真正地成熟了——与古往今来许多大家一样，成熟于一场灾难之后，成熟于灭寂后的再生，成熟于穷乡僻壤，成熟于几乎没有人在他身边的时刻"。饱尝艰辛的躬耕生涯磨砺了苏东坡的意志，淬炼了他的心性，更抬高了他的眼界，开阔了他的心胸，从此，苏东坡得以从个人的荣辱得失中突围而出，站在一个更高的地方看待生命中的所有，笑纳一切，宠辱不惊，"一蓑烟雨任平生"。

在黄州，苏东坡学会了随遇而安。他给朋友范子丰写信说："临皋亭下八十数步便是大江，其半是峨眉雪水。吾饮食沐浴皆取焉，何必归乡哉。江山风月本无常主，闲者便是主人。"在一个达观之人的眼中，哪里的黄昏不是黄昏呢？此心安处，即是吾乡。同样是在黄州，苏东坡懂得了"方寸之间，必有福田"。他给表兄子安写信说："此书到日，相次，岁猪鸣矣。老兄嫂团坐火炉头，环列儿女，坟墓咫尺，亲眷满目，便是人间第一等好事，更何所羡！"生活中的一点"小确幸"便足以让他开怀一笑，忘却所有烦恼和不快。及至后来被贬惠州和儋州，苏东坡从一次比一次惨绝的人生困境中浴火重生，已然练就了一副"金刚不坏之躯"，他乐观洒脱的思想性格，早已转化成他超然自适的人生态度，凝练成他从容淡定的人生智慧，熔铸成他刚强坚毅的精神底色。

于是，苏东坡学会了苦中作乐。他会在有月亮的晚上披衣起床，约上好朋友一起步于庭中赏月，并由衷地感叹："何夜无月？何处无竹柏？但少闲人如吾两人者耳。"他会把有钱人根本看不上的猪肉熬制成风味独特的"东坡肉"，并兴高采烈地宣称"早晨起来打两碗，饱得自家君莫管"。在惠州时，他特意写信给弟弟，介绍他刚发明的佳肴——烤羊蝎子，自称"意甚喜之，如食蟹螯"。来到儋州后，他发现当地的荒凉贫穷完全超出他的想象：不但缺少肉食，有时甚至有断炊之忧。然而苏东坡以随遇而安的态度对待异方风物，不但克服自己一向怕腥的习惯，兴致勃勃地去品尝那些平生闻所未闻的奇怪海产，而且还提笔作文赞美之："己卯冬至前二日，海蛮献蚝。剖之，得数升，肉与浆入水，与酒并煮，食之甚美，未始有也。……每戒过子慎勿说，恐北方君子闻之，争欲为东坡所为，求谪海南，分我此美也。"生活是苦涩的，但在苏东坡的舌尖上，却有千般滋味。

于是，我们也领略到了苏东坡的诙谐幽默。苏东坡不仅以幽默的方式调侃别人——他的老师、他的朋友，甚至他的敌人，更以幽默的方式调侃自己，说他是"幽默大师"毫不夸张。初到黄州，他在诗中写道"自笑平生为口忙，老来事业转荒唐"，自嘲自己为了生计一把年纪还四处奔波。他又对前来迎接的官员说道"只惭无补丝毫事，尚费官家压酒囊"，意思是说，我也做不来什么正事，还要让你们发工资给我买酒，真是惭愧啊惭愧！在惠州，苏东坡写信给朋友王巩说："某既弃绝世故，身心俱安。小儿亦超然物外。非此父不生此子。呵呵。"当今的网络聊天常用语"呵呵"一词，想不到早在千年前就已经被苏东坡用得滚瓜烂熟。有人统计过，苏东坡一生当中留下了大量长则百字、短则十余字的书简，其中用到"呵呵"一词的，多达45处。苏东坡的"呵呵"，正是他诙谐、达观的思想性格的传神写照。

于是，我们有幸看到了前后《赤壁赋》《念奴娇·赤壁怀古》等千古杰作的横空出世，看到了"天下第三行书"《寒食帖》的粉墨登场；

于是，我们也有幸听到了"日啖荔枝三百颗，不辞长作岭南人"的潇洒吟哦，听到了"九死南荒吾不恨，兹游奇绝冠平生"的放声歌唱！

苏东坡一生颠沛流离，但阅尽万水千山，他始终还是那个洒脱不羁的少年！还是那个秉性难改、无可救药的乐天派！他把自己眼前的苟且，活成了别人终生难以企及的诗意和远方。

这样的苏东坡，谁能不爱？

三、光耀千古的伟大人格

迷恋一个人，终于品格。

苏东坡刚正不阿。以苏东坡的才华，他在崇尚文官的大宋王朝理应成为朝中肱股、国之栋梁，不仅有欧阳修、司马光等朝廷重臣对他鼎力举荐，就连仁宗皇帝也视他为宰相的后备人选。但遗憾的是，苏东坡从政40年，其中绝大部分都在被贬谪被流放中度过，有时甚至可以说是危机四伏，九死一生。性格决定命运，苏东坡悲剧性的仕途际遇，一方面固然源于当朝小人的围剿，另一方面也与他刚正倔强、心直口快的个人作风有关。苏东坡心怀报国安邦之志，眼睛里容不得半点沙子，遇不平事总是直陈己见，"如食中有蝇，吐之乃已"。这就使苏东坡既得罪了以王安石为首的新党，也不见容于以司马光为首的旧党，被排挤出朝廷也属必然。假如苏东坡稍微"识点时务"，稍微懂得一点见风使舵和圆滑世故，假如他不那么嫉恶如仇、口无遮拦，他的人生必然会是另外一番模样。但也正是他的固执不随、是非分明、宁折不弯，让苏东坡的人格中保留了"独立"的可贵属性，使他成为最具有现代精神的古人。

苏东坡爱民如子。苏东坡的官运实在太差，但这不能妨碍他成为一个深受百姓爱戴的好官。这是因为他真正以民为本，关心民生疾苦，敢替百姓说真话，愿为百姓干实事。苏东坡在新党与旧党之间"两边不讨好"，有时甚至不惜得罪皇帝，之正是因为他从来没有把个人利益放在首位，而是以天下百姓利益为先。他继承的是至圣先师孔夫子的仁政理念，弘扬的是北宋名臣范仲淹的家国情怀。苏东坡一生中曾做过八府知州：在凤翔，他改革"衙前役"，修缮东湖，建喜雨亭，人们亲切地称他"苏贤良"；在杭州，他治六井，浚西湖，筑苏堤，办医院；在密州，他抗旱除蝗，收养孤儿；在徐州，他抗洪抢险，开采石炭；在扬州，他力罢劳民伤财的"万花会"，减免"积欠"。即使在黄州，自己衣食难继的苏东坡依然想方设法救助当地被弃养的婴孩。甚至在仅仅为官五日的登州，苏东坡也留下数篇丽辞华章，并给皇帝连上两道奏折为民请命，恩泽登州百姓，留下"五日登州府，千载苏公祠"的美誉。各地的东坡井、东坡书院、东坡医所……都是苏东坡勤政爱民的实绩。当代学者周纲在《苏轼九章》中这样写苏东坡："四十年，其爱民之深，忧民之切，凡所到之处，百姓无不爱戴感念，世代相继。"

苏东坡重情重义。他对恩师欧阳修的提携感念终生，一句"欲吊文章太守，仍歌杨柳春风"，囊括了师生之间道不尽的如烟往事。

他与弟弟苏辙志同道合，比翼齐飞，在乌台诗案中他以为自己必死无疑，就写了一首诗给弟弟，一句"与君世世为兄弟，更结来生未了因"感人至深！而与苏辙分别七年之后，苏东坡在中秋之夜写下的那首《水调歌头·明月几时有》更是让"余词俱废"，一句"但愿人长久，千里共婵娟"传唱至今！苏东坡和出现在自己生命中的三个女人也都恩爱有加。首任妻子王弗去世十年后，他写下感人肺腑的悼亡词《江城子·乙卯正月二十日夜记梦》，"十年生死两茫茫，不思量，自难忘"，不知让多少人泪水倾盈！第二任妻子王闰之陪伴苏东坡走过了人生的大起大落，他们曾一起采摘野菜，赤脚耕田，可谓相濡以沫，患难与共。携手二十五年后王闰之离世，苏东坡万分悲痛地在祭文中写道："唯有同穴，尚蹈此言。"王朝云是苏东坡的侍妾，也是苏东坡的灵魂伴侣，只有她能读懂苏东坡"一肚子的不合时宜"。笃信佛教的朝云去世后，苏东坡在墓上筑六如亭以纪念她，并亲手写下楹联：不合时宜，惟有朝云能识我；独弹古调，每逢暮雨倍思卿。苏东坡曾自嘲"多情应笑我"，殊不知，正是他的"情多且深"让后人爱之不已！

苏东坡宅心仁厚。他爱憎分明，对卑鄙小人丝毫不留情面，但同时在他眼中又似乎人人皆可以成为朋友。苏东坡说"吾上可陪玉皇大帝，下可以陪卑田院乞儿，眼前见天下无一个不好人"，其格局之高，胸怀之广，可见一斑。苏东坡与王安石是政治上的死对头，在官场上两人针锋相对水火不容，苏东坡遭受很多磨难都与王安石有关。但等到王安石退居金陵时，苏东坡却专程去拜访王安石，两个人在江边煮酒和诗，通宵达旦，畅谈甚欢，从此化干戈为玉帛。王安石由衷感叹："不知更几百年，方有如此人物！"苏东坡则谦虚地表示："从公已觉十年迟。"苏东坡年轻时有一个好朋友叫章惇——"惇"是厚道的意思。但这个并不厚道的家伙却利用手中职权把苏氏兄弟一贬再贬，苏东坡被贬到蛮荒之地惠州，接着又被贬到更加荒凉的儋州，苏辙被贬雷州，都是拜章惇所赐。对待这个把自己害得很惨的昔日好友，苏东坡却表现得极为宽容大度。章惇被朝廷放逐之际，苏东坡正遇赦北归，即将获得重任，他特意给章惇的儿子写信，明确表示自己绝不会挟私报复，并授之以自己在岭南的生活经验，细心叮嘱其给父亲带些什么药。知徐州时，苏东坡还曾亲自视察监狱，指定医生为囚犯治病，犯人的家属因此对他感激涕零，这样的人道主义行为在封建官僚中可以说绝无仅有。临终前，苏东坡对守在床头的三个儿子说："我平生未尝为恶，自信不会进地狱。"试问：这份自信，几人能有？苏东坡全然一颗赤子之心，天真烂漫，光风霁月，世间罕有，"他的伟大，已达到温柔敦厚的地步"（林语堂语），他身上闪耀的人性光芒，足以辉映千秋。

这样的苏东坡，谁能不爱？

王国维在《文学小言》中说："三代以下之诗人，无过于屈子、渊明、子美、子瞻者。此四子若无文学之天才，其人格亦自足千古。"苏东坡的魅力，不仅仅来自他卓越的才华、可爱的性格，更来自他高贵的人格。这种永恒的精神之美，或者说"内美"，使苏东坡成为一个永不过气的"万人迷"。"大江东去，浪淘尽，千古风流人物。"浪花淘尽英雄，但苏东坡依然是五千年中华文明长河中最亮的那颗星。

王水照先生说："苏东坡是永远说不全，永远说不完，永远说不透的。"事实上，苏东坡也是永远爱不够的。

苏东坡，是千年英雄，更是不朽男神。

○ 王瑞雪

她为什么被誉为『千古第一才女』
——南宋著名女词人李清照

在男权当道的中国古代文学史上，女性本就寥寥无几，而其中能够牢占一席之地并留有浓墨重彩一笔的，李清照是唯一的一个。她才气出众，光彩照人，擅长书、画，通晓金石，而尤精诗词，有"千古第一才女"之称；她的词独步一时，流传千古，有"词家一大宗""中国文学史上最伟大的女词人"之誉。李清照一生留下了数百首珍贵的诗词作品，它们都是我国诗词宝库中的珍贵财富。

李清照到底是一个怎样的女子？经历了怎样的人生？凭什么被称作"千古第一才女"？让我们透过散发着沉厚墨香的文字去一探究竟。

一、腹有诗书，横溢的才华叫人艳羡

李清照生于1084年，卒于1155年，宋代女词人，号易安居士，山东济南人。李清照是个旷世才女，她的词极富独创性地表达了人情的真善和人世的无常。

（一）良好的家庭教育是培养李清照才华的沃土

李清照出生于一个爱好文学艺术的士大夫家庭。她的父亲李格非是济南历下人，进士出身，是苏轼的学生，官至提点刑狱、礼部员外郎，藏书甚富，工于词章。她的母亲是状元王拱宸的孙女，文学修养很高。李清照幼年的大部分时间是在风景如画、人文荟萃的家乡历城度过的。大约在五六岁时，因父亲李格非做了京官，她便随父母迁居东京汴梁。所以她是在东京长大的。

她出生的书香世家，也是一个开明的家庭，虽然生母在其出生后不久便去世了，但继母知书达理又视她为己出，为她营造了书香浓厚的学习氛围。在那个遥远的男尊女卑的宋朝，这样的氛围可不是随便就能拥有的。由于家庭的熏陶，李清照博览群书，过目不忘，语出惊人。齐鲁壮丽的山川涵育了她的创作灵性，她在少女时代即名噪一时，崭露锋芒。这时期创作的《如梦令·常记溪亭日暮》《如梦令·昨夜雨疏风骤》，表现出她出类拔萃的文学天分和超出常人的见识与胆魄。

（二）富于主动的创造精神是彰显李清照才华的关键

李清照一向美丽时尚，自信率真，她不但在爱情生活中积极大胆，而且在文学创作方面也创获尤多。她有一首描写别后重聚的《小重山》：

春到长门春草青，红梅些子破，未开匀。碧云笼碾玉成尘，留晓梦，惊破一瓯春。

花影压重门，疏帘铺淡月，好黄昏。二年三度负东君，归来也，著意过今春。

这首词应该是纪实之作，估计写于1107年，李清照和赵明诚在青州安顿下来之后。该词语言朴实，多用口语，写景平淡，绝无旖旎风光，一派纯然家常风味。该词重在描绘人的相聚这一层意思，不言而自在言外，处理颇见艺术匠心。词中写的是一个活泼娇憨的少妇非常高兴能过上夫妇团聚的家庭生活，这样一种现在看来极其普通的意思，古代女作家中能够如此坦然表达、直接道出的却不多。

关于李清照积极主动的创造精神，《当代视野下的李清照》一书有很多精准的点评，例如关于她的《漱玉词》的妙处，书中指出：李清照是一个创造力极强的词人，不主故常，词中有我。"绿肥红瘦""宠柳娇花""人比黄花瘦"等，皆未经人道，一经道出即成经典话语。即便是古人成句，她亦能运化无痕，着手成春。如"清露晨流，新桐初引"出自《世说新语》，但用在《念奴娇》中熨帖之极，浑如己出。

李清照还写过一篇著名的文章《词论》，文中一改词之前"诗之余"的地位，第一次清晰地表达了"词别是一家"的观点，为词正名。她的作品提高了词这一艺术形式的格局，丰富了词的思想领域，洗涤了词中浮华娇艳的地方，扩宽了词的受众范围。她是当时词坛一大领袖，婉约派火炬的传递者、进取者，其地位是任何人都代替不了的。

今天我们读李清照的词作，会发现李清照作为一个士大夫阶层的大家闺秀，由于封建礼教的禁锢，不可能像男子一样走出家门，接触整个社会。但她毕竟出身于城市，不像乡村地主家里的女子那样闭塞。她不仅可以划着小船，嬉戏于藕花深处，而且可以跟着家人到东京街头，观赏奇巧的花灯和繁华的街景。这一切，陶冶了她的性情，丰富了她的精神生活。李清照爱好自然的性格和描摹自然的能力，说明了她不仅受到了开放家庭的熏染，更受到过故乡齐鲁大地的滋养。

二、岁沐风雨，寒凉的际遇使人唏嘘

作为中国最著名的女词人，李清照的一生，可谓是跌宕起伏。早期的自由和快乐之后，人生所有的苦痛便纷至沓来。如果说，在她生命的前半段，是不可承受之轻的话，那么在后半程，则是生命不可承受之重。

（一）短暂幸福的婚姻

1101年，18岁的李清照与21岁的太学生赵明诚结婚。双方父亲同朝为官，两人的婚姻可谓门当户对。更让人惊喜的是，夫妇二人志趣相投，都对藏书、书画和金石有着浓厚的兴趣。两人四处搜集、抄录，即使经济陷入窘境也乐此不疲。两人婚后的生活安静和谐，高雅有趣，充满着幸福与欢乐。

美好的时光总是短暂的。由于李家和赵家相继被卷入朝廷党争，两人不能在汴京住下去了。1107年秋，李清照随赵家回到青州，开始了幽居乡里的生活。次年李清照25岁，命其室为"归来堂"，自号"易安居士"。幽居乡里的李清照和赵明诚依然研文治学，生活还算平实有趣。在李清照的帮助下，赵明诚完成了《金石录》的写作。这段时间，李清照的词多写其悠闲生活，多描写爱情生活、自然景物，韵调优美。

（二）辗转流离的中年

1127年，金人大举南侵，俘获宋徽宗、宋钦宗父子，而后北去，史称"靖康之难"，北宋朝廷崩溃，此时的李清照44岁。

随着北方的局势越来越紧张，李清照整理书画、金石等收藏共计十五车，意欲南下建康。此时，宋高宗赵构早在建康建立了南宋朝廷，一味奉行求和政策，拒绝主战派北进中原的请求，北方人民处在金兵水深火热的统治中。1129年，赵明诚病逝于建康，李清照悲痛欲绝。葬毕赵明诚，她大病一场。更让人伤心的是，在不断的颠沛流离中，两人所收藏的文物书籍不断折损，至1131年时，所有文物大都散失。

（三）孤苦无依的晚景

"靖康之难"后，国破家亡的李清照在孤苦无依的情况下再嫁了张汝舟。她原指望从此有伴可依，却不想遇人不淑。极度失望之后，李清照冲破层层阻碍选择了离婚。因为缺乏资料记载，我们很难清晰地整理出她晚年的生活轨迹，只知道此时的李清照在继续编写《金石录后序》。1143年前后，李清照将赵明诚遗作《金石录》校勘整理完毕。在金华期间，李清照还曾作《武陵春》词，感叹辗转漂泊、无家可归的悲惨身世，表达对国破家亡和嫠妇生活的愁苦。

1155年，李清照怀着对死去亲人的绵绵思念和对故土难归的无限失望，在极度孤苦、凄凉中悄然辞世，享年约73岁。

李清照中年丧夫，一生无嗣，后半生又恰如浮萍，随风飘零。1135年，她避难金华。丈夫去世，国破家亡，珍藏的文物流失大半，自己也流落异乡，在苦痛中她写下了这首令人感怀的《武陵春》：

风住尘香花已尽，日晚倦梳头。物是人非事事休，欲语泪先流。

闻说双溪春尚好，也拟泛轻舟。只恐双溪蚱蜢舟，载不动，许多愁。

当一个人一生的脉络清晰可见，所有的悲喜忧欢都誊写在纸上散发墨香的时候，后人读到这段文字，又能怎样呢？只恐这装订良好的书页，载不动作者内心的无限忧愁。

从名门闺秀到漂泊无依，从琴瑟和鸣到孤独终老，李清照的前半生与后半生可谓是天差地别。用冰心先生的一首诗形容其一生颇为恰当："爱在左，同情在右，走在生命的两旁，随时撒种，随时开花，将这一径长途，点缀得香花弥漫，使穿枝拂叶的行人，踏着荆棘，不觉得痛苦，有泪可落，却不是悲凉。"有人说李清照的悲剧就在于作为知识分子的她处在社会高点，作为女人的她又处在社会底端，所以实现价值的机会少之又少。也许吧。

三、词别一家，独树的词体让人赞叹

李清照在《词论》中提出"词别是一家"之说，系统阐述了优秀词作的标准，对后世影响极大，成为中华民族文学宝库中的珍贵遗产。她的词独树一帜，自成一体，被后人称为"易安体"。李清照有《易安居士文集》《易安词》等著作，但久已不传。其现存诗文集为后人所辑，有《漱玉词》1卷，《漱玉集》5卷。

李清照的词可以以南渡为界，分为前后两期。前期词主要描写伤春怨别和闺阁生活，表现了女词人多情善感的个性。后期词则充满了"物是人非事事休"的浓重伤感情调，表达了她对故国、旧事的深情眷恋。

李清照善于以其女性身份和特殊经历写词，塑造了前所未有的个性鲜明的女性形象。她以女性特有的艺术感受，把两宋以来的婉约雅词的题材、情感、意境更加丰富、细腻、深化，将婉约词派推向了新的高峰。

比如《声声慢》的首句"寻寻觅觅，冷冷清清，凄凄惨惨戚戚"，开篇便把"镜头"转向一个萧索而凄惨的画面：一个略显憔悴的女子孤零零地伫立在空寂的院中，寻找着爱与温暖，但迎来的只有失落、伤心与孤独。从而形成了较大的心理落差。她运用"迭词"巧妙地将意境、心情、环境交织在了一起，写出了国破家亡时发自内心的悲痛，而且字与字之间融入声韵，颤动人心，倍显凄凉孤寂。接下来，她写道："乍暖还寒时候，最难将息。三杯两盏淡酒，怎敌他、晚来风急！"天气忽冷忽暖，自己虚弱的身体已经适应不了"晚来风急"，此处晚风也比喻当时的时局繁乱多变。"雁过也，正伤心，却是旧时相识。"又借归雁之哀鸣表达自己沦落异地的思乡之情。下片"满地黄花堆积，憔悴损，如今有谁堪摘？守着窗儿，独自怎得生黑，梧桐更兼细雨，到黄昏，点点滴滴。这次第，怎一个愁字了得！"其中"憔悴损"借花喻人，一写花在秋风中的凋零，一写人在乱世中度日如年的苦悲。雨打梧桐，淅淅沥沥，似心中之泪，悲凉顿显。"怎一个愁字了得！"将所有的情感一泻而出，倾吐了词人对人生的曲折凄惨和苦难的痛心疾首。这首词熔铸了独具意蕴的形象，表现了真挚深沉的情愫，将意境、心境融为一体，成为千古佳作。

　　李清照善于从书面语言和日常口语里提炼出生动晓畅的语言，运用白描和铺叙手法，营造浑然一体的艺术境界。李清照对诗词的分界看得很严格，她在《词论》中主张词必须尚文雅，协音律，铺叙，典重，故实。她不追求绮丽的藻饰，而是提炼富有表现力的"寻常语度八音律"，用白描的手法来表现对周围事物的敏锐感知，刻画细腻、微妙的心理活动，表达丰富多样的感情体验，塑造鲜明、生动的艺术形象，在文学词坛中独树一帜。比如她的《如梦令》：

　　常记溪亭日暮，沉醉不知归路。兴尽晚回舟，误入藕花深处。争渡，争渡，惊起一滩鸥鹭。

这首词并没有对语言加以精雕细琢，但在意境与感情上却拿捏得准确而到位，只用寥寥几笔便勾勒出一幅动静结合的场景，清秀淡然。其中"溪亭日暮"一句，便在读者面前铺开了一幅美妙的画面：天边的晚霞与水中的倒影交相辉映，清澈的小溪环绕着古老的亭子静静地流淌……这样简约的语言留给了读者很大的空间去想象，反而比细致刻画的效果要好得多。

另一首《如梦令》："试问卷帘人，却道海棠依旧，知否，知否？应是绿肥红瘦。"这几句语言简单朴素，却十分写实，表现了女主人与侍女的一段间断应答，"却"字生动地表现了李清照对侍女漫不经心的回答的失望与质疑。海棠花怎么会依旧呢？于是，"知否，知否？应是绿肥红瘦"，这一句对侍女的反语，乃十分平实的家常之言，却生动地使得情景再现，两个人似乎已浮现在眼前，读词的人就像看着她们在说话一样。把生活中的场景表现得惟妙惟肖，这就是运用口语的妙处。

李清照的词不追求词藻的华丽，不苛求字句的精湛，所用的典故也不多，但是词中处处展现出的是她"眼所见而存于心"的鲜活事物，流露出的是她丰富而细腻的真挚情感，如弥漫在身边的檀香，融于生活中的每个角落，叙尽了人之常情，又如蜿蜒的溪水，清雅而悠然，令人回味无穷，又欲追溯其源。

李清照之所以能写出光耀千古的词，和她长期浸染于书香文海有密切的关系。这种氛围培养了她极强的情感表达能力和语言运用能力，使得她在创作中，能够灵活自如地描绘出她的所见、所闻、所听、所感，能将事物的特点表现得细致到位。李清照是位标准的大家闺秀，她与生俱来的少女情怀，造就了她秀美典雅的语言风格。在她的词中，不论写人、写事、写情、写景，读者都不难感受到其贵府千金的气质。此外，李清照与赵明诚的这段婚姻也琴瑟和鸣，书卷为伴，她的词赋语言因此"更上一层楼"。

四、魂蚀风骨，高尚的气节令人敬仰

长期以来，许多人把李清照看成一个感月吟风、悲悲切切的柔弱女性，认为她充其量不过是位才华出众的女词人而已。因此，在文学史上，尽管她不崇拜权贵名流，敢于提出"词别是一家"的主张，但也仅尊她为"婉约之宗"。其实，李清照是一位气节高尚、性格刚毅、洒脱不羁的女性。

（一）不畏世俗，率性自我

李清照早年不避风险，上诗救父；公爹赵挺之升为宰相，她不以为贺反而写诗"炙手可热心可寒"进行嘲讽；她敢于评价太师父苏东坡，认为苏词不协音律。这三个不畏世俗、率真自我的举动广为人知。

南渡之后，在李清照孤寂无助之时，张汝舟为骗取钱财，趁虚而入，对李清照百般示好。李清照实在孤苦伶仃、无依无靠，也就不顾世俗之风，改嫁给了张汝州。婚后，二人都发现自己受到了欺骗，张汝州发现李清照并没有自己预想中的家财万贯，而李清照也发现了张汝州的虚情假意，二人关系一步步恶化，张汝州甚至对李清照拳脚相加。之后，李清照又发现张汝州的官职来源于行贿，便状告张汝州，在当时的社会环境下，妻子告发丈夫，即使证明丈夫有罪，妻子也要同受牢狱之苦。李清照入狱后，家人收买了狱卒，她入狱9天便被释放，这段不到百天的婚姻就此结束。

虽然经历了一场再嫁匪人、离异系狱的灾难，但是李清照的意志并未消沉，她诗词创作的热情反而更趋高涨。她从个人的痛苦中挣脱出来之后，把眼光投射到国家大事上。

如果用古代视野看李清照，一定会觉得她缺点很多，例如其黄昏再嫁很快又打官司离婚，即使有人对李清照的才华作出某种程度的肯定，也是虚晃一枪，马上就摇头叹息，连称可惜而去。要知道在那个时代，女性离婚是一件多么大的丑事，但李清照不委曲求全，明确自己想要什么，也敢于追求自己想要的，她毅然决然地以状告的方式远离渣男，这种不畏世俗的勇气是值得我们肯定的。

一位美国妇女学家说过："在性格方面，这些超常的妇女拥有某些与能力有关的特质，像独立、自信、理性等一贯被定型为男性所特有的特质。但有趣的是，当测量那些女性定型的品质，如温柔、多愁善感时，一般地，她们与别的女性并没有什么差别。总之，这些女性看来具有双性化的性格。"这一席话说得很到位，李清照不仅具有女性的长处，又"偶傥有丈夫气"，是一位独立率真、风骨兼备的女词人。

（二）见远识卓，心忧天下

早在青年时代，李清照就以唐玄宗荒淫误国、招致安史之乱的历史教训，劝宋徽宗："夏为殷鉴当深戒，简策汗青今俱在。"

她的高风亮节不仅表现在她政治上的远见卓识，更突出表现在她关心国家民族命运、深切同情外族入侵铁蹄下的人民。"靖康之难"后，李清照夫妇也随难民流落江南。在一次城中叛乱中，被任命为建康知府的赵明诚缒城逃跑，李清照对其心灰意冷，并于第二年在逃亡江西途中，写下了掷地有声的《夏日绝句》："生当作人杰，死亦为鬼雄。至今思项羽，不肯过江东。"借此诗明赞项羽暗讽赵明诚，同时谴责赵构苟且偷安的可耻行为，表现了民族情感和英雄主义，具有当时罕见的女丈夫气质。

1133年5月，南宋朝廷派同签书枢密院事韩肖胄和工部尚书胡松年出使金朝。李清照满怀激情地作古诗、律诗各一首为二公送行。诗中有"欲将血泪寄山河，去洒东山一抔土"之句，表达了她反击侵略、收复失地的强烈愿望，充满了关怀故国的情怀。

李清照开创了女作家爱国主义创作的先河，为后世留下了一个女性爱国的光辉典范，其作品中所体现的爱国思想，具有积极的社会意义。从历史的角度来看，李清照的爱国思想，展现了中国古代广大妇女追求男女平等、关心国事、热爱祖国的一个侧面，让后人从中看到了中国古代女性情感世界的另一面。从现实的角度来看，李清照的爱国思想，能让读者认识到女性在国家统一、民族团结以及社会进步等方面的巨大作用。这对于在弘扬爱国主义，高举爱国大旗，促进民族团结、国家统一和振兴中华时充分发挥妇女的社会作用，具有十分重大的意义。

我们今天读李清照这些充满豪情的诗句的时候，仍然会不由自主地感叹：她是一个柔弱女子，对世间万象触景生情；她是一个风流词客，将万千思绪网罗词中；她更是一个忧世才女，值得后人称颂缅怀。

纵观李清照的整个人生历程，可以说是饱尝了人世间的喜怒哀乐，但她活得率真、洒脱、自我。从无忧无虑的少女，到春闺思归的少妇，再到颠沛流离的老妪，不论是何种身份，她都给人一种不疾不徐、不悲不哀的气度；不论是何种困难，她都展现出一种勇于面对、坚守自我的风采。

值得一提的是，作为中国古代顶尖级别的文学家，李清照的贡献并非只局限在文学，她辅助丈夫赵明诚编撰的《金石录》，把历朝历代丢失不见的金石的图像、记载、器物以及经历和丢失过程都一一详备在案，后来赵明诚去世，李清照更是直接负责了《金石录》未完成的部分和后续的编辑工作，并且完整地将它保留了下来，让它成为金石学的鸿篇巨制。

一位研究者说过，中国古代妇女文学里有一种根深蒂固的"庭院情趣"。幸运的是李清照虽然生活在庭院之内，但她没有被事实上很逼仄的闺中生活弄得胸襟狭隘，她并不因为自己诗词有惊人之句而自足，她善于独立思考，内心富有，有着高远的精神追求，她的精神境界和人格魅力大大高于同时代的其他人。

　　无论是在文学领域的成就，还是对中国文学的影响，李清照都比古代其他著名女性更加斐然和深远。她的成就和影响可与宋代乃至整个中国文学史上的男性相比。中国文学史不能没有李白和杜甫，同样，中国文学史也不能没有李清照，她被称为"千古第一才女"，当之无愧。

他为什么被誉为『南宋第一大诗人』

——伟大的爱国主义诗人陆游

○ 张晶辉

陆游，字务观，自号放翁，浙江绍兴人，一生勤于作诗，自言"六十年间万首诗"，留传到今天的约有九千三百余首。陆游是中国文学史上少有的知行合一、以生命书写壮丽人生的诗人。尽管他的诗词艺术未在最顶尖之列，但这丝毫不影响他成为后人崇敬的伟大诗人。近代梁启超称赞陆游："集中什九从军乐，亘古男儿一放翁。"

陆游受时代陶熔又努力陶熔时代，一生抱定以身许国的志向，他的这种"我以我血荐轩辕"的爱国热情，是"以身许国、忧国忧民"的士大夫精神的真实写照，值得被千古传唱。他与时代逆行而上，仕途充满坎坷，但陆游依然热爱生活，用他广阔的心胸去欣赏生活中的大美。儿女情长未必英雄气短，陆游用憾恨一生的爱情铸就了爱情诗的悲歌。陆游的一生是悲剧也是壮歌，他终年85岁，实属高寿，他智慧通透，"毁誉要须千载定，功名已向隔生求"，将一切留给后人评说。他历经沧桑仍能保有初心，"零落成泥碾作尘，只有香如故""老翁其实尚童心"。这样的一生，有执着却能笑看风云，有坎坷却又初心不改，实在让人钦羡。让我们读其诗的同时，也一同去领略陆游漫长、厚重而又壮阔的真实人生。

一、爱国热情熔铸出诗篇

"双鬓多年作雪，寸心至死如丹。"在陆游的一生中，爱国是他的精神底色。从呀呀学语的孩童时代到行将就木的晚年时光，爱国是他的初心，报国是他的终极理想。无论是顺境还是逆境，国事都是他人生中的第一大事，他的喜怒哀乐皆因之而起。念念不忘，必有回响，他只需将所思所感付诸笔端，就足以感天动地。我们先从陆游的人生履历中去领悟他的爱国情怀。

生逢乱世，"我生学步逢丧乱"。陆游诞生在一个崇文抑武、奸臣当道、强敌环伺、国土沦丧的屈辱时代里。陆游出生的同年，金朝灭辽，两年之后即发生"靖康之耻"，徽、钦二帝被俘，为汉族历史增添了最为耻辱的一笔。此时，陆游的父亲恰好被奸佞之人弹劾免官，于是他带着全家奔逃避难。很多年后，陆游对当时的情形依然记忆犹新："我生学步逢丧乱，家在中原厌奔窜。"童年对一个人的影响是根深蒂固的。"儿时万死避胡兵"的经历，在陆游幼小的心灵里埋下了对战争的厌恶和对金兵的刻骨仇恨，爱国之心至此始，一往情深。

忠义之门，耳濡目染早立志。陆游出生于世代为官的书香门第，一门刚直忠勇。他的高祖陆轸直谏宋仁宗，淳朴忠厚。他的祖父陆佃也秉承家风，刚直不阿：他是王安石的门生，但敢于和王安石当面辩置新法不当，王安石死后，守旧派掌权，门人子弟十之八九都不敢登门吊唁，陆佃却敢带领一些同门前去祭拜，后来到江宁做官时还亲往尊师墓前祭奠。而陆游的父辈，都是力主抗金的铁血男儿。其父陆宰在北宋灭亡前曾担任粮饷转输官，全力支援太原前线，使太原成为金兵南侵中御敌时间最长的城池。陆游的叔父陆宲同样是一位战场英雄。山阴离都城临安不远，主战派人士常到陆游家聚首，纵谈国事。

"绍兴初，某甫成童，亲见当时士大夫，相与言及国事，或裂眦嚼齿，或流涕痛哭，人人自期以杀身翊戴王室。"他们个个希望能匡扶王室，哪怕是牺牲生命也在所不惜。这对少年陆游来说，是何等的震撼。洋溢着忠义之气的家庭氛围感染、影响着陆游，使他受到最生动、最直接的爱国主义的教育和熏陶，忧国忧民的思想感情深深植根在陆游的心灵深处。

自幼饱读诗书，青年得遇名师。他"上马击狂胡，下马草军书"的雄心壮志，就是从这时开始的。而要实现此番理想，在古代有且只有科举一条路。于是陆游从小便夜以继日埋头苦读。到了青年时代，更是拜了当时有名的诗人曾几为师。曾几写过脍炙人口的《三衢道中》："梅子黄时日日晴，小溪泛尽却山行。绿阴不减来时路，添得黄鹂四五声。"这首绝句清新流畅，不输唐人风采。既有家学渊源又有名师指点，陆游因此青出于蓝而胜于蓝。值得一提的是，陆游的这位老师也是位主战派。老师对学生学识、思想的影响可想而知。

仕途坎坷，只因主战论恢复。陆游自幼好学不倦，"年十二能诗文"。他参加科举考试，两次落榜，究其原因，不是才学不济，实因政治倾向：抗金主战。他的仕途蹉跎，宦海沉浮都与此相关：敢言直谏、喜论恢复。初出仕途，秦桧便找借口把陆游黜免，尽管遭受重创，但陆游却依然逆流而上。

贤臣未遇明主，忠心直谏多遭贬。秦桧死后的第三年，已经34岁的陆游才得到朝廷起用。一年多后，他到朝廷任职，先后担任大理寺司直、枢密院编修官等职。因职务之便，陆游可以接近皇帝，耿直的他利用这难得的机会提出不少建议。值得一提的有三件大事：一是弹劾当时专权败国的高宗宠臣杨存中，杨存中属于投降派阵营，是抗金名将岳飞父子的监斩官；二是在南宋和金国烽烟再起时，"泪洒龙床请北征"，涕泗横流恳请奔赴前线；三是力主迁都。这些话对于懦弱的高宗来说，句句剜心，君臣嫌隙由此渐生。

1162年，高宗禅位，南宋皇帝中最有收复之志的孝宗登场。陆游书生意气，为报知遇之恩，为孝宗皇帝清君侧，弹劾其亲信近臣结党营私、贪污受贿，因此被贬出京。后来北伐战争失败，一直坚持抗金立场的陆游也成了投降派打击报复的对象，被弹劾"交结台谏，鼓唱是非，力说张浚用兵"（张浚：北伐指挥官），再一次被罢职返乡。

在陆游的官宦生涯中，一旦起复，他就不忘抗金恢复的梦想，积极上表劝勉朝廷"力图大计，宵旰勿怠""缮修兵备，搜拔人才"等。结果每次用不了多久，就被政敌以各种理由罢官归田。每三五年就遭贬谪一次，陆游并非不识时务之人，只是爱国之心拳拳，宁可朝廷负我，我始终不负朝廷。他对国家用情至深如此，只留千古慨叹。

南郑抗金，最是意气风发时。陆游在他48岁的时候终于如愿以偿，收到了四川宣抚使王炎的来信，邀请他到南宋和金国交界的军事重地南郑驰骋疆场、御敌卫国，共谋抗金大业！这也是陆游一生中最惬意的时光。多年苦苦追求，如今心愿一朝得偿，理想实现的极致快乐让陆游一扫在夔州的悲苦之感，诗风开始变得无比激越昂扬。"但令身健能强饭，万里只做游山看。""投笔书生古来有，从军乐事世间无！"多么意气风发的"少年心态"，足见其为真正的理想奋斗时，精神面貌是何等的正向飞扬！

陆游能文能武，剑术了得。"十年学剑勇成癖，腾身一上三千尺。术成欲试酒半酣，直蹑丹梯削青壁。"到达南郑当年的秋天，陆游与同僚在围猎时，曾与一只猛虎狭路相逢。有诗为证："奋戈直前虎人立，吼裂苍崖血如注。从骑三十皆秦人，面青气夺空相顾。"在南郑期间，陆游与负责人王炎志同道合，制订了详尽的收复失地、进取中原的战略方案，只等朝廷一声令下，即可正式出师北伐。只可惜这段热血沸腾的军旅生涯只持续了短短的八个月，他根本没有机会和真正的敌人短兵相接。满腔热血的陆游最终等来的不是朝廷的作战军令，而是召王炎回京的一纸诏书，作为"军事参谋"的他也被转岗降职到成都。

"不谈晚景凄凉意，枕上屡挥忧国泪。"陆游之所以是陆游，就是因为无论何时，无论何地，他的爱国情怀至死不休。统治者和投降派们醉生梦死，苟安一隅，致使边防武备一片荒废。他们不思抗金，却把精力都用来打击报复真正的爱国志士，此时无官一身轻的陆游对此毫不客气地发出了最直接尖锐的讽刺。晚年他写下了《关山月》《书愤》《秋夜将晓出篱门迎凉有感》《十一月四日风雨大作》《诉衷情》等著名爱国诗作，字字如铁，掷地有声。之后陆游贫病不堪，甚至"炊米不继"，心心念念的却还是收复河山的抗金大业，字字泣血、声声浩叹，道尽平生不得志。这一生，陆游最大的愿望就是收复失地，只可惜，至死，英雄无用武之地，山河依然破碎。"死去元知万事空，但悲不见九州同。王师北定中原日，家祭无忘告乃翁。"《示儿》是陆游对国家统一的最后一声深沉而炽热的呼唤！

陆游在诗词方面取得的巨大成就，源于其将诗词本身的华美韵律形式与崇高精神境界完美结合。这些以国家危亡、民族大义、民生苦难为主要吟颂对象的诗歌，绝非工于风花雪月、个人恩怨的艳诗情词可比拟的。他饱含爱国精神的诗篇是中华民族可贵的思想资源和精神财富。陆游的名字，也必将成为中华民族的红色记忆，永载史册。

正如钱钟书所言："爱国情绪饱和在陆游的整个生命里，洋溢在他的全部作品里；他看到一幅画马，碰见几朵鲜花，听了一声雁唳，喝几杯酒，写几行草书，都会惹起报国仇、雪国耻的心事，血液沸腾起来，而且这股热潮冲出了他白天清醒生活的边界，还泛滥到他的梦境里去。"

陆游一生梦想成为战士，事实上，他已然做到了。真正的战士未必金戈铁马，血洒疆场，却一定是历经磨难，初衷不改，一定不管经历多少打击和冷遇，始终矢志不渝，毫不退缩。我们可以从陆游的人生中汲取力量，在自己的生活中做一个不忘初心的战士，为自己的理想英姿勃发的奋斗，坚持不懈。

二、生活大美孕育出诗篇

陆游一生报国无门，负有文才武略，却不遇明主，寻常人如何能不郁闷至极。陆游享年85岁，是中国长寿文人的代表，这得益于他通透智慧的内心和随遇而安的心境。虽然仕途坎坷，但是他依然热爱生活，认真生活。

陆游是一个有生活格调、生活品位的人，他以此心境入诗，诗格自是高人一等。天地有大美，何不归去来。1158年，陆游34岁，初入仕途。他宣扬北伐抗金，收复中原，主张未被采纳，却被以莫须有的罪名罢免回乡。初次罢免，他得以偷闲：天地有大美而无言，只有当一个人闲下来，方能置身于田园，领略自然的风光、乡情的淳朴。此时的陆游写下了他闲适诗的代表作《游山西村》："山重水复疑无路，柳暗花明又一村。"从此他的名字响彻诗坛。苏东坡曾说："江水风月本无常主，闲者乃是主人。"无争无斗的生活气息，柳暗花明的美景良辰，让陆游获得一时的沉醉和心灵的慰藉。

既有杏花春雨，何不一醉方休。二次罢免而后重新出仕，但是不得重用，闲居在临安，陆游写下著名的《临安春雨初霁》："小楼一夜听春雨，深巷明朝卖杏花。矮纸斜行闲作草，晴窗细乳戏分茶。""小楼"一联是陆游的名句，语言清新隽永。诗人只身住在小楼上，彻夜听着春雨的淅沥声，次日清晨，深幽的小巷中传来了叫卖杏花的声音，告诉人们春已深了。绵绵的春雨，借诗人的听觉绘出，而淡荡的春光，则从卖花声里透出。这一句写得形象而有深致。传说这两句诗后来传入宫中，深为孝宗所称赏，可见其传诵之广。杏花春雨，这是何等的明艳的风光，想必"作草""分茶"此等文人雅事也能分去他三分抱负不展的愁绪吧。

"人生但要身强健，一笑相从自有时。"陆游豁达乐观，超脱有趣，有诗为证："乌桕微丹菊渐开，天高风送雁声哀。诗情也似并刀快，剪得秋光入卷来。"该诗简洁明快，直逼"晴空一鹤排云上，便引诗情到碧霄"的豪迈，没有大格局、大胸怀很难达到如此境界。《十一月四日风雨大作（其一）》中："风卷江湖雨暗村，四山声作海涛翻。溪柴火软蛮毡暖，我与狸奴不出门。"既然风雨肆虐，那么就与小猫一起烤火取暖，足不出户同样尽享人生，足见陆游的旷达心境。

陆游还是一个落入凡尘，有诸多爱好的人，对他而言，凡事皆可入诗。他热爱烹饪，食谱广泛，自有一套养生秘笈，对素食，尤其对粥情有独钟。如《食粥》一诗："世人个个学长年，不悟长年在目前。我得宛丘平易法，只将食粥致神仙。"他以静养生，以动养形。陆游终身热爱体力劳动，晚年即使年老体衰、天气寒冷，仍坚持亲自动手打扫卫生，引以为生平乐事，如《幽居即事》所言，他睡菊花枕，爱茶知茶，"少日曾题菊枕诗，囊编残稿锁蛛丝。人间万事消磨尽，只有清香似旧时"。陆游一生以茶入诗近三百首。他十分景仰茶圣陆羽，推崇《茶经》，于诗中屡屡咏叹"琴谱从僧借，茶经与客论""续得茶经新绝笔，补成僧史可藏山"。半盏清茶，观浮沉人生。茶道浓淡相宜，在品茶之中也品味了人生。

陆游不是百无一用的书生，不是"一根筋"的书呆子。世事艰难，但他苦中作乐，以诗境反衬出豁达的内心。他热爱生活，也有一双善于发现美的眼睛。闲居之时，他的心境有过愤慨、激昂、怨憎，但最终都趋于平和。他可赏乡间秀美风光，可品农家美味佳肴，可以写书法，可以饮茶，可以采菊花作枕，可以事必躬亲，静动相宜。

心态便是人生，永葆一颗热爱生活的心，生活自有情趣可言。或许生活艰辛中，我们一时无力变幻乾坤，但那一缕旧香依然可循，生活自有可爱之处，想要发现它，首先需要我们有良好的心态。《菜根谭》中有句名言："宠辱不惊，闲看庭前花开花落；去留无意，漫随天外云卷云舒。"只有将宠辱、去留放下，才能得见花开花落、云卷云舒。陆游拿起来的比我们重得多，他都可以适时放下，我们又何尝不可呢？

三、心存挚爱迸发出诗篇

"曾经沧海难为水，除却巫山不是云。"陆游是个有故事的人，他和唐婉谱写了一段凄美的爱情悲歌，被传为千古佳话。怅然失落的爱情是陆游一生的隐痛，但却化作了最凄美的诗篇，留给后人无尽感叹。诗言志，词缘情，陆游的爱情诗才格外动人心魄。

大约在20岁时，陆游和舅父唐闳的女儿唐婉结婚，陆家用一根家传凤钗作信物迎娶佳人。唐婉有较好的文学修养，与陆游有共同的兴趣爱好，两人青梅竹马，感情深厚。这一桩婚事本应幸福美满，但陆游的母亲对内侄女唐婉却相当不满，婆媳矛盾最终无法调和，陆母硬是逼迫儿子休妻。在封建礼教的压迫之下，陆游对母亲之命不能违抗，伉俪情深的夫妻被强行拆散。两人各自嫁娶，从此一别两宽，只能各自珍重。他的诗词作品如《沈园》《钗头凤》等都是为此而作。十年后，沈园里莺飞燕舞，春光无限，陆游与前妻唐婉不期而遇。

多少爱恨离愁，只能借酒意，托付笔端。《钗头凤》一词和泪而生："红酥手，黄縢酒，满城春色宫墙柳。东风恶，欢情薄。一怀愁绪，几年离索。错、错、错。春如旧，人空瘦，泪痕红浥鲛绡透。桃花落，闲池阁。山盟虽在，锦书难托。莫、莫、莫！"这场失败的感情婚姻给陆游带来了一生的伤痛。

如果说，未能实现浴血奋战、抗金复国的梦想是陆游平生憾恨，那么与唐婉爱而不能的眷恋便是他解不开的心结。即使在垂垂暮年、儿孙满堂时，陆游再游沈园，依然情难自禁。往事一幕幕，伤心一幕幕，他以赤子之心留下一篇篇诗文。

75岁，陆游重游沈园，写下"伤心桥下春波碧，曾是惊鸿照影来"。

81岁，陆游重游沈园，写下"路近城南已怕行，沈家园里更伤情"。

84岁，去世的前一年，他还在春游归来后写道："沈家园里花如锦，半是当年识放翁。也信美人终作土，不堪幽梦太匆匆。"

年年岁岁花相似，岁岁年年人不同。漫漫一生，却来不及爱一个人。钱锺书曾说："除掉陆游的几首，宋代数目不多的爱情诗，都淡泊、笨拙、套板。"这评价不仅是赞美陆游的才华，更是认可他的深情。陆游的深情不仅给了国家，还给了唐婉，这是陆游的诗歌最动人之所在。"赋到沧桑句便工"，只有投入真情才会真正打动人，这不仅适用于诗歌，也适用于任何形式的创作，我们被陆游感动的同时，别忘记对自己深爱的人和事深情投入吧。

四、厚积博发飞扬出诗篇

"等闲识得东风面，万紫千红总是春。"历史上少了一个民族英雄，却多了一个文学大家。陆游的作品以诗为主，同时他在词、散文、史学、书法方面也有较高成就，可谓钟灵毓秀，集于一身。

陆游余力为词，兼具豪放婉约。正如明代杨慎《词品》所评价，"纤丽处似淮海（秦观），雄慨处似东坡（苏轼）"。他的词作同样洋溢着爱国热情，深沉隽永，激昂感慨，和辛弃疾等爱国词家的作品如出一辙。《卜算子·咏梅》《钗头凤》《诉衷情》都是词中上品。

陆游的散文洗炼，结构明晰，风格雅健。散文如《书巢记》《居室记》《老学庵笔记》，其纹理皆有可观。

陆游在史学方面也有很深造诣，他撰写的《南唐书》叙述简核有法，为史传文的名作。

"一笑玩笔砚，病体为之轻。"陆游对书法的热爱程度并不逊色于对诗词的狂热程度。他的书法，飘逸潇洒、秀润挺拔。朱熹评价其书法："笔札精妙，意寓高远。"可谓字如其人。

如果说，收复山河是陆游一生所梦，唐婉是他一生所爱，那么写诗，便是陆游一生所痴。他"六十年间万首诗"，平均每隔三天就写一首。对他来说，坚持写诗就和吃饭睡觉一样重要。他笔耕不辍的一生，就是一部写不完的壮阔诗篇。

当然，诗不在"量"而在"质"，陆游的诗不只妙在多，还妙在涉猎广泛，妙在句句精魂。你所能想到的场景，他都可以用诗表现出来。

他写体恤民情："民穷丰岁或无食，此事昔闻今见之。"

他抒理想信念："何方可化身千亿，一树梅花一放翁。"

他诉人生哲理："纸上得来终觉浅，绝知此事要躬行。"

他守道德情操："零落成泥辗作尘，只有香如故。"

他描季节变幻："水满有时观下鹭，草深无处不鸣蛙。"

他记乡村风景："山重水复疑无路，柳暗花明又一村。"

他发心中愤怒："丈夫五十功未立，提刀独立顾八荒。"

他叹民族气节："楚虽三户能亡秦，岂有堂堂中国空无人！"

梁启超说他"辜负胸中十万兵，百无聊赖以诗鸣"。胸中有十万兵马，却空怀一身抱负，这是陆游之不幸，然而六十年间万首诗，胸有不平以诗鸣，这也是他人生中之大幸。读到他的诗也是我们的人生幸事。

纵观陆游的一生，闯荡南北，无问西东，曲折沉浮，时仕时隐。"夜阑卧听风吹雨，铁马冰河入梦来"，陆游的一生所求，无法在现实中实现，他只能在梦中继续追寻。我们的人生梦想也未必圆满，但我们大可以以陆游为榜样，山穷水尽、理想幻灭之后，依然自嘲"老翁其实尚童心"。为国家真情奉献，为爱情真意祭奠，为理想真心付出，为生活真切守望，真真切切、真心真意的对待自己，对待他人，对待人生。

他为什么被誉为『词坛飞将』

——南宋爱国词人辛弃疾

○ 田　野

开国元帅陈毅曾说："吾爱长短句，最爱是苏辛。"苏，指北宋的苏东坡；辛，指南宋的辛弃疾。

辛弃疾生于1140年，卒于1207年，原字坦夫，后改字幼安，中年后别号稼轩居士，山东济南人。他是南宋官员、将领，豪放派词人，与苏轼合称"苏辛"，与李清照并称"济南二安"，现存词六百多首，有词集《稼轩长短句》等传世。

辛弃疾有"词中之龙"之称，又有"词坛飞将军"之誉。"以气节自负，以功业自许"的辛弃疾，为何一生壮志难酬？没能在疆场上实现平生抱负的辛弃疾，为何能在诗词世界留下不朽的身影？今天，当我们走近这位铁血英雄、爱国词人，重读他的故事和文字时，又能获得哪些精神力量和人生启迪呢？

一、豪气干云的铁血英雄

辛弃疾少有英雄之志，这一方面是由于受到身世经历、家庭教育的影响，另一方面与他自身刚严果毅、豪迈宏阔的性格有关。

辛弃疾生在一个不幸的时代。1127年，金人的铁蹄踏碎了大宋山河，都城东京沦陷，宋徽宗、宋钦宗两位皇帝成为阶下之囚，北宋宣告灭亡。十三年后，辛弃疾出生在早已落入金人之手的济南历城。彼时，宋、金两个政权隔着淮河，形成南北对峙之势。软弱的南宋王朝偏安江左，在山河破碎、战鼓不断中醉生梦死、苟且偷生，而沦陷区的大宋子民，则被迫臣服在金人的残暴统治下，过着水深火热的亡国奴生活。

辛弃疾的祖父辛赞在靖康之变、宋室南渡后"累于族众"，无法南下，后来被迫接受了金国的伪职。但辛赞内心始终忠于宋朝，他最大的政治理想就是呼应南宋驱除鞑虏，恢复中原，希望有机会能够"投衅而起，以纾君父所不共戴天之愤"。他为孙儿取名"弃疾"，不但是希望孙子能够无灾无病健康成长，更是希望他能像汉代大将军霍去病一样成为上马击狂胡的英雄，为民族担当起收复失地的重任。

辛弃疾父母早亡，祖父辛赞抚养他长大。辛赞经常带着年幼的辛弃疾登高望远，指点江山，对他进行抗金复地、洗雪国耻的爱国教育。辛家是武术世家，将门之后，累世积淀形成了辛氏粗犷硬朗的家族性格。在祖父的教导之下，辛弃疾从小一边苦练各种武艺，一边诵习儒家经典，尤其读了许多《孙子兵法》之类的兵书，后来他又拜一代名儒刘瞻和文坛宿将蔡松年为师学习诗文，这使辛弃疾长大后成为一位文武双全的豪壮之士，而绝非手无缚鸡之力的文弱书生。

14岁和17岁时，辛弃疾曾先后两次只身赴金朝首都燕京参加科举考试，均落榜而归，但他听从祖父的安排，沿途仔细勘察山川地势，打探金人的军事部署和政治局势，这使他获取了许多有价值的情报，为他后来写作著名的军事论文《美芹十论》奠定了扎实的基础。一路上，辛弃疾也目睹了汉人被金人奴役欺凌的悲惨景象，更加坚定了他收复中原、报仇雪耻的志向。

1161年，辛弃疾组成2000多人的队伍举起抗金大旗，并率众投奔以耿京为首的北方起义军，成为耿京手下的节度掌书记。辛弃疾还向耿京推荐了自己的一个旧相识——义端和尚加入义军，不料不久后义端萌生异心，从辛弃疾处偷走了起义军大印逃往金营。耿京大怒，要拿辛弃疾问罪，辛弃疾向耿京立下军令状：三日之内必追回军印，否则甘愿受死。他带领一哨人马昼夜狂奔，抄近路赶到通往金营的必经之道，果然拦住了仓皇奔窜的义端和尚。义端吓得跪地求饶道："我识君真相，乃青兕也，力能杀人，幸勿杀我。"辛弃疾却不容分说，挥剑将义端人头斩于马下。辛弃疾的嫉恶如仇、英武果决，由此可见一斑。

辛弃疾目光长远，深知仅靠义军孤军作战绝难同金人抗衡，于是力劝耿京归附南宋朝廷，共图收复大业。耿京听从其言，派副将贾瑞与辛弃疾南下接洽。辛弃疾一行人在建康觐见了宋高宗赵构，赵构欣然接纳，并慷慨地为义军将领加封了200余个大大小小的官职。不料，当辛弃疾高高兴兴回来复命时，却在半途中听到一个不幸的消息——有一个名为张安国的叛徒，杀害了起义军首领耿京，叛变投敌，并被金国任命为济州知府。辛弃疾义愤填膺，集结50多名义士轻骑突袭，深入金境600里，直奔济州金营，从5万金军手中生擒叛徒张安国，然后冲出金营，快马加鞭，日夜兼程，渡过淮河和长江，直抵临安，将叛徒张安国交给朝廷，斩首于市。辛弃疾还策动了上万士兵与他一起投奔南宋，整个朝野为之轰动！这一年，辛弃疾才23岁。

多年后，辛弃疾的好朋友洪迈在《稼轩记》一文中对辛弃疾这一壮举作了生动的描述，他说：

侯本以中州隽人，抱忠仗义，章显闻于南邦，齐虏巧负国，赤手领五十骑，缚取于五万众中，如挟兔。束马衔枚，间关西走淮，至通昼夜不粒食。壮声英概，懦士为之兴起，圣天子一见三叹息。

近千年过去了，读洪迈这段文字，我们仍不难想象辛弃疾青年时期的飒爽英姿、豪迈气概！辛弃疾自己也对这段激情燃烧的戎马生涯刻骨铭心，他后来在词中常常回忆起当年的壮举，骄傲自豪之情溢于笔端："壮岁旌旗拥万夫，锦襜突骑渡江初。燕兵夜娖银胡䩮，汉箭朝飞金仆姑。"

辛弃疾不愧为一个豪气干云的铁血英雄，他最大的人生理想就是在沙场上纵马杀敌，像他所崇拜的霍去病那样建立不世功勋，"了却君王天下事，赢得生前身后名"。然而，这位胸怀复国大志的热血男儿当时无论如何也想不到，回归南宋之后，他却再也没有机会得以在抗金战场上纵横驰骋，挂帅出征、沙场点兵成为他一生无法实现的梦想，无数次把栏杆拍遍，他也只能醉里挑灯看剑，梦回吹角连营！

有人统计过，辛弃疾做南宋臣民的40余年间，有近20年被闲置，在时断时续被起用的20年中，出现了多达37次的频繁调动。可以说，终其一生，辛弃疾都没能得到朝廷的真正重用！究其原因，一方面是南宋朝廷对于辛弃疾这样的"归正人"始终怀有猜忌和歧视，不肯委以重任；另一方面则是因为辛弃疾是坚定的主战派，与当时朝廷上主政的求和派官员格格不入。再加之辛弃疾自身刚拙自信的性格，使他难以在官场立足，因此他大半生尽是坎坷和失意。

是大英雄，却无用武之地——这世间最悲哀的事情莫过于此。但辛弃疾的悲哀，又岂止是他个人的悲哀？他的悲哀，是一个时代的悲哀，也是一个民族的悲哀！

二、终生不渝的爱国情怀

辛弃疾一生坎坷，壮志未酬，但一腔爱国热情却从未动摇，终生不渝。

回归南宋后，辛弃疾在江淮两湖间辗转任职，消磨了近二十年的时光。虽然仕途不畅，但辛弃疾始终为统一中原、收复失地做着积极的准备和努力。早在担任江阴签判这样的芝麻小官时，辛弃疾就不顾自己人微言轻，多次向朝廷上书，分析宋金对峙形势，提出抗金复国战略。这些奏章如泥牛入海，再无消息，但辛弃疾毫不气馁，1165年，他又将自己呕心沥血写成的军事论文《美芹十论》呈给宋孝宗。《美芹十论》洋洋万言，全面阐述了辛弃疾对于宋金形势的看法，具体而深刻地分析了金国的弊端，从政治、经济、军事和民心四个方面论述了朝廷为抗金救国、收复失地所应采取的战略措施，无一不是精辟之论，可谓字字珠玑，蕴含了辛弃疾的报国忠心，也展现了他独到的政治谋略和卓越的军事才能。

后世有人评价说："凭一部《美芹十论》，辛弃疾在武将、词人之外，足以被冠以军事家的称谓。"遗憾的是，这部令辛弃疾名声大震的军事著作与他后来所上的《九议》等奏章一样，全都在朝廷的一片主和声中没了下文。"讲和方定，议不行"，《宋史》中简简单单几个字的记述，包含了辛弃疾多少望穿秋水的眼泪！

1173年，辛弃疾知滁州。当时的滁州城饱受战火破坏，已全无北宋欧阳修笔下的优美景象。面对哀鸿遍野，满目疮痍，辛弃疾立即以果决明快的作风，推出了轻徭薄赋、鼓励农桑、发展商业等一系列有力措施，使滁州在不到半年的时间内就恢复了往日繁华。同时，辛弃疾没有松懈自己收复中原的斗志，他通过屯田之法招抚那些从金国境内逃出的农户，从他们口中了解到很多金国的情报。辛弃疾在递给宋孝宗的奏议中敏锐地指出："仇虏六十年必亡，虏亡则中国之忧方大。"果然，62年后，金国灭亡，南宋面对更加强大的敌人蒙古，勉强支撑40余年后终至亡国。如此准确的预言，足以体现辛弃疾的远见卓识，更可见其爱国之切，忧国之深，谋国之忠。难怪宋末的谢枋得不胜感慨："惜乎斯人之不用于斯世也！"

1175年，辛弃疾任江西提点刑狱，受命平定江南西路境内造反的部队茶商军。这是一支以茶商贩子赖文政为首领的800多人的武装队伍，他们一路从湖北打到湖南，转战江西、广东，曾击败官兵1万多人，后来盘踞在江西安福、永新、萍乡等地的深山中，成为朝廷的心腹之患。这是辛弃疾南归后唯一一次带兵征战的机会，虽然不是在收复中原的战场上，但辛弃疾依然殚精竭虑，运筹帷幄，前后仅仅用了三个多月的时间，就一举剿灭了茶寇，将招安投降的首领赖文政杀掉。

因为这次平定叛乱有功，朝廷给辛弃疾加了秘阁修撰的职名，但他并没有因此而沾沾自喜，反倒是更加忧心国家的命运。因为在平叛过程中，他切身感受到了当时南宋军队战斗力的低下，他想从1000多人中挑选出一支敢死队，最终却只选出十几个人，收复北方神州又如何有望？或许就是从这个时候开始，辛弃疾萌生了自己组建一支精锐部队的想法。后来，在担任湖南安抚使的时候，辛弃疾征得宋孝宗同意，亲自创建了一支名为"飞虎军"的军队。辛弃疾四方罗致壮健勇武之士，一时间各方人才云集长沙，大家都慕辛弃疾之名，甘愿为之效劳。飞虎军共有步兵2000，骑兵500。辛弃疾亲自坐镇督同操习，严申军纪，勉励将士忠君爱国，报国雪耻，使飞虎军士气高涨，军威赫赫。

在创建飞虎军之初，建造营房时适逢秋雨连绵，导致所需要的20万片屋瓦无法烧制，辛弃疾决定出钱购买，他下令长沙市民每户送瓦20片，立付现银一百文，结果两日内便全部筹足。但此事遭到枢密院不少人的阻挠。他们一方面劾奏他聚敛民财，一方面以枢密院下"御前金字牌"，命令他立即停建营房。辛弃疾接到金字牌后，不仅没有停工，反而加快了工程进度。竣工之后，他才把经营过程、经费来源、开支情况，一一写明，连同飞虎营寨的图样，向朝廷启奏，使反对派无懈可击，皇帝也释然于怀。这支军队建成之后，整个湖南的治安得到大大的改善，以至于数年内贼盗不起，社会安宁。辛弃疾创建的这支飞虎军在其后的30多年内，一直是沿江一带最精悍的防御力量，金人闻之而胆战，将其称为"虎儿军"。

飞虎军使辛弃疾威震一方，却也为他遭劾被贬埋下了伏笔。赵宋之世自开国以来一直对手握兵权者高度警觉，当辛弃疾厉兵秣马、雄镇一方时，他就已经把自己推向了风口浪尖。辛弃疾在给皇帝的上书中也预感到"臣平生刚拙自信，年来不为众人所容，顾恐言未脱口而祸不旋踵"。正如他所料，虽然后来他在江西安抚使任上治理荒政有功，但依然没能逃脱被谤落职的命运。1181年冬，42岁的辛弃疾被诬罢官，他携带家人来到江西上饶，此后20年间，他两次出山做官，却又屡受奸臣排挤被贬谪，导致他大部分时间都赋闲在乡，过着游山逛水、饮酒赋诗、闲云野鹤的隐居生活。在此期间，辛弃疾写下了大量描写四时风光、世情民俗和园林风物，遣兴抒怀的诗词，并自号"稼轩居士"，决意"便此地、结吾庐，待学渊明，更手种、门前五柳"，但实际上，他始终未曾忘记自己的雄图壮志，不曾动摇精忠报国的信念和决心。

1203年，主张北上伐金的韩侂胄启用主战派人士，64岁的辛弃疾被任命为绍兴知府兼浙东安抚使，这一任命让年迈的辛弃疾精神为之一振，他制造了万领红衲，准备招募丁壮组建军队，完成抗金北伐的千秋功业。如果不是出于一腔忠诚报国之心，谁会在这样的垂暮之年再披战袍挺身而出呢？孰料不久后，辛弃疾因与韩侂胄在具体的抗金策略上意见不合，被朝廷改知镇江府，而在谏官攻击下，他又很快被降职。辛弃疾终于看透了世态的炎凉，心灰意冷地回到铅山故居。

1206年，随着宋朝对金作战的节节退败，朝廷又想让辛弃疾执甲出山，再次诏命他为绍兴知府、两浙东路安抚使。此时，辛弃疾对朝廷的朝令夕改、反复无常已心生厌倦，于是推辞不就。后来，辛弃疾又多次辞掉朝廷的各种任命。1207年秋，金兵入侵淮南，南宋江山风雨飘摇，朝廷想要起用辛弃疾任枢密都承旨，希望他能力挽狂澜，支撑颓局，令他速到临安赴任，但诏令到铅山时，老英雄辛弃疾已老病在床，不久便凄然地离开了人世，享年68岁。据说，辛弃疾临终之际，仍大声呼喊："杀贼，杀贼！"

辛弃疾的一生是以英雄自许也以英雄许人的一生。他极力想实现北上抗金、统一祖国的强烈愿望，但却一直郁郁不得志。然而，虽遭嫉恨排挤，多次被贬，辛弃疾仍然矢志不渝，其心不改，其节不移，他的一生，也是爱国的一生，是悲壮的人生！

三、刚柔并济的稼轩词风

梁启超说陆游"辜负心中百万兵，百无聊赖以诗鸣"，其实辛弃疾又何尝不是如此呢？正所谓"国家不幸诗家幸"，辛弃疾光复故国的大志雄才始终得不到施展，武途政路均不畅通，他满怀的苦闷与矛盾只能凭借文字表达出来，一腔忠愤化而为词，于是，一位一心想要"经纶事业"，完成杀敌平戎大业的热血英雄，由此华丽转身，成为词坛一代大家。

辛弃疾一生传世词作620多首，数量上超过了他的前辈和同时代的作家，在思想内容和艺术上都取得了十分杰出的成就。辛弃疾以其强烈的爱国主义精神、高度的历史责任感、崇高的民族气节、高瞻远瞩的宏伟气魄、卓越的军事才华、惊人的政见胆略，以及不可羁勒、横绝一世的才学，开创了别具一格的新词派——稼轩体。辛弃疾是中国历史上唯一一个行伍出身，以武起事，但最终却成就赫赫文名的诗词大家，这也注定了他的词在中国文学史上地位独特。

豪放是辛弃疾词的主要旋律。王国维在《人间词话》中说："东坡之词旷，稼轩之词豪。"如果说苏轼之词是乐观旷达的文人学士的心灵独白的话，那么稼轩词就是一个慷慨悲歌的失路英雄的沉痛呐喊。《四库全书提要》中也说："弃疾词慷慨纵横，有不可一世之概。"他的词不像是用笔写成的，而更像是用刀和剑刻削而成的。时隔千年，我们重读他的词，仍能从字里行间感受到一股凛然杀气和磅礴之势，如波涛夜惊，风雨骤至，又如金铁齐鸣，雷霆万钧。比如这首《水龙吟·登建康赏心亭》：

楚天千里清秋，水随天去秋无际。遥岑远目，献愁供恨，玉簪螺髻。落日楼头，断鸿声里，江南游子。把吴钩看了，栏杆拍遍，无人会，登临意。

休说鲈鱼堪脍，尽西风，季鹰归未？求田问舍，怕应羞见，刘郎才气。可惜流年，忧愁风雨，树犹如此！倩何人唤取，红巾翠袖，揾英雄泪。

这是辛弃疾早期词中最负盛名的一篇。词上片开头以无际楚天与滚滚长江作背景，境界阔大，触发了家国之恨和乡关之思。"落日楼头"以下，描写词人如离群的孤雁、漂泊的游子，报国无门，知音难觅，壮志难酬。下片连用三个典故对历史人物进行褒贬，从而陈述自己以天下为己任的抱负，叹惜国事飘摇，流年如水，壮志成灰。英雄失意地留下了滚滚热泪，又有谁肯替他擦去呢？

这首词豪而不放，壮中见悲。读之，我们清清楚楚地听到了一个爱国臣子在一遍一遍地哭诉，一次一次地表白，那个在夕阳中极目远眺、手拍栏杆的身影，是那么的寂寞，又是那么的伟岸！都说男儿有泪不轻弹，大英雄辛弃疾的泪水却深深地拨动了我们的心弦！

还有这首著名的《永遇乐·京口北固亭怀古》：

> 千古江山，英雄无觅，孙仲谋处。舞榭歌台，风流总被，雨打风吹去。斜阳草树，寻常巷陌，人道寄奴曾住。想当年，金戈铁马，气吞万里如虎。
>
> 元嘉草草，封狼居胥，赢得仓皇北顾。四十三年，望中犹记，烽火扬州路。可堪回首，佛狸祠下，一片神鸦社鼓。凭谁问，廉颇老矣，尚能饭否？

写此词时辛弃疾66岁，在家赋闲已久的他刚刚被任命为知镇江府。虽已是烈士暮年，"红旗未卷头先白"，但辛弃疾仍然壮心不已，渴望像在京口成就霸业的孙权和率军北伐气吞胡虏的刘裕一样建功立业，哪怕是垂垂暮年，也想再赴沙场拼命一搏。然而天不遂人愿，辛弃疾的热血换来的却是朝廷的白眼，他只能徒然叹息，悲愤地发出了"廉颇老矣，尚能饭否"的无奈慨叹！

杜甫在《蜀相》中评价诸葛武侯"三顾频烦天下计，两朝开济老臣心"，辛弃疾何尝不是怀着一颗鞠躬尽瘁的老臣之心？辛弃疾何尝不是"出师未捷身先死，长使英雄泪满襟"的英雄豪杰？明代第一才子杨慎在《词品》中这样总结稼轩词——"辛词当以京口北固亭怀古《永遇乐》为第一"，真是中肯。

辛弃疾的词也有婉约的一面。辛弃疾现存的600多首词中，真正称得上"激昂排宕，不可一世"的豪放作品，大约只有五分之一，其余大部分作品都属于委婉、含蓄的婉约词。他笔下的婉约词同样别具一格，细腻柔媚不亚于柳永、李清照等任何婉约派名家。

他有时天真多情如闺中少女："我见青山多妩媚，料青山、见我应如是。情与貌，略相似。"有时清新质朴如田间老农："明月别枝惊鹊，清风半夜鸣蝉。稻花香里说丰年，听取蛙声一片。"有时絮絮叨叨如邻家大伯："大儿锄豆溪东，中儿正织鸡笼。最喜小儿无赖，溪头卧剥莲蓬。"有时忧郁缠绵如美人迟暮："啼鸟还知如许恨，料不啼清泪长啼血。谁共我，醉明月？"有时伴醉癫狂似太白重生："昨夜松边醉倒，问松我醉何如？只疑松动要来扶，以手推松曰去！"

而辛弃疾最著名的一首婉约词，当属这首《青玉案·元夕》：

> 东风夜放花千树。更吹落、星如雨。宝马雕车香满路。凤箫声动，玉壶光转，一夜鱼龙舞。
> 蛾儿雪柳黄金缕。笑语盈盈暗香去。众里寻他千百度。蓦然回首，那人却在，灯火阑珊处。

词上片写元夕之夜灯火辉煌、游人如织的热闹场面，下片刻画了一位不慕荣华、甘守寂寞的美人形象。那孤高幽独的美人，不正是作者自身的写照吗？辛弃疾终其一生，也没能等到真正赏识他的人，真是令人不胜唏嘘。难怪近代梁启超评价这首词说："自怜幽独，伤心人别有怀抱。"

还有这首《丑奴儿·书博山道中壁》：

> 少年不识愁滋味，爱上层楼。爱上层楼，为赋新词强说愁。
> 而今识尽愁滋味，欲说还休。欲说还休，却道天凉好个秋。

明代文学家卓人月对这首词的评点最是巧妙："前是强说，后是强不说。""少年""而今"，无愁、有愁，两两对比，层层铺展，将一腔愁绪渲染得深挚蕴藉。那壮志难酬的失意，那英雄失路的痛苦，那无处诉说的郁闷，一切尽在不言中！文贵情真，短短44个字，打动多少后来人！

当代作家梁衡曾将柳永、李清照与辛弃疾作对比，他说："柳李的多情多愁仅止于'执手相看泪眼''梧桐更兼细雨'，而辛词中的婉约言愁之笔，于淡淡的艺术美感中，却含有深沉的政治与生活哲理。真正的诗人，最善以常人之心言大情大理，能于无声处炸响惊雷。"如果我们用一个词为辛弃疾造像，我想最贴切的应该是——"惊雷"。

"少年横槊，气凭陵、酒圣诗豪余事。"辛弃疾本想做一个征战沙场以身许国的将军，但最终却以一个热血英雄、爱国词人的形象闯进了词坛，他壮怀激烈的一生，本就是一首令我们百读不厌的豪放词，而他的词中体现出来的民族正气、爱国情怀和英雄主义，也是我们中华民族连绵不断、繁荣昌盛的精神血脉之所在，永远是我们中华民族弥足珍贵的文化遗产。

青山遮不住，毕竟东流去。刀光剑影会暗淡，鼓角争鸣会远去，但英雄浩气长存。"肝肠如火，色笑如花"，"词坛飞将"辛弃疾，是永远让我们热泪盈眶的英雄。

他为什么被誉为『东方莎士比亚』

——元代伟大戏剧家关汉卿

○ 马云征

关汉卿是我国戏剧史上最早也最伟大的戏剧作家，他是元代杂剧的奠基人，他的作品代表了元杂剧最高的艺术成就。1958年世界和平理事会将关汉卿列入世界文化名人，将其与世界级戏剧大师比肩，誉其为"东方莎士比亚"。

元曲与唐诗、宋词齐名，具有"一代文学"之高度，它们是并列于我国文学史册的艺术瑰宝。元曲即元代杂剧和散曲，有时特指杂剧。元代杂剧异常繁荣，上至官宦权贵下至市井百姓都热衷此道，杂剧开创了中国古代历史上戏剧艺术的巅峰并惊艳后世。

在元代众多的杂剧作家中，关汉卿是公认的元曲四大家之首，王国维视其"当为元人第一"。关汉卿的杂剧名篇《窦娥冤》不仅在中国千古流传，置于世界大舞台上也豪不逊色。早在100多年前，这部作品就被译介到西方世界，有英文、俄文、日文等多个版本。在当代戏剧舞台上，《窦娥冤》不仅是话剧经典剧目，还被其他诸多剧种多次排演，搬上舞台。1958年戏剧家田汉创作话剧《关汉卿》，由北京人艺排演，并于1963年、2017年两次复排，均获得巨大成功。关汉卿和他创作的《窦娥冤》共同成为戏剧舞台上的经典艺术形象。是怎样的人格魅力和艺术魅力，能让关汉卿和他的戏剧一起穿越千年的时空，不断震撼着后人，让我们一起去仔细感受，寻找答案。

一、在乾坤板荡中奋力抗争

元代是我国历史上一段非常特殊的时期，从1271年忽必烈建立统一的大元政权到1368年朱元璋占领大都建立明王朝，历时仅短短98年。为什么在动荡短促的元代却崛起了元曲艺术的高峰？这要从文化的角度考察元代历史的特殊性。

蒙古族统治下的政治、经济、文化因素造就了杂剧的兴起。蒙古族百余年的征战统治，造成了巨大的社会动荡和变迁，也为中国社会发展注入了一些新的异质因素。与以往历代重农抑商的经济政策不同，元朝与各国交往频繁，各地派遣的使节、传教士、商旅络绎不绝，商品经济和对外贸易繁荣。蒙古统治者为了防止民众反抗，每占领一座中原城市，都要拆除城里高大的坊墙，使城市内部原来各自封闭的建筑区域被打通，城市空间被拓展，客观上促进了商业、服务业和杂剧演艺活动的繁荣。蒙古族统治者文化程度不高，以文言为特征的诗词不易被接受，更为通俗的运用白话文的杂剧因此大受欢迎。

杂剧的繁荣与元代的民族压迫和科举制度的废止也有着曲折的关联。元代统治者施行等级制度：第一等级是蒙古人；第二等级为色目人；第三等级是汉人，即原金统治下的北方人；第四等级为南人，即原南宋统治下的南方人。除了实行民族压迫，科举制度也曾经被废止了80年，读书人一夕之间失去了学而优则仕的进身之阶。当时社会上流行一官二吏三僧四道五医六工七匠八娼九儒十丐的说法，正所谓百无一用是书生，读书人沦落为与娼妓乞丐同流的社会最底层。即便在元代后期恢复了科举制度，但对汉人和南人仍实行歧视政策，蒙古人和色目人单列一榜，考试科目相对容易，汉人和南人一榜，录取人数有限。而且，官府当中的正职官员只能由蒙古人和色目人担任，汉人和南人只能充当副职和小吏。科举制的废止对传统儒家文化造成巨大冲击，对读书人的打击更为致命，"书中自有黄金屋，书中自有颜如玉"的神话彻底破灭了，沉郁下僚、志不得展是当时文人的普遍心态。在多重压迫之下，元代文人不得不放下古来读书人所谓的"颜面"和"不为五斗米而折腰"的气节，投身于勾栏瓦肆，靠写戏卖文娱乐市井谋生。在这样特殊的历史背景下，一大批文人才子转而成为杂剧写手，他们的文化积淀、诗词才华提升了杂剧的艺术品质，迅速将这种通俗的、民间的市井娱乐形式推至戏剧艺术的巅峰。

如今看来元朝这一中国历史上的特殊时期呈现出文化的悖论，对文化人来说实属大不幸，但在这种残酷的挤压之下，像关汉卿这样的硬核才子却不畏现实黑暗，不屈命运乖蹇，爆发出强大的生命力和创造力，拼着一己之身，倾注一腔热血，以耀世才华写尽世间百态，揭出善恶美丑。文如其人，关汉卿的《窦娥冤》体现的是社会底层百姓与地痞恶霸、官府黑暗的不屈抗争，这种强烈的反抗精神也正是关汉卿的个性内核。他自称："我是个普天下郎君领袖，盖世界浪子班头。"他创作的《【南吕】一枝花·不伏老》套曲被视为其自画像和自我宣言。广为人知的"铜豌豆"就出自其中：

> 我是个蒸不烂、煮不熟、捶不匾、炒不爆、响珰珰一粒铜豌豆，……我也会围棋、会蹴鞠、会打围、会插科、会歌舞、会吹弹、会咽作、会吟诗、会双陆。你便是落了我牙、歪了我嘴、瘸了我腿、折了我手，天赐与我这几般儿歹症候，尚兀自不肯休。则除是阎王亲自唤，神鬼自来勾。三魂归地府，七魄丧冥幽。天哪，那其间才不向烟花路儿上走！

铜豌豆在当时是指混迹于社会江湖、风月场所的人，他自命是这些人中的"领袖""班头"。无论传统观念还是世俗观念都将这样的人视为异类，认为他们应该受到道德的谴责与唾弃。但是关汉卿却极端高调、信誓旦旦地给自己贴上异类的标签，这一自我宣言可谓惊世骇俗。很多研究者对《【南吕】一枝花·不伏老》有不同的解读，有人认为这是作者的艺术夸张，或是他对黑暗现实的反抗。如果时间倒流，在当时的情境之中，我们就能够看到关汉卿被残酷粗粝的现实打磨得饱经沧桑的外表之下坚韧强大的内核，他这一行为可谓直面惨淡的人生。与其说这是一种放浪，不如说是风刀霜剑下生命意识、生存意识、个体意识的顽强彰显。人可以在现实中失意甚至失败，但人的意志不可战胜。面对事业与生存的危机，关汉卿没有像多数人那样自暴自弃、自叹自抑，而是选择绝地反击。他宣誓的是身居底层却不可磨灭的生命力与不可摧毁的自信力，这种自信鼓荡起抗争的勇气和力量，让他敢于去冲破现实的黑暗。

由此，我们可以找到关汉卿戏剧生命的源头。面对动荡混乱的统治秩序，面对豪强势要、地痞恶霸对百姓的欺压鱼肉，关汉卿不能通过入仕作官为民伸冤，但他可以奋笔疾书，通过一个个小人物不屈抗争的故事发出民声民愿，伸张正义，替天行道。因而，《窦娥冤》等一大批经典剧目和散曲从他的笔下喷涌而出。

二、在思想碰撞中勇于创新

元代蒙古族对中原的征服与统治在文化领域造成的影响是颠覆性的，前代汉族统治者奉为至尊的儒家文化被拉下神坛，加之科举制的废止，文化的源流被斩断。然而，艺术的发展不会就此止步，一种艺术形式的毁灭，意味着另一种艺术形式的新生，这一新的艺术形式就是元杂剧。元杂剧是在宋杂剧和金院本的直接影响之下，融合各种表演艺术而成的一种完整的戏剧形式。宋、金时代的杂剧只是民间的歌舞杂戏、滑稽戏等简单的娱乐表演，内容粗糙，形式随意。到了元代，关汉卿等一批文人参与到杂剧的创作之中，迅速在内容和形式上提高了杂剧的文化含量和艺术水平，使杂剧成为代表元代文学最高艺术成就的"一代之文学"。关汉卿经历了元杂剧的初创和繁荣兴盛时期，是公认的元代杂剧奠基人。

　　关汉卿属于梨园之辈，社会地位卑微，任何官史都不予记载。对于关汉卿的生平，我们只能凭有限的资料推断其生于1220年至1230年间，卒于1300年左右。元代同为下僚文人的钟嗣成著有《录鬼簿》，为一些经史不传而又高才博识的戏曲家立传。书名《录鬼簿》是因为作者认为这些元曲作家是值得后世铭记的"不死之鬼""虽死而不鬼者"。书中将关汉卿列为杂剧作家之首，记载："关汉卿，大都人，太医院尹，号已斋叟。"元人熊梦祥在《析津志》中评说："关汉卿，生而倜傥，博学能文，滑稽多智，蕴藉风流，为一时之冠。"元末明初戏曲家贾仲明在增补的《录鬼簿续篇》中称关汉卿为"驱梨园领袖，总编修帅首，捻杂剧班头"。可见关汉卿在元明时代就已被尊为戏曲作家之首，成为名副其实的一代"曲圣"。

　　由于特殊的时代、特殊的抱负、特殊的性情、特殊的才华，关汉卿走了一条与传统文人迥然不同的创作道路。他一扫传统士大夫的斯文清高，不受繁文缛节的约束，不为名利所役，追求自由适意。元人朱经为夏庭芝撰写的戏剧表演论著《青楼集》所作的序中，评说关汉卿"不屑仕进，乃嘲风弄月，流连光景"。关汉卿不把自己封闭在书斋里，而是融入市井勾栏，与三教九流为伍，深谙百姓所好。他有丰厚的知识储备和文学修养，熟知传奇小说、民间故事，对通俗戏剧文学的写作有清晰的认识和熟练的技巧，同时才高博识，滑稽多智，心怀奇思，能言人所不能言。因而，关汉卿在元曲创作上享有很高威望，与他同时代或稍后的杂剧作家对他产生了一种由衷的崇敬，以把自己的名字加上"汉卿"二字为荣，例如，其后的作家高文秀号称"小汉卿"，南方的沈和甫被称为"蛮子汉卿"。

除了个人的天赋和努力之外，元代书会的出现也对关汉卿的杂剧创作起到了积极的促进作用。书会是指由从事戏剧文学创作的作家组成的团体，活跃于北方大都的有玉京书会、元贞书会等，在南方的有武林书会、九山书会等。加入书会的创作人员被称作书会才人或书会先生，他们为杂剧演出创作脚本，直接推动了杂剧的艺术化和商品化。以关汉卿为领军人物的玉京书会在当时最为著名，成员有一百多人，规模和影响力居南北书会之首。书会中聚集了很多知名作家，有杨显之、梁进之、赵公辅、孟汉卿、岳伯川、王和卿、白朴、赵子祥等。可见，以关汉卿为班头的玉京书会，人才济济，十步芳草，是一个生机勃勃的创作群体。

书会的一切活动都围绕着剧本和演出展开。在创作方式上，书会之间、书会作家之间既有竞争又有合作。所谓竞争是指由书会给出同一题目，不同的作家各自进行创作，撰写自己的剧本，然后通过演出效果对不同剧本进行评判。有时一本戏也由多位作家分折来写，共同合作完成。书会的重要作用就是将志同道合者聚集在一起，形成切磋互补机制。《录鬼簿》中记载，关汉卿与杨显之是莫逆之交，常就剧本创作互相探讨，杨经常提出修改意见，因而赢得了"杨补丁"的美誉。"杨补丁"三个字，充分反映出关汉卿和玉京书会的同仁们在一起时，碰撞思想、切磋技艺、打磨情节、推敲戏词的热烈场景。

更为重要的是，书会作家的创作是以演出为目的的，他们与杂剧演艺人员结为联盟，一起创意、创新和创造，对于对杂剧艺术形式的打磨与定型发挥了至关重要的作用。据记载，"关汉卿辈争挟长技自见，至躬践排场，面敷粉墨，以为我家生活"。关汉卿和他的同仁们集编、导、演于一身，经过长期的书会作家的创作交流和勾栏瓦肆台前幕后的走场排演，最终使元杂剧形成了"四折一楔子"的基本范式。一本杂剧通常分为四折，一折即一套曲子，四套曲子大抵与戏剧故事的开端、发展、高潮、结局四个段落相对应。因此，折即是一套乐曲的段落，同时也是划分故事情节的段落。此外，为了交代或衔接剧情，有时会加过场戏即"楔子"，"楔子"通常放在一本戏的开场，相当于序幕。元代杂剧大多数采取独唱的形式，基本是一本戏一个角色独唱，女性歌唱角色叫作"正旦"，男性角色叫作"正末"，此外还有"净"——强悍或凶恶人物，"孤"——官员，"卜儿"——老妇人等。除了唱词，杂剧剧本中也有道白以及提示演员动作、表情和舞台效果的"科范"。从此，元杂剧正式诞生了。

元杂剧的诞生，是中国艺术发展史上一件惊天动地的大事。在中国艺术发展史上，各种艺术门类应有尽有，百花齐放，唯独戏剧付之阙如。不要说秦皇汉武没有看过戏剧，就是李白杜甫也不知戏剧为何物，这不能不说是一大缺憾。到了元代，杂剧不但诞生、发展、繁荣、兴盛，而且走入寻常百姓家，达到了"一代文学"的高度。这是中国文艺之幸，中国文化之幸！而关汉卿对于元杂剧的贡献，则永远镌刻在了中国艺术发展的史册里，永远保留在了人们的记忆中。

三、在扎根现实中成就经典

关汉卿之所以被誉为元杂剧的奠基人、中国伟大的戏剧家，主要是因为：在创作数量上，他是质优量丰的作家；在作品品格上，他是直面现实的作家；在历史影响上，他是穿越时空的作家。在中外戏剧史上，能与关汉卿媲美的作家几乎凤毛麟角。

关汉卿一生共创作杂剧60多部，现存18部。按其作品题材大致可以分为三类。

第一类是公案剧，揭露政治黑暗和统治者的残暴，触及尖锐的社会矛盾，反映底层百姓的反抗斗争。其中最著名的《窦娥冤》将冤屈写到了极致，以至于窦娥的名字在民间代代相传、妇孺皆知，成为忍辱含冤的代名词。《窦娥冤》是关汉卿从《汉书·于定国传》和东晋干宝所作的志怪小说《搜神记》中择取东海孝妇周青的故事，加以改造、提炼、扩展，创作出的新剧作。作品描写了从小被卖作童养媳后来成了寡妇的窦娥，遭地痞无赖诬告，在贪官桃杌的迫害下，屈打成招，被诬"药死公公"，斩首示众。窦娥的冤案有巨大的典型意义，作者以强烈的正义感揭露封建统治的黑暗、吏治的腐败、草菅人命的社会现实，同时以现实主义和浪漫主义相结合的手法，通过窦娥的三桩誓愿一一应验，窦娥冤魂托梦父亲窦天章使冤案得以昭雪的方式，为悲剧设计了一个善恶有报的团圆结局。作者笔下以窦娥为代表的底层妇女形象，成为中国文学史上塑造女性形象，表达个体意识、平等意识、反抗意识的突破，成为广为流传的戏剧经典。《鲁斋郎》也是关汉卿公案剧中的代表作，作者精心编织了一个包公智斩恶霸的故事。鲁斋郎因为是皇亲而有恃无恐、无恶不作，包公为了惩治恶霸、为民伸冤，在诉状中以"鱼齐即"的名字瞒过皇上，待行刑之后再将名字改成鲁斋郎。《马可·波罗游记》记载，当时大都城里的一个蒙古贵族阿合马就是鲁斋郎式的人物，由此不难看出关汉卿的作品对现实的影射与怒斥。

第二类是婚姻爱情剧，主要描写下层妇女的生活和斗争，肯定她们对婚姻的自主选择，突出她们在斗争中的勇敢和机智。现存18部关汉卿杂剧作品中有12部以女性为主角或重要角色，如《救风尘》《望江亭》《金线池》《拜月亭》等。《救风尘》写妓女宋引章与穷秀才安秀实相恋，后贪图富贵嫁给富商周舍，结果婚后受尽折磨。妓女赵盼儿假意要嫁给周舍，骗他写下休书，救出了宋引章。《望江亭》中同样塑造了敢于同恶势力斗智斗勇的底层妇女形象。故事中的反面角色杨衙内因为觊觎谭记儿的美色而向皇帝讨得势剑金牌欲将其丈夫置于死地。面对愁眉不展、无计可施的丈夫，谭记儿挺身而出，扮作渔妇对杨衙内曲意逢迎，巧妙周旋，从杨衙内手中骗得势剑金牌，最终使杨衙内被法办，自己的丈夫获救。剧情充分体现了关汉卿"滑稽多智"的特点，他以谭记儿的机智反衬出杨衙内的愚蠢与邪恶，以诙谐的台词、搞笑的情节讲述了一个以弱胜强的故事。

第三类是历史剧，通过塑造英雄人物形象，歌颂英雄气概，赋予英雄人物以拯救苍生的使命，表达关汉卿对社会现实的批判和对英雄再世的渴望。关汉卿的历史剧中以《单刀会》的成就最为突出。该剧取材于《三国志·鲁肃传》，写吴国名臣鲁肃为了索要荆州，设宴邀请关羽，关羽不畏强敌单刀赴会的故事。剧中塑造了关羽大义凛然、无所畏惧的英雄形象，其中也投射着关汉卿本人在异族强权统治下内心深处的英雄情结和对英雄精神的呼唤。关汉卿的历史剧来源于史传，但又超越史传，他创作的立足点不限于再现历史的真实，而是借历史题材融进大量现实内容，着重体现历史剧创作的时代精神，表现了一个正直戏剧家的爱憎情感。

认真阅读关汉卿林林总总的剧作，我们就会发现，不管是历史剧还是现实剧，不管是喜剧还是悲剧，不管是杂剧还是散曲，它们都有一个突出的共同特点，就是扎根社会现实，直面善恶美丑，揭露元朝的黑暗统治，歌颂下层百姓的反抗精神。对此，我们可以从以下几个方面来进行探索。

关汉卿杂剧彰显的思想内涵以人为本、朴实深刻。他为时代发声，为百姓明志，通过塑造典型人物形象反映社会真实生活。关汉卿的杂剧是中国封建社会历史上第一次让最底层的弱小人物成为戏剧舞台的主角并赋予他们不畏强权、敢于抗争的精神，从而使那些现实中卑微如草芥的小人物可以堂堂正正地站在舞台上，向强权和恶势力发起抗争。剧情中弱者的胜利，对于作者来说是精神人格强者的胜利，是众生小民对人的自我价值追求的胜利。关汉卿的作品中高扬着人的价值，尊重生命、捍卫公正、惩恶扬善。这样的价值取向和精神力量具有超越时空的思想性和生命力，这也是关剧得以经典永流传的重要原因。

关汉卿杂剧塑造的人物形象贴近现实、鲜活饱满。关汉卿的伟大之处，在于他不是写自己，他是黎民百姓的代言人。无论是屈原的悲壮、淘潜的隐逸还是李白的豪放，他们都是一种自抒胸意，自我表达。同时，元代以前的封建社会，文人通过科举入仕成为统治集团的一部分，处于社会上层地位，传统文人的写作多为个人化的自我表达，即使涉及世相众生，也是自上而下的俯视。在元代特殊的政治背景下，文人堕入社会底层，身份的变化带来视角的转变，他们因此看到真实的社会状况。关汉卿将自己彻底融入民间，站在民间的立场，从底层百姓受压迫的现实中发现人本质的力量。他敏锐地捕捉到民间伦理道德传统与特定时代关于人的价值、人的尊严、人的平等等观念所碰撞出的思想火花，并将其倾注笔端，运用戏剧这种综合性、表演性、通俗性的艺术形式，第一次在中国文学史上塑造了血肉丰满、个性鲜活的人物群像。

关汉卿杂剧营造的戏剧冲突波澜激荡、扣人心弦。如《窦娥冤》中窦天章还不起高利贷被迫卖女、蔡婆婆向赛卢医讨债险些遇害、张驴儿毒死父亲反诬告窦娥、贪官草菅人命、窦娥为救婆婆屈打成招等。故事紧凑，冲突与矛盾此起彼伏，高潮不断，拥有这样叙事技巧的关汉卿放在今天也堪称金牌编剧。

关汉卿设计的曲词对白"曲尽人情，字字本色"。由于对市井生活的熟谙，关汉卿为剧中角色设计的唱词和对白都贴切人物的身份、性格与情感。《窦娥冤》中窦娥有这样一段道白："为善的受贫穷更命短，造恶的享富贵又寿延。天地也，做得个怕硬欺软，却原来也这般顺水推船。地也，你不分好歹何为地。天也，你错勘贤愚枉做天！哎，只落得两泪涟涟。"善良的窦娥有冤无处诉只能怀着满腔悲愤质问天地，可谓声声含泪、字字泣血，这一段既是戏剧中人物强烈情感的自然抒发，同时也代表着作者鲜明的爱憎倾向，引起观众的情感共鸣。此外，他还留下了一系列广为流传的金句，如"人到中年万事休""花有重开日，人无再少年""儿孙自有儿孙福，莫为儿孙作远忧""得放手时须放手，得饶人处且饶人"，等等。这些金句既深刻又直白易懂，朗朗上口，代代相传，成为汉语言的精华和人们日常生活中最为恰切的表达方式。

关汉卿的艺术成就不仅属于中国，同时也是世界戏剧艺术的宝贵遗产。20世纪20年代，日本学者青木正儿在关于关汉卿的研究成果中将关汉卿与莎士比亚等世界戏剧大师相提并论，强调他对于开创元代戏剧的历史贡献。《法国拉鲁斯大百科全书》中称关汉卿为第一流的伟大戏剧大家。《英国大不列颠大百科全书》称关汉卿是中国古代"创作了60多种戏剧作品的第一位有成就的著名戏剧大家"。1958年关汉卿被评为世界文化名人，在中国隆重举行了"世界文化名人关汉卿戏剧创作七百周年纪念大会"。在大会召开的当天，全国至少有一百种不同的戏剧形式——包括京剧、越剧、评剧等，一千五百多个职业剧团同时上演关汉卿的剧本。这一空前盛况可谓是以最戏剧的方式向最伟大的戏剧家致敬。

大凡艺术大师，都具有永恒的文化价值，都具有无尽的阐释空间。在繁荣舞台艺术创作、构建社会主义新文化的今天，我们应倍加珍惜"关汉卿及关汉卿艺术"这一丰赡的历史文化遗产，认真探析关汉卿的艺术观念、艺术思想、艺术手法、艺术语言以及艺术作品，站在巨人肩头，去迎接新一轮日出。

他为什么能创作出文学巨著《红楼梦》

——著名文学家曹雪芹

○ 张晶辉

《红楼梦》是中国古代四大名著之一，堪称中国古典小说的巅峰之作，被誉为"中国封建社会的百科全书"。它以荣国府的日常生活为中心，以宝玉、黛玉、宝钗的爱情婚姻悲剧及大观园中点滴琐事为主线，以金陵贵族名门贾、史、王、薛四大家族由鼎盛走向衰亡的历史为暗线，展现了穷途末路的封建社会终将走向灭亡的必然趋势，以其曲折隐晦的表现手法、凄凉深切的情感格调、强烈高深的思想底蕴，在中国文学史、文化史上占有至关重要的地位。

研究曹雪芹无疑是解读《红楼梦》的一把金钥匙。曹雪芹的一生历经了太多的人世沧桑。在封建时代残酷的权力斗争中，曹家那样由盛而衰的剧变，并非罕见。但只有亲身经历过这种剧变的人，才会对人生、对社会、对世情产生一种不同寻常的真切感受，这和旁观世事变幻者的感受不同。在饱经沧桑之后，曹雪芹郁结的情感需要得到宣泄，压抑的才华需要得到彰显。于是，他选择了被不幸的命运所摧残的天才重建自我的唯一方式——艺术创造。《红楼梦》第一回记述道："曹雪芹于悼红轩中披阅十载，增删五次。"而后又题一绝云："满纸荒唐言，一把辛酸泪！都云作者痴，谁解其中味？"他将全部的深情和心血投入于《红楼梦》的写作之中，他的生命从苦难中解脱并得以升华。

那么曹雪芹凭什么能创作出文学巨著《红楼梦》呢？这和他生活的年代、他家族的背景、他个人的经历、他积累的学识等等都有密切的关系。今天，我们就知人论世，研究旷世奇才曹雪芹的"红楼"之路。

一、好学广闻——拥有丰富的知识贮藏

《红楼梦》是一部文化之书，渗透了汉文化的一切品质。它有诗、有词、有曲、有赋、有歌、有赞、有诔、有偈、有楹联、有尺牍、有笑话、有谜语、有酒令、有说书、有百戏、有雕刻、有泥塑、有参禅、有测字、有占卜、有诗话、有文评、有画论、有琴理、有茶道、有围棋、有苦口良药、有美食佳肴，满目琳琅，无所不具。那么曹雪芹是如何成为知识达人的呢？

首先，曹雪芹的广博学识得益于他深厚的家学渊源。让我们从曹雪芹的显赫家世说起，这家世带给他半生荣华，半生落魄，他与家族唇齿相依，休戚与共。追本溯源，了解他的家族能让我们更进一步理解曹雪芹的一生。雪芹的曾祖母孙夫人是康熙帝的奶母，曹家随康熙王朝的六十年盛世，享受了半个世纪的富贵荣华，从曹雪芹的曾祖父曹玺开始，曹家家族三代任江宁织造。曹玺生有二子，长子曹寅，次子曹宣。曹雪芹的祖父曹寅在江南三大文化都会——苏州、南京、扬州——生活了二十二年。在这二十二年中，除了织造公务、巡盐御史的公务等，文学艺术占据了他生活的大部分时间。他是一位藏书家、刊书家、书法家，精于诗、词、曲（剧曲）的创作，在当时颇负盛名，著作有《楝亭集》（诗词文）和《续琵琶》《北红拂记》，重视俗文学，即剧本和小说。他曾被名诗家题诗称为"文章重见波澜阔，臆裹行空更不群"，可见其才华。他知赏和关切小说创作者，推崇主持品评曲文及音律，极尽艺坛文苑之盛，震动大江南北。并且曹寅做了一件功垂千古的事情，即主持编印第一部《全唐诗》，全书收录诗篇近五万首，涉及诗人二千八百多名。不仅如此，曹寅文武双全，尤为康熙帝所信任，少年时代曾任康熙的御前侍卫、伴读，"名为君臣，实如手足"。这样的祖父成为幼年曹雪芹的不二楷模，曹雪芹对祖父充满了崇拜和景仰。种种记载表明，曹雪芹必然熟读曹寅遗作《楝亭集》，并且深受熏陶浸染。

其次，曹雪芹的满腹经纶得益于他坚持不断的刻苦攻读。曹雪芹幼时极为聪慧，远近咸闻，读书一目十行，过目成诵，且小时读书常发疑问，涉猎甚广。之所以能够写就百科全书式的《红楼梦》，正是因为他如饥似渴般的手不释卷，这些书籍就是他的良师益友，他师从古今中外的"名家"，在书中学会了刚直不阿、不畏强暴、坚持真理、不信偶像，这些成为他做人和写书的真正养分。

曹雪芹读经。当时以"四书""五经"为尊，我们读《红楼梦》时看到了曹雪芹的离经叛道，也同样看到了他对经学的深谙和理解。

曹雪芹读史。无论是官修正史，如司马迁的《史记》、唐太宗主编的《晋书》，还是稗官野史，他无不涉猎，甚至对天文地理、动植物学都十分感兴趣。通过这些广博的阅读，曹雪芹获得的不仅仅是知识，更多的是思想的启蒙。

最后，曹雪芹的见闻广博得益于他的广泛涉猎。曹雪芹涉猎杂学，他涉猎的"杂书闲学"就是当时流行的小说和剧本，即曲剧和唱词。而这些"杂学"在当时是不被认可的，曹雪芹冒天下之大不韪偷看偷学，是需要十足勇气的。诗文词赋、弹唱曲词虽不登大雅之堂，却成为曹雪芹《红楼梦》中不可或缺的宝贵素材，成就了书中一段段荡气回肠的浅斟低唱。

曹雪芹的广泛涉猎还包括他在现实生活中的学习积淀。现实生活是作家创作灵感的源泉，居住地环境、耳濡目染的寻常市井生活都可能成为作家艺术创作的素材。

他到花市学习民间工艺。曹家被抄家后新居的院落较易接近中下层社会的各行各业。雪芹家的小院向外延展，四个方向是四种不同的社会场景。例如，北边是精致的民间工艺"花儿市"，售卖制作各种精美的首饰花朵以及凤鸟蝴蝶，也有脂粉头油、簪环镯钏、绣花衣裙、精美玉器，芳馨艳丽。

他到庙宇学习佛教知识。曹家院落的四周大寺小庙，远近为邻，不可胜数。雪芹从小就喜欢上庙和游庙，庙内庙外，都是民间艺术的集散地。其中东岳庙有两层最使雪芹惊骇和赞叹。"阎王殿""阴曹地府"的"七十二司"以及正殿后寝宫中一百多个千姿百态的"侍女群"，好坏、美丑、真伪、善恶纠缠在一起，给了雪芹很大的视觉冲击。《红楼梦》第五回"贾宝玉神游太虚境，警幻仙曲演红楼梦"中，太虚幻境中的"薄命司""痴情司""春怨司""秋悲司"，又何尝不是由东岳庙的建筑布局而衍生出的艺术联想与创造呢！"文章本天成，妙手偶得之"，一个偶然的触动，成为小说构思的契机，看似天光火焰，实则启示我们要做生活的有心人。

梳理曹雪芹的学习过程，他阅读书本本身，获得经学、史学、文学、宗教、民俗、艺术、植物、饮食、医药的知识；他阅读生活这本大书，到花市学习民间工艺，到庙宇学习佛教知识，听戏曲学习曲艺艺术，更是收获了无数珍宝。曹家深厚的家学渊源，曹雪芹坚持不断的刻苦攻读，以及在学问方面的广泛涉猎，这些使他拥有了丰富的知识贮藏。从而使他建立起了一个嵯峨雄伟、金碧辉煌、知识蕴涵其间、思想廊腰缦回的文化大厦，为日后《红楼梦》的创作奠定了宏大的底色。

二、继承创新——形成独特的文学观念

任何作家的创作都离不开时代潮流的风云激荡。要从曹雪芹生长的时代去了解这位天才作家的思想，我们就不能不去寻找时代的脉络根源。

（一）曹雪芹继承了汤显祖"以情至上"的创作观念

汤显祖的重要创作思想是重"情"而贬"理"，他把"情"提

升到最崇高的地位。《牡丹亭》写"情"的难能可贵之处，是写出了男女之间的"至情"，所谓"情不知所起，一往而深。生者可以死，死可以生。生而不可与死，死而不可复生者，皆非情之至也"。据记载，娄江女子俞二娘读《牡丹亭》后，层层批注，深为所感，年仅17便自伤而亡。杭州女子冯小青在绝命诗中说："冷雨幽窗不可听，挑灯闲看《牡丹亭》。人间亦有痴如我，岂独伤心是小青。"杭州演员商小玲上演《寻梦》时竟然入情至深，气绝而亡。这些记载，无不可以视为《牡丹亭》富有强大感染力的证明。曹雪芹把《牡丹亭》的情节直接搬进了《红楼梦》。

《红楼梦》第二十三回标题就是"西厢记妙词通戏语，牡丹亭艳曲惊芳心"书中写得极为细致：林黛玉一个人闷闷地回潇湘馆，路过梨香院，恰好里面正在排练《牡丹亭》。"原来姹紫嫣红开遍，似这般都付与断井颓垣"两句曲文传入黛玉耳朵，她"感慨缠绵"。待听到"良辰美景奈何天，赏心乐事谁家院"，她由不得"点头自叹"。又听到"则为你如花美眷，似水流年"两句，黛玉"不觉心动神摇"。再听到"你在幽闺自怜"等句，她已经"如醉如痴，站立不住"，最后她"不觉心痛神痴，眼中落泪"。

黛玉的心境又何尝不是曹雪芹的心境呢？曹雪芹自幼喜欢剧曲，也曾客串上演，粉墨登场，他又是敏感的诗人，这样的人对于宇宙、万物、人生、社会，善察、善思、善感、善悟、善写，"与花鸟同忧乐，与木石为弟兄"。所以世俗之人不能理解，而深以为怪，"痴子""怪物"等等称号就由此而生。所以多愁善感的黛玉，"情痴""情种"的贾宝玉就在作品中诞生了。史学家陈寅恪总是期待"后世相知或有缘"。曹雪芹之于汤显祖的《牡丹亭》，应该就是"有缘"的"后世知音"了。

（二）曹雪芹吸收了佛教的思想

《红楼梦》一书以"梦"始，以"梦"终，通篇蕴含着佛教文化和佛教的出世思想。宝玉悟禅机、黛玉葬花、情悟梨香院、闷制风雨词、联诗悲寂寞等情节，一环又一环，声气相通，形成笼罩全书的悲凉之雾。人生如梦、世事无常的旋律一直回荡在字里行间。

以"因果报应"观作为小说的线索，构架小说。主人公贾宝玉和林黛玉由通灵宝玉和绛珠仙草幻出，因"木石前盟"而双双下凡历劫，还泪报恩，历尽红尘之繁华而终登彼岸。曹雪芹由此引出对人情世态的深刻描摹，透过贾府人物的兴亡盛衰，表现人生若梦、世事无常的道理，字里行间佛家思想流露无遗。在第五回宝玉神游太虚幻境时，警幻仙子显示金陵因果名册，演唱红楼十二曲，曹雪芹借此暗示生命的虚幻无常，体现其命运前定的因果观念。

以"色空"观诠释生存真相。《红楼梦》中贯穿着盛极必衰、人生如梦的"色空"观。曹雪芹的"色空"观有着自己的特色。佛教弃情、灭情、绝情，而曹雪芹的"色空"观却以情为核心，要人们生情、谈情、传情。《红楼梦》写尽世间情：爱情、亲情、友情、艳情、矫情、滥情……几乎无情不表，无情不述，林林总总，终成空寂。荣、宁二府有享不尽的荣华，最终也摆脱不了火尽烟飞的厄运；宝、黛情深意长，最后也只是落了个生离死别；大观园里的诸多姐妹，终究逃脱不了颠沛流离、身委尘土的命运。这符合佛家"一切皆空"的禅理。《好了歌》也为"色空"观作注。因此，若从"色"与"空"的实质内涵来看，《红楼梦》是美好情感遭到毁灭的哀歌，是"以人生无常宣告了身心俱灭的彻底死亡"。

宝玉的由色至空不能仅仅归因于他个人，而要归因于冷酷无情的现实人生对人的个性的压抑摧残。对于宝玉的由色至空，人们受到强烈的震动，并因此对人生进行更加深入的思考，更积极地去探索解除人生的种种苦恼的办法。

（三）曹雪芹发展了李贽的"二生万物"思想

关于宇宙万物的起源问题，古代哲学家提出了"气禀说"，即人与万物皆由天地间的一种"气"生成。道家则主张"一生二，二生三，三生万物"。明朝另类思想家李贽一反传统，认为："天地，一夫妇也。是故有天地然后有万物。然则天地万物皆生于两，不生于一，明矣。"打破了当时人们的思想藩篱。民间则有"正气"生好人，"邪气"生坏人，"杂气"生出那些庸碌卑琐、微不足道的平常甚至下流的人的观念。

曹雪芹在此基础上又提出自己的观点：贵贱贫富只是所生之地位有差，人的天性不是正邪、善恶、贤愚等观念所能概括的。这些思想言论是超乎当时的道德观念和标准的。他把这些自创的崭新思想，公然地写进《红楼梦》中，这就是"正邪两赋"。当时被称为异端邪说的，其实就是人生而平等思想的萌芽。金圣叹、汤显祖、冯梦龙、顺治皇帝、纳兰性德，也都是这种"正邪两赋"的人物，了解他们是理解曹雪芹的重要佐助。曹雪芹的《红楼梦》，就是在这种思想驱动之下动笔写成的。

曹雪芹写道："天地生人，除大仁大恶，余者皆无大异……大仁者，修治天下；大恶者，扰乱天下。清明灵秀，天地之正气，仁者之所秉也。残忍乖僻，天地之邪气，恶者之所秉也……"他还提出，秀气生人虽然不少，所余亦多，漫无所归，遂为甘露和风；而乖气无可发泄处，则充塞于深沟大壑之内，偶然激荡逸出少许，适与秀气相遇，"正不容邪，邪复妒正，两不相下……既不能消，又不能让，必致搏击掀发后始尽。"他说，这种两相激荡而成的气，也会为男女所秉。这样的人，其特点是："上则不能为仁人君子，下亦不能为大凶大恶，置之于万万人之中，其聪俊灵秀之气则在万万人之上；其乖僻邪谬不近人情之态又在万万人之下！"他认为，凡这种人，并不因贵贱地位而有所分别。这种观念在当时等级森严的社会必然会引起轩然大波。

这种平等思想开古人未有之先河，为《红楼梦》给女子作传奠定了基础，由此确立作品的主题："千红一哭，万艳同悲。"他把女子的地位提高到前所未有的高度，抒发性灵，悯其不幸。因而在他笔下，他将男子呼为"须眉浊物"，他说"女儿是水做的，男儿是泥做的"，他能体察出女儿的心灵境界是一种"幽微灵秀地"，而其处境则是"无可奈何天"。曹雪芹的"贵女贱男"之说也是"正邪两赋"思想的延展。

有独特的思想才写出了叛逆传统的《红楼梦》。曹雪芹站在前人的肩膀上，继承了民族文化中的瑰宝，同时他用自己的眼睛看世界，形成了独特的文学观念。继承与创新，孕育出了伟大的文学巨著《红楼梦》。

三、观照历史——画出一个时代的衰落图景

《红楼梦》这部百万余字的小说，以"盛衰"二字为全书的纲领和脉络。"凡鸟偏从末世来"，曹雪芹在书中为我们画出了一个时代、一个家族、一个人生的盛衰图景。

（一）整个封建社会从明清开始由盛转衰

明代中叶以后，文士、知识界变化巨大。与以前比起来，他们的思想特别大胆，言论特别自由，文风也特别清新、活泼、尖锐、犀利、泼辣，更富有人情味和生活情趣。《红楼梦》诞生于18世纪中国封建社会末期，当时清政府实施闭关锁国政策，举国上下沉醉在康乾盛世、天朝上国的迷梦中。政治、经济、社会已然末落，整个王朝已到了盛极而衰的转折点。既是末世，必然暗中又孕育着更新更大的变动。所以说曹雪芹出生的时代虽然是末世，但也是一个文艺新生的时代。他用眼见证了时代的变迁，用笔记录了封建社会由盛转衰的必然过程。

（二）他的家族从他父辈开始由盛转衰

康熙六次南巡，除了一次中途因故折回、一次另住别处外，在江

宁都以织造府为行宫，曹家是接待主力。1699年南巡时，康熙给乳母手书巨匾"萱瑞堂"，标志曹家荣华富贵达到鼎盛。自古中国就有盛极必衰、祸福相依的古训，曹家由盛转衰由此开始。祖父曹寅忽于康熙五十一年（1712）七月二十三日，染病身亡。皇恩浩荡，康熙命曹寅独子曹颙继任织造。曹颙当时十八九岁，上任不到两年就暴病身亡。康熙悯其不幸，又特下谕旨，命从曹寅之弟曹宣的诸子中选一最合宜的过继给李氏作为嗣子，而且还特命此子继任江宁织造。这个被选中的小孩童，名叫曹頫——他就是曹雪芹的父亲。曹頫过继后陷入忧愁恐惧、公私交困中。康熙晚年曹家卷入皇室立储之争，曹頫被罢职抄家。尚处幼年的曹雪芹，对于灾难，对于大祸临头时全家的恐惧、窘迫、无告、绝望、失常，必然留下一生都无法磨灭的记忆。

（三）他自己的一生也是由盛转衰

曹雪芹的少年时期适逢新朝，政治回暖，他得以在亲戚庇护下过了一段风花雪月、富贵逍遥的纨绔子弟生活。好景不长，君心莫测，他又性情耿直，不肯俯首就低，生活因而愈来愈困苦，居住的环境每况愈下，甚至经常食不果腹，过着"举家食粥酒常赊"的日子。他的这种切肤之痛就构成了《红楼梦》一书字字泣血、声声是泪的叹惋。

时代的衰亡，家族的没落，自己的遭际无不深深影响着曹雪芹的创作。好友敦敏在曹雪芹画的一幅巨石像之旁，题了一首七言绝句，诗曰："傲骨如君世已奇，嶙峋更见此支离。醉余奋扫如椽笔，写出胸中磈礌时。"《红楼梦》中他本人也借史湘云的菊花诗写道："数去更无君傲世，看来唯有我知音。傲世也应同气味，春风桃李未淹留。"如此"傲世"者，历经家族盛衰，世态炎凉，看人看事自然与寻常人不同。曹雪芹写小说，最初并没有将之视为"终身事业"——那时代根本不可能有人产生这样的念头。他开始写小说时年纪还不大，也许还带有"逢场作戏"的玩笑性质，因为这不过是他放浪行为的种种表现之一罢了。以后，他的生活愈来愈困苦，写小说又成了他精神上的寄托或"出路"。百般苦难下，写作便成了他的精神的寄托：活着就是为了写这部意义与性命等同的小说。

"字字看来皆是血，十年辛苦不寻常"，滴泪为墨，研血成字，并不过分！人生无常让《红楼梦》充满无奈的沧桑感，"国家不幸诗家幸，赋到沧桑句便工"，盛衰二字使《红楼梦》具有厚重的历史感。

这就是文学巨匠曹雪芹：他读书广博，见识超凡，拥有宏富的知识贮藏；他敢于破旧立新，独抒性灵，形成独特的文学观念；他处在盛衰荣辱、至贵至贱之间，世态炎凉让他看清一切，因而能够在观照历史、比照自身的同时，画出一个时代的衰落图景。他将自己的不幸置之度外，以旁人难以想象的坚忍，冒天下之大不韪，坚持著述，十年辛苦，泣血成书；他站在思想激荡的封建末世，凝聚古人的智慧，以赤子之心记录时代，记录家族，记录往事，带我们攀上了中国古典小说的最高峰。一代大师，千古不朽；一部巨制，百代流传。

他为什么被尊为中国佛教史上的『一代宗师』

——唐代著名高僧玄奘

○ 赫灵华

《西游记》在中国家喻户晓，故事中的唐僧也是老幼皆知。唐僧在徒弟们的保护之下，历经九九八十一难到达西天灵山取回真经。小说中的唐僧虽然懦弱偏执，但他诚心向佛、意志坚定，最终完成了取经重任。唐僧的人物原型在历史上是真实存在的，他就是唐代著名高僧、旅行家、佛经翻译家、法相宗的创始人——玄奘，玄奘不同于小说中虚构加工的唐僧形象，他是中华民族历史上光耀千秋的杰出人物。唐太宗称赞他是"松风水月，未足比其清华；仙露明珠，讵能方其朗润"的"法门领袖"，鲁迅评价他是"中华民族的脊梁"，世人尊他为中国佛教史上承前启后、继往开来的"一代宗师"。

玄奘是生活在1300多年前的一位大唐高僧。他出身名门望族，自幼聪明好学，温文尔雅，熟读儒家经典，接受了良好的家庭教育。他10岁踏入佛门，13岁正式剃度，27岁西行求法，46岁重返长安，65岁圆寂。他花费19年孜孜不倦地求学专研，又花费19年呕心沥血地传经译典。玄奘的一生，追求真理，矢志不渝；放弃荣耀，返回故国，翻译佛典，创立佛派；交流文化，传播文明。他的贡献不局限于对佛经的翻译和对中印佛学的发扬，他的伟大也不局限于那个具体的时代和具体的生存环境。玄奘精神是对真理的追求，对信念的坚守，对国家的热爱，这就是我们要世代传扬的中华民族的精神！

一、不惧艰险、舍身求法的执着信念

　　13岁的玄奘能够剃度出家得益于一位名为郑善果的伯乐。当时的玄奘学习佛法的时间尚短，没有资格参加选拔僧人的考试。他在考场外徘徊，被主持考试的大理寺卿郑善果问及为何要踏入佛门，年幼的玄奘说："意欲远绍如来，近光遗法。"意思是：从大的目标来讲，我要把释迦牟尼的佛法继承下来，从小的心愿来说，我要把佛教发扬光大。这个回答让郑善果大为称奇，于是玄奘被破格剃度。一个13岁的孩子就满怀宏图大志，抱负远大。剃度之后的玄奘勤奋好学，把全部精力都投入对佛典的研学之中，很快就誉满京师。他学得越深入，发现的问题就越多。因为当时来自印度的佛经篇目不全，再加上翻译上的曲解、误读等原因，很多佛经没有权威的解释，玄奘对于佛法的真谛也很迷惘。正是因为根源于灵魂深处的对真理的探究，促使他义无反顾地要到佛陀的诞生地——印度去寻求答案。

　　627年，也就是唐太宗贞观元年，28岁的玄奘开始了西域之行。当时的大唐建国不久，国家周边不够稳定，所以禁止国民出境。玄奘西行的请求没有得到官方的许可，他只好"冒越宪章，私往天竺"。为掩人耳目，玄奘混在逃荒的难民中离开长安，开始了九死一生的"偷渡"求法路。他为躲避通缉，昼伏夜行，历尽艰险。在方圆八百里的大戈壁沙漠——莫贺延碛，玄奘进入其中不久就迷路了，漫漫大漠，上无飞鸟，下无走兽，死寂一片，只有他一个人靠着死人的枯骨为标识，在孤苦前行。在这无助迷茫的时候，玄奘又不小心打翻了水袋，对于在沙漠中前行的他而言，这无疑是火上浇油，此时唯一的活命办法就是原路返回，他犹豫再三后决定往回走，但走了十多里后，他想到自己曾经立下的"宁愿向西而死，绝不往东而生"的誓言，不断质问自己："今何故来？"想着想着又坚定了西行的决心，掉转马头，继续前行。玄奘在干热的大漠中四天五夜滴水未进，身体已经透支，极度困乏的他只好听天由命，默默念诵着观世音的名号。第五天的夜里，天上突然刮来阵阵凉风，随行的老马带着玄奘找到了一处水草丰盈的水源，玄奘奇迹般地活了下来，成功穿越了令人闻风丧胆的莫贺延碛大沙漠。

西域路上，这样的险境比比皆是：玄奘爬雪山、越沙漠，命悬一线；穿草原、渡清池，死里逃生；遭谋害、遇劫匪，绝处逢生。除了这些恶劣的自然环境和凶险的社会环境外，玄奘还遭遇了沿途部族的强留威胁，西域东部高昌国国王鞠文泰就用尽浑身解数想把玄奘留在高昌。高昌王用盛大的仪式接待玄奘、每日殷勤问候、派法师与玄奘同吃同住加以规劝、发誓举全国之力供养玄奘，但这些诱惑都没有改变玄奘西行的决心。高昌王又威胁玄奘要么留在高昌，要么遣送回唐朝，而玄奘也决绝地表示：他的骨头可以留在高昌，但心不会留下。并以绝食来表明自己西行求法的坚定信念。无奈之下，高昌王同意放玄奘继续西行，并与玄奘结拜为兄弟，但求玄奘取经回来能在高昌讲经三年，接受供养，玄奘答应了。为了保证玄奘旅途顺利，高昌王为他准备了向导、随从、吃穿用度一应俱全的丰厚的物资以及足够玄奘来回二十年的盘缠，并给西突厥和玄奘西行路上要途经的其他国家的国王都写了言辞恳切的书信，请求他们给自己的弟弟西行求法提供必要的帮助。在高昌王的大力支持和帮扶下，玄奘的西行之路有了更多的保障。

玄奘一路上经过甘肃、新疆和吉尔吉斯斯坦、哈萨克斯坦、乌兹别克斯坦、阿富汗、巴基斯坦等国，风餐露宿、爬冰卧雪、艰难跋涉，历时一年多才到达古印度的地界。当时的印度有70多个小国家，玄奘一路走来，虽然多次遭遇强盗劫掠，甚至自己也险遭祭天，但他凭借着深厚的文化修养和独特的人格魅力，受到了很多国家的盛情挽留，纠正了很多人对佛教的偏见，改变了一些国王的信仰，甚至将强盗感化，使他们自愿受戒为佛教信徒。

631年，玄奘在离开长安四年多之后，终于到达了他心中的求学圣地——印度摩揭陀国那烂陀寺，开始了在印度长达十五年的游历、求学、交游、讲经、说法的传奇历程。玄奘正是凭借无比虔诚的信仰和超乎寻常的毅力，才不远万里、心无所惧、舍身求法、达成所愿。他用自己的双脚，走出了一条从中国经西域、中亚，到印度全境的文化之路。

二、不忘初心、弘扬佛法的家国情怀

当年玄奘在长安的时候，从一位印度名僧那里知道遥远的印度有一所那烂陀寺，那里的主持戒贤法师精通一切佛法经论，所以玄奘要到那烂陀"去伪经、取真经"。那烂陀寺是古代印度佛教的最高学府和学术中心，规模宏大，建筑壮丽，藏经丰富，学者辈出。这也是玄奘求取佛经、研习经典的最佳去处。初到那烂陀的玄奘就受到了几乎最高规格的礼遇。百岁高龄的戒贤法师亲自为玄奘开讲大乘佛教中规模最大、体系最完备、组织最严密、说理最透彻的权威著作《瑜伽师地论》。这部佛经戒贤法师讲了十五个月，玄奘从头到尾学了《瑜伽师地论》不少于三遍，《中论》《百论》《集量论》《顺正理》等佛经也学了多遍，再加上玄奘西行路上听过的佛经，他已经在佛学上有了很多的积累和心得，系统学习之后他开始针对个别疑难问题深入学习。除此之外，他还花费大量精力去学习语言学、逻辑学及佛教以外的经典。在那烂陀留学五年，玄奘潜心攻读，学业日益精进。之后三年，玄奘离开那烂陀，遍访了整个印度，学习了很多在那烂陀没有学到的学说和佛理。学业已成的玄奘在返回那烂陀告别的时候，却被戒贤法师留下来开设讲坛，讲《摄大乘论》这种高难度的佛经。很多学生和僧侣都被玄奘的见解所折服，汇聚到他的门下，他的声望在那烂陀乃至整个印度佛界都传播开来。玄奘成为那烂陀的荣耀，那烂陀的同伴们都希望他能永远留在印度。

玄奘西行的目的就是为众生解惑，现在学业完成，他想要回到祖国，使更多的有缘人能够承蒙佛法的普照。但他回国的计划被一次次辩经耽搁了。辩经是印度佛教交流佛经、佛教学说的最主要的方式，失败者大多销声匿迹甚至割掉舌头、自杀而死，胜利者可以一举成名、信徒云集。印度的一代名王戒日王听了玄奘的精彩讲经之后，决定为他举办一次大规模的辩经大会，召集全印度的宗教人士，选派顶尖的高僧参加辩论。这场在曲女城举办的，由玄奘宣讲大乘法理的辩经大会盛况空前，一时击鼓鸣锣、鲜花铺道万人参加。玄奘告谕众人：如果有人能够驳倒他一字半句，他都甘愿斩首谢过。但十八天过去了，千目仰视，万耳倾听，竟无一人敢和法师辩驳。这场声势浩大的辩经大会以玄奘的不战而胜结束，玄奘因此获得"大乘天"和"解脱天"两个美誉。此时，42岁的玄奘在佛法领域的修为已非常人可比，他西行求法的留学生涯也达到了顶峰。一个中国人在异国的土地上，一个大唐的僧人在佛陀的故乡能够成为首屈一指的大师，能够受到举国上下的厚待，这是史无前例的，玄奘做到了！

正是玄奘在佛法上的杰出成就，使得戒日王、鸠摩罗王都以丰厚的条件再三挽留，希望他能够留在印度接受供养。但玄奘时刻牢记自己的初衷——求取佛经，返回中土弘扬佛法。面对国王们的苦苦挽留，玄奘近乎哀求而决绝地说："支那国离这里路途遥远，听闻佛教的时间比较晚，虽然略有所知，但是毕竟不完备，所以我才前来印度求法。现在我总算可以说是达成了心愿，这都是我的祖国的那些善男信女心诚的缘故啊，所以我时刻不敢忘记他们。经书上说：'障人法者，当代代无眼。'你们如果强行留住我，就会让我祖国的善男信女失去了解佛法的机会，难道你们就不怕无眼的报应吗？"看到玄奘把话说得如此决然，戒日王只好不再强求，并派人带着足够的物资护送玄奘回国。

645年，玄奘带着657部经书，150粒舍利子，7尊珍贵佛像，终于完成使命重归了他阔别十九年的故乡——东土大唐。虽然当年玄奘私自出关，偷渡出境，但归国的他却受到了唐朝举国上下的热烈欢迎。唐太宗李世民在洛阳召见玄奘，对他冒着生命危险去求法，给天下苍生带来福祉的行为给予高度赞许，并希望玄奘还俗辅佐自己。对此，玄奘婉拒道："我希望以我一个人的力量，来传播佛法，报答国恩，如此的话，我就觉得很荣幸了。"后来唐太宗又提出请玄奘为官委以重任，还是被玄奘谢绝了。

玄奘早已抛开了世俗利益、名誉地位，他在个人声名最为显赫的时候毅然决然选择回国，在一国之君的强烈要求下拒绝为官，胜利的狂欢荣耀、民众的拥戴赞美、当权者的最高礼遇，这些都不是玄奘所追求的。他所想，不过是佛法传播，普度众生，帮助国人了解佛法的真谛，解除世人心中的苦难。

三、潜心译经、兼容创新的治学精神

玄奘不畏艰险、历尽坎坷西行求法，从印度带回了大量的佛经。但这些佛经都由梵文写成，只有翻译成中文，才能在中国的土地上生根发芽。玄奘回到大唐之后的十九年，是他翻译著述的十九年，是他教育讲学的十九年。

玄奘精通梵文与汉语，又对佛教教理研究透彻，再加上他信仰虔诚、毅力坚韧，是主持译经工作最完美的人选。他曾在长安弘福寺、大慈恩寺、玉华宫等寺院都开设过译场，选择了全国各地在佛学和汉语方面造诣极深的高僧、居士加入自己的翻译团队，有人负责校译梵文的宣读是否有错误，有人负责把梵文的读音写成汉字，有人负责把梵文的字义翻译成汉文，有人负责整理翻译过来的文字是否符合汉语的表达习惯，有人校勘原文是否有错误，有人负责润色，有人负责正音……玄奘以其出色的组织能力，将如此庞杂、细致的译经工作管理得有条不紊，环环相扣。在玄奘之前，中国的翻译采用的是"直译"，就是直接翻译，为了准确而放弃文采，是保留原始而较为死板的翻译。而玄奘主张"既需求真，又需喻俗"的译经原则，总结了几百年来翻译的经验，创造性地提出"五不翻"理论，即：佛经有秘密的含义可以不翻译；当一个词或一个佛经专门术语有多种含义的时候可以不翻译；中国没有的东西，找不到对应物的可以不翻译；约定俗成的可以不翻译；有一些语句是有利于引发出人的善心的，能够使人心中产生一种由衷的尊重之情的可以不翻译。"五不翻"理论将"直译"和"意译"融会贯通，确立了一种新的翻译风格，成为中国佛教译经史上的"新译"标志，至今被奉为佛经翻译工作的准则。

当年玄奘前往印度最主要的目的就是师从戒贤法师学习《瑜伽师地论》，这部佛典是玄奘最看重的，也是最急于翻译过来介绍给大唐的僧人和信徒的。《瑜伽师地论》是一部反映人类智慧的极其精深的重要典籍，梵文共有四万颂，一颂翻译成汉文是四句，整部佛典翻译下来就是十六万句，至少百万汉字，翻译任务繁重而艰难，玄奘带着他的译经团队全力以赴，夜以继日，花了三年的时间终于将其翻译完成。唐太宗看过《瑜伽师地论》的汉译本之后，赞不绝口，当即下令由国家出资将《瑜伽师地论》抄写9份，分发到全国最重要的寺庙保存，供人阅读传抄。原本信奉道教的他不但承认自己之前对于佛教有很多谬见，还亲自撰写了《大唐三藏圣教序》放在所有汉译佛经之首，这篇序文781个字，唐太宗用浓重的笔墨盛赞了玄奘西行取经的壮举，也充分肯定了玄奘的佛经翻译事业。这对于玄奘而言也是至高无上的荣誉和认可。

玄奘一生舍身求法、潜心译著，这本身就是一条不断探究、不断进步的学习之路。西行路上他一路巡礼佛迹，一路增广见闻，吸收沿途各地的佛学长处，提高自己的佛学修为。到了印度，他没有满足于单纯学习《瑜伽师地论》，还研学了很多其他佛典；他没有满足于向那烂陀的戒贤法师学习佛法，也拜了很多其他地方的高僧为师；他的学问也不局限于瑜伽行派，还涉及当时印度的大量学派和学说。玄奘有着强烈的求知欲望和严谨的治学精神，他离开那烂陀之后，在整个印度游历访学，秉承着那烂陀兼容并包的学术态度，只要遇到学有所长的人，他都会不耻下问、精求甚解，而且他博闻强识、智慧超群，很快就学有大成，成为佛教历史上名副其实的大师。

"专精而不封闭，开放而有所守"，这正是玄奘兼容创新的治学精神，他在19年里共翻译佛经75部，1335卷，数量之多、难度之大、质量之高，是前无古人、后无来者的，这使其与鸠摩罗什、真谛被并称为中国佛教三大翻译家。此外，他还培养了众多弟子，开创了中国佛教史上的法相宗。玄奘一生为无量苍生的解脱事业鞠躬尽瘁，千年之后，我们仍震撼感动，敬佩不已。

四、对话文明、共存互鉴的不世之功

如果问中国历史上最成功的留学生是谁，答案非玄奘莫属。如果问古代中外文化交流史上最杰出的使者是谁，那也一定是玄奘。在1300多年的漫长岁月里，玄奘的盛名，沿着古丝绸之路，穿过中亚，直到印度，最终享誉欧洲。

玄奘对重修古印度历史具有重大贡献。印度虽然是闻名世界的四大古国之一，却没有修史的传统，历史记载以神话和传说为主，很难找到可靠的历史记录。而玄奘带回大唐的梵文佛经、翻译成的汉文佛经成了印度佛学存世的宝贵资料，因为印度当时的不少学说在本土已经失传了，但它们靠着玄奘的汉语译本得以留存下来。此外，玄奘写的《大唐西域记》更是一本旷世奇书，这本书是玄奘回国后应唐太宗的要求所写的，由玄奘口授，他的弟子辩机执笔记录而成，全书共12卷，详细记述了玄奘西行亲身经历的110个国家和28个传闻中听说的国家的地理、历史、风俗、礼仪等。印度很多历史学家认为：如果没有玄奘、法显等人的著作，重建印度史是完全不可能的。英国的印度史学家也曾说：印度历史对玄奘欠下的债是绝不会估价过高的。《大唐西域记》中关于印度的记载弥足珍贵，无可替代，印度大量遗址的发掘也得益于书中的详细信息。这本书是唐太宗打通丝绸之路的指南，是英国人康宁汉姆25年印度考古工作的指南，是今人了解7世纪古印度历史的指南。《大唐西域记》不仅在当时有着重要的地理价值、外交价值、政治价值，在今天对于研究中印交通以及中亚地区的民风民俗、人文地理也有着突出的历史价值。玄奘的西行直接沟通了唐朝与中亚、西亚、南亚的联系，特别是与印度的友好关系，至今人们仍认为玄奘是中印友好的象征。

玄奘开启了唐代中原佛教文化与西域佛教文化的交流。在西行路上途经各国的时候，他不断传播佛教文化，也把唐代的文化介绍给沿途各国，在印度求学的十几年中，他研读印度的最新佛法，把印度的经典佛学带回大唐，将印度所学尽传中土，充实中国佛学。他的佛经翻译工作更是功德无量，为中印的文化交流与融合打下了坚实的基础。当年回国后的玄奘拜见唐太宗，将张骞没有经过的，司马迁、班固都没有记载的自己的所到之处，详细地给皇上讲述，使唐太宗大为叹服。当时的大唐国力强盛，广交四海，大唐想进一步完善丝绸之路的秩序，就迫切需要西方世界的信息。因此唐太宗说："印度这个佛教胜地，离我们国家十分遥远，那里的佛迹、教理，我们已有的记载并不详尽。法师您既然已经亲自都看到过、经历过，何不把它们一一写出来，让没有去过的人也了解这些情况呢。"于是才有了《大唐西域记》。这本书像一座桥梁架起了中国与西域相互认知的文化之路，它不仅反映了西域诸国与印度的佛教文化和风土人情，还是唐王朝了解西域的一面镜子。玄奘的足迹遍布印度，影响远至日本、韩国甚至全世界。他在中外文化交流史上写下了浓墨重彩的一笔，他的思想与精神如今已是中国、亚洲乃至世界人民的共同财富。

历史告诉我们，文明因交流而多彩，文明因互鉴而丰富，只有交流互鉴，一种文明才能充满生命力，只有秉持包容精神，才能实现文明的和谐共生。丝绸之路因贸易而兴起，商人和僧侣成为传播文化的主力，很多像玄奘一样的先贤走上丝绸之路不为寻找财富，而是为了传播思想，寻找大众的幸福之路。丝绸之路上玄奘西行所留下的文化交流魅力和坚韧不拔精神，正是今天我们在建设"一带一路"中可以学习和借鉴的。在我们共建人类命运共同体的过程中，文明交流互鉴，是推动人类文明进步和世界和平发展的重要动力。

玄奘，是中国佛教史上极其光辉灿烂的伟大高僧，也是中华民族历史上罕有的特出人物。同时，他也是首屈一指的翻译家，见多识广的旅行家，学贯长虹的留学生，出类拔萃的语言家……玄奘的一生，是传奇的一生，是无悔的一生。他西行求法的壮举，为人类创造了史诗般追求真理的征程；他翻译的千卷佛经法典，为后人的苦闷迷惘点亮智慧的明灯；他为古代中外文化交流所做的贡献，是传播文明、共存互鉴的最美修行。玄奘的德行千年不磨，后人称仰；玄奘的成就名垂青史，照古腾今；玄奘的精神泽被后世，代代相传。

他为什么被誉为『医药至圣』

——明代著名医药学家李时珍

○ 李 波

李时珍生于1518年，卒于1593年，湖北蕲春人，中国伟大的医药学家、世界文化名人。作为医生，他妙手回春，悬壶济世。担心错误的医书误人病情，他倾毕生心血，编著《本草纲目》。

中医中药是中国古代科学的瑰宝，是中华文明宝库的重要组成部分，凝聚着中华民族几千年的哲学智慧和健康养生理念，为中华民族的繁衍昌盛做出了重大贡献。《中国疫病史鉴》记载，在自西汉以来的二千多年里，中国先后发生了三百多次流行疫病，由于中医中药的有效预防和治疗，疫情得到了较好控制。新中国成立后，在几次重大的疫情救治工作中，如1956年流行性乙型脑炎、2003年非典、2009年禽流感，中医中药都发挥了很好的作用。中国科学家屠呦呦借鉴中国中医药古籍，从中草药中分离出青蒿素，挽救了全球数百万疟疾病人的生命，获得2015年诺贝尔生理学或医学奖，中医中药为全人类健康提供了中国智慧和经验。2018年世界卫生组织首次将中医纳入其具有全球影响力的医学纲要。面对2020年新冠肺炎疫情，中医中药在救治工作中也发挥了重要作用，为世界新冠疫情防控做出了积极贡献。

今天，李时珍中医药文化正在发扬光大，用他的名字命名的中医药职业技术学校、中医药科学研究所、中医药馆、中医药文化节正推动着中国中医药事业的发展，李时珍已经成为一种精神、一种文化的象征。在这里，让我们把目光再一次投向这位医者仁心的医药至圣。

一、志为良医，悬壶济世

"身如逆流船，心比铁石坚。望父全儿志，至死不怕难。"这是李时珍写给父亲的明志诗。"身如逆流船"，何为顺流呢？科举。在当时参加科举考试，谋得一官半职，光耀门楣，这是正途。并且李父有感于家里两代人行医谋生的不易，也希望儿子参加科举考试，考取功名走仕途，光大门庭。在这样的社会和家庭氛围中，李时珍仍能坚持行医并且最终做出成绩，是他坚守自己的内心使然。

李时珍出生在一个中医世家，祖父是晃着铃铛、走街串巷给人看病的"铃医"。到父亲李言闻这一代，他借用道士庙有了自己的诊所，因医术高明，在当地颇有名气，曾在皇家太医院任医官。

李时珍从小就对中医表现出浓厚兴趣。他跟随父亲坐诊，父亲一边诊病一边教他读书，病人多的时候，他也经常会帮忙。父亲出诊留他在诊所时，他就放下科举考试的书，翻看父亲的医书，一些经典医学典籍他能背诵如流。一天，父亲外出行医，诊所里只剩下李时珍一人，这时来了两位病人，一位是火眼肿痛，一位是暴泻不止，二人病痛难忍，得知李言闻医生出诊晚上才能回来后，就请求李时珍帮忙解除病痛。李时珍查看了病人症状，果断提笔开方并配了药，详细告知病人如何服用。父亲李言闻回到家中，听李时珍说了此事，心一下提到嗓子眼，忙拿着李时珍开的药方询问，李时珍一一回答：病人什么症状，为何开此药，药性如何。父亲一边听一边在心里暗暗称赞，儿子背着自己一定偷偷看了不少医书，这孩子确实是块当医生的料。

李时珍坚持自我，志为良医。最初李时珍秉承父命，寒窗苦读，14岁那年考中秀才。他继续苦读，之后三次进一步应试，均不第。期间他一再向父亲表示自己的志向，希望随父从医。23岁那年，李时珍终于得到父亲同意，开始专心随父学医。他医术日渐提高，一些沉疴痼疾，经他治疗，也能好转。他为人仁善，医德高尚，常为贫苦病人免费诊病。

至今，各地仍流传着李时珍“开棺救母子”等许多妙手回春的故事和传说。传说李时珍和大徒弟王广和看见一群人正抬着棺材送葬，而棺材里不停渗出鲜血。他们见流出的血不是淤血而是鲜血，于是赶忙拦住人群，说：“棺材里的人还有救啊！”众人听了，都不敢相信。人已死矣，再开棺惊动故人，非常不吉利。李时珍便反复劝说，终于使主人答应开棺一试。他们先是对病人进行了一番按摩，然后又在其心窝处扎了一针，不一会儿，棺内的妇人轻轻哼了一声，竟然醒了，不久之后，这名妇女又顺利产下一个婴孩，原来这名妇女是因难产而陷入假死。于是人们都传言李时珍一根银针，救活了两条人命，有起死回生的妙法。

还有一个李时珍“活人断其死”的故事。李时珍以一根银针救活母子两人后，许多人都想见一见这位神医。一天，有个药店老板的儿子正在柜台上大吃大喝，听说李时珍来了，也想去看看热闹。他费了好大力气，跳过柜台，挤到李时珍面前，问道：“先生，你看我有什么病吗？”李时珍见此人气色不好，赶忙给他诊脉，过后，十分惋惜地说道：“小兄弟，可惜呀，年纪轻轻，活不了三个时辰了，请赶快回家去吧。”此人大骂不止，经过众人的劝说，方才气咻咻地走了。果不其然，不到三个时辰，这个人便死掉了。原来是此人吃饭过饱，纵身一跳后肠子断了，内脏受损，一命呜呼。由此，人们更是惊叹李时珍的医术神奇了。

李时珍初衷不改，辞职回乡。封藩在武昌的楚王朱英佥的儿子生病了，无人能治，李时珍看过后药到病除，楚王聘请李时珍为王府的“奉祠正”，兼管良医所事务。又逢嘉靖皇帝全国选拔名医，李时珍被推荐入皇家太医院工作。由于当朝皇帝醉心于追求“长生不老药”，方士们看准了皇帝的心意，便大炼不死仙丹，取悦皇帝，因而在全国掀起了一股炼丹热潮。李时珍知道所谓的仙丹含有毒素，于是大声疾呼："丹药能长寿的说法，决不可信！"他列举服食丹药后死亡的例子，但有方士反驳说："古代药书上说，无毒，服食可以成仙，是一种长生药。"李时珍说："前人遗留下来的知识可以参考，但一定要经过分析，我们不能尽信书上所说的。有谁见过真有人成了神仙吗？秦始皇、汉武帝都是吃仙丹望长生，结果呢？所谓仙丹，它的成分，大多是有毒的物质，吃了不但不能长寿，反而会令人中毒死亡啊！"李时珍多次上疏呈请重修本草书籍，无人理睬。一年后，李时珍辞去太医院职务，回到家乡集中精力重修本草。他在书中对当时全国盛行的"炼丹求长生不老"现象，进行了科学分析，明确指出：仙丹多用水银、铅、丹砂、硫磺、锡等炼取，含有毒素，丹药能长寿的说法，决不可信。

李时珍对于职业的选择是源于对自己兴趣的了解；能将"死者医活""活者断死"是因为对自己专业的自信；不信丹术，离开朝廷是对自己初心的坚持。我们在职业选择和生活规划中，不妨借鉴李时珍的智慧。不人云亦云，不随波逐流，而是对自己的兴趣有清醒的了解和认识，对自己的能力有理性的思考和研判，对自己的生活有智慧的抉择和坚持，那我们对人生的把握也就水到渠成了。

二、承古融新，躬身实践

"尽信书，则不如无书"，李时珍就是这样一个不拘泥于医书的医药圣人。李时珍在行医的过程中逐渐发现古代医书中的药名混杂，阅读者往往弄不清药物的形状和生长的情况。在过去的本草书中，虽然作了反复的解释，但是由于有些作者没有深入实际进行调查研究，而是只在书本上抄来抄去，所以越解释越糊涂，以致于矛盾百出，莫衷一是。因此，李时珍认为："读万卷书"固然需要，但"行万里路"更不可少。于是，他既"搜罗百氏"，又"采访四方"，深入实际进行调查。

李时珍遍读医书，拥有扎实的专业积淀。李时珍从随父行医开始，就刻苦精读医药学典籍，无论是《黄帝内经》《伤寒论》等金元四大家的医学名著，还是《神农本草经》《本草经集注》《新修本草》《证类本草》等历代经典药学名著都一一研读，积累下了大量读书心得。自己家的书读完了，他就利用出诊行医机会，从大户人家借。当时蕲州名门郝家有位儒士好医，家里藏有不少名贵医书，李时珍常去借阅。在楚王府和太医院工作期间，他抓住机会阅读了王府和皇家珍藏的医药学典籍。除了为人医病，李时珍把其他时间都用于读书，《蕲州志》称李时珍"读十年书，不出户庭"，指的就是他这一段行医苦读的经历。

随着阅读量的增加和行医经验的不断积累，李时珍发现了古代药学典籍中存在的漏误。例如一种药在不同的书中被误认为不同的药，不同的药在一些书中被认为同一种药，药物的图片与药名不符，药物的分类也需要完善，不少新药书里都查不到。一年，蕲州发生水灾，洪水刚过，瘟疫开始蔓延。这天李时珍正在诊病，一帮人吵吵嚷嚷地拉着一个江湖郎中来到诊所。一个年轻人气愤地告诉李时珍，他爹吃了这郎中开的药，病没见好，反倒更重了。他去找这个郎中说理，郎中硬说药方没错，于是他就把人带来请李大夫给评评理。李时珍从煎药的药罐中抓了把药渣，仔细闻闻，又放在嘴里嚼嚼，告诉大家药里有"虎掌"，这是有毒的植物。江湖郎中给大家看，自己开的药方中并没有这味药，是药房抓错了药。药房按照古药书抓药，书中记载"漏篮子"和"虎掌"为同一种药。不久，又有一位医生为病人开药，用了叫"防葵"的药，病人服药后病情恶化。还有一个身体虚弱的人，吃了医生开的"黄精"补药，莫名其妙地送了性命。原来古药书上，把"防葵"和"狼毒"、"黄精"和"钩吻"说成是同一药物，而狼毒、钩吻毒性都很大。

这一件件令人痛心的事情引起李时珍的思考：医药书籍急需订正和完善，否则医药界以此为凭，轻者耽误治病，重者害人性命。1552年，34岁的李时珍开始正式编写本草书籍，他"渔猎群书，搜罗百氏。凡子史经传，声韵农圃，医卜星相，乐府诸家，无不广为参考"，共阅读本草著作41种，其他医书277种，经史百家书籍440种。

"读万卷书"固然重要，但"行万里路"更不可少。在编写《本草纲目》的过程中，最使李时珍头痛的就是各类医药书籍中的药名混杂。那该如何修正？47岁的李时珍，穿上草鞋，背起药筐，在徒弟庞宪、次子李建元的伴随下，走出书房和医馆，远涉深山旷野，遍访名医宿儒，搜求民间验方，观察和收集药物标本。他们夜宿深山、朝饮露水、饿啃干粮，足迹遍及多省。他们一路为百姓医病，一路虚心向采药人、药商、农夫、渔夫、樵夫、民间医生请教，写下了数百万字的考察笔记，收集了大量民间药方等零散材料，为进一步重修本草积累了丰富的第一手资料。

李时珍实事求是，躬身实践。据传人吃了曼陀罗花会手舞足蹈，严重的还会被麻醉。李时珍为了寻找曼陀罗花，离开了家乡，来到北方。发现曼陀罗花后，他又为了掌握曼陀罗花的性能，亲自服用尝试。他在《本草纲目》中记载："八月采此花，七月采火麻子花，阴干等分为末，热酒调服三钱，少顷昏昏如醉，割疮灸火，宜先服此，则不觉苦也。"曼陀罗花现广泛应用于医学领域，用于麻醉。蕲蛇，又称"白花蛇"，为有毒之品，入药能医治风湿顽痹、惊搐、痉挛、疥癣等症，但市面上能买到的所谓的白花蛇，不是真正的蕲蛇，疗效不好。为了在《本草纲目》中告诉大家真正的蕲蛇知识，李时珍不顾危险，请捕蛇人带他捕捉蕲蛇，观察实验。《本草纲目》中关于蕲蛇的特征、捕捉方法、加工炮制方法以及药效的记载简明准确。

李时珍承古融新，治学严谨。有一味常用的药叫"鲮鲤"，就是穿山甲，陶弘景在《本草经注》中介绍该动物水陆两栖，白天爬上岩来，张开鳞甲，装出死了的样子，引诱蚂蚁进入甲内，再闭上鳞甲，潜入水中，然后再张开鳞甲让蚂蚁浮出，吞食。为了校验该说法的准确性，李时珍亲自上山观察，解剖穿山甲。他在《本草纲目》中记载："鲮鲤状如鼍而小，背如鲤而阔，首如鼠而无牙，腹无鳞而有毛，长舌尖喙，尾与身等。尾鳞尖浓，有三角，腹五内腑俱全。而胃独大，常吐舌诱蚁食之。曾剖其胃，约蚁升许也。"纠正了前人文献中的错误。一次在一个驿站，李时珍遇见几个替官府赶车的马夫，他们围着一个小锅，煮着连根带叶的野草，李时珍上前询问，马夫告之，他们赶车人整年累月地在外奔跑，损伤筋骨是常有之事，如将这药草煮汤喝了，就能舒筋活血。李时珍经过验证，在《本草纲目》中增加了这味药草——"鼓子花"，又称"旋花"，有益气续筋之用。

李时珍在医治患者的同时，也启迪了我们。他大医精诚的职业道德，他书考八百余家的广泛积累，他躬亲实践的认真精神，他实事求是的科学态度，他以身试药的严谨做法，他三十年如一日的坚定意志，他拜师乡野的谦逊品格，他继承发展的研究方法，他突破前人的创新勇气……李时珍所有之品质，正是一个人想在专业上不断成长所不可或缺，甚至是必然需要的。

三、立万世言，恩泽世人

古人称中药为"本草"，大量关于中药的著作均以本草命名。前人的医药著作均由朝廷组织人力物力来修撰，李时珍却凭借一己之力，投入毕生精力，修撰本草。他夙兴夜寐、读万卷书，遍访四方、行万里路，克服困难、立万世言。

《本草纲目》经27年成，李时珍书考800余家，3次易稿，写成《本草纲目》52卷。全书收药1892种，附方11096则，附图1109幅，共190万字。1573年，《本草纲目》初稿完成，李时珍没有休息，前后完善了3次。1578年，《本草纲目》编撰完成，这一年他60岁。《本草纲目》吸收了历代本草著作的精华，尽可能地纠正了前人的错误，还补充了不足和许多重要的发现、突破。

　　《本草纲目》既是药学巨著，又包含医学内容，是医药结合的宝典。李时珍补充了新药、百病主治药、药方、医案和医话。《本草纲目》比较《经史证类备急本草》新增药物374种，这些新增药物，有一些已成为今天的常用药，如土茯苓、半边莲、淡竹叶、樟脑等；《本草纲目》卷3、卷4为"百病主治药"，以"病原为纲，列主治药物为目"，共列113项病症，每项病症下面列举数种乃至数十种主治药物，以供医者临症选用，按病查药，"百病主治药"促进了医药结合，相当于一部临症用药手册，一部中医临床重要参考书；《本草纲目》中新增来自民间的"单方"、临床应用有特效的"验方"和民间祖传"秘方"8000余个，这些药方具有极大的实用价值，有些方剂至今仍是制造各种中成药的依据；李时珍把自己多年行医中具有特色的成功医案均记载下来，《本草纲目》中保留了部分医案，每条医案都是理、法、方、药的具体应用，许多医案被后世传为经典；医话是医家认真记录下来的心得，《本草纲目》中记录了李时珍阅读医书的体会、临症治疗的感悟、对前人医案的评论及完善建议等医话百余条，对于后人临症诊治具有很大参考价值。

　　《本草纲目》总结了本草基本理论。凭借多年临症经验和本草研究，李时珍认为良医必须是随症施药，研究药物学必须具备相应的医学知识。在《本草纲目》中他特地编撰"序例"两卷，对《神农本草经》《名医别录》《雷公炮炙论》《新修本草》等41种本草著作加以总结和评价，对中药理论进行系统整理。从本草学角度，他引导人们研究药物的采集、修治方法，了解药物的性味、归经及改变药性的方法，注意相反诸药及各种药物的禁忌等；从医学角度，他引导人们紧密地结合药物的基本特性，正确地辨症施治，论述用药的基本原理。

《本草纲目》建立了药物分类纲目体系。分类是科学研究的重要任务，分类使药物研究体系化。李时珍打破了自《神农本草经》以来，沿袭了一千多年的上、中、下三品分类法，从《本草纲目》的名称，就可以了解李时珍对药物进行分类的方法——"以纲代目，纲举目张"。李时珍把1892种药物分为16部，其名称和顺序是：水、火、土、金石、草、谷、菜、果、木、服器、虫、鳞、介、禽、兽、人。这种分类方法从无机到有机，从低等到高等，基本符合进化论观点。每部之下再细分若干类，各类中将许多同科属生物排列在一起。这样知道药物的名称就可了解其所属部类；掌握了部类，也易于检索药物。这种分类方法是现代生物分类学的重要方法之一，解决了药物分类与检索问题，使其"博而不繁，详而有要"，比现代植物分类学创始人林奈的《自然系统》早了一个半世纪。

《本草纲目》纠正了历代本草之偏误。李时珍对过去本草书籍中的错误——将两药误为一物者，如葳蕤与女萎；一物而误为两药者，如南星与虎掌；品种混淆不清者，如百合与卷丹；药用部位不准确者，如五倍子误认为果实；药物归类不当者，如将生姜、薯蓣列为草类等，予以一一澄清更正。李时珍虽然反对服食仙丹，却以科学的态度应用炼丹方法，研制水银医治疮疥等病，用炼金术烧制外用药物。

《本草纲目》集成了多学科知识，达尔文赞誉此书为"中国古代的百科全书"。

此书虽为中药学专书，但涉及范围广泛，对植物学、动物学、矿物学等内容亦有很多记载。《本草纲目》不仅为中国药物学的发展做出了重大贡献，以其科学性和实用价值在世界药物学、医学、植物分类学和生物学领域也占有重要地位。王世贞称它为"格物之通典"，达尔文在创作其著作《物种起源》时曾多次引用《本草纲目》中的内容。

　　《本草纲目》出书过程历经磨难。该书编撰完成之后多年，李时珍赴黄州、武昌、南京多地，联系刻印之事，皆失望而归。他晚年居家，一边继续行医为百姓诊病，一边多方求助，希望凝结自己毕生心血的著作早日面世，发挥社会效用。1590年，完稿12年的《本草纲目》终于在金陵藏书家胡应龙的支持下，开始刻版。30余年的辛劳，总算得遇知音。可惜这种喜悦来得太晚，不久李时珍就病倒，在1593年病卒于家中，临终未能见到自己写就的著作问世。弥留之际，李时珍嘱咐儿子李建元，一定要将刻印好的《本草纲目》进奉给朝廷。李时珍去世后3年即1596年，《本草纲目》在南京刻印完成。

　　《本草纲目》对世界医学界产生了诸多积极影响。首先，促进了我国本草学的进一步发展。倪朱谟的《本草汇言》、赵学敏的《本草纲目拾遗》、黄宫绣的《本草求真》等，均是在李时珍的学说启示下而著成的。随着国际间的文化交流，《本草纲目》很快流传到日本、朝鲜、越南、印度，作为医学书籍被翻译、翻印、学习。其次，《本草纲目》在欧洲和美洲的传播，对西方科学产生了一定影响，欧洲最著名的植物学家林奈也对李时珍的植物分类法大加推崇，英国科技史学家李约瑟博士称赞李时珍为"药物学界之王子"。《本草纲目》2008年被列入我国第一批《国家珍贵古籍名录》，2010年入选《世界记忆亚太地区名录》，2015年国家出版基金项目之"医药卫生类"中第一个项目就是《本草纲目研究集成》。

　　明代文学家、史学家王世贞为《本草纲目》写序，称赞道："博而不繁，详而有要，综核究竟，直窥渊海。兹岂仅以医书觀哉，实性理之精微，格物之通典，帝王之秘录，臣民之重宝也。"

　　本草凝天地之灵韵，良方聚古今之智慧，医者创生命之传奇。李时珍是中华民族的骄傲，他的一生，为民族的医药事业做出了伟大的贡献；《本草纲目》是世界文化的瑰宝，时至今日它仍是中医从业者学习与诊疗的参考书籍，替李时珍以另一种方式继续悬壶济世、泽被后人、千古流芳。

○ 李 波

他为什么被誉为『中国近代科学先驱』

——中国中西方科技交流第一人徐光启

上海有个地方叫"徐家汇"，但很少有人知道这个地方与一位历史人物有关，他就是徐光启。"徐家汇"就是因徐光启后人聚居于此而得名的。

徐光启之所以值得被这样铭记，是因为在他去世的几百年后，他的贡献还依旧影响着人们生活的方方面面。我们现在所熟知的"点""线""面""平行线""对角线"等用语，就是徐光启在翻译《几何原本》中定下来的；他编撰的《农政全书》，包含农业政策、果木种植、救荒备荒、设备改造等门类，曾在启蒙运动中，受到欧洲国民的狂热追捧；我们现在之所以能够吃到甘薯，很大程度上是因为徐光启的改良推广；他编撰的《崇祯历书》，引进了"地球"和"经纬度"的概念，在成书后的几百年时间中，书中提到的理论与方法一直为人们所应用。即使生活在今天现代文明社会的我们，也会对徐光启远远超越他所处时代的惊人成就赞叹不已。

在400多年前的中国，徐光启以传统士大夫身份，接受外来思想挑战，努力学习、传播西方新知识、新思想，著作等身，将中国多领域科学研究水平提升到新的高度。面对徐光启仁爱奉公的家国情怀、研究西学的开放态度、大胆改革的探索精神和学以致用的优良学风，我们不应仅仅是赞叹和钦佩，更应该虚心学习和努力传承。

一、家国情怀，明志富国强兵

徐光启生活在明朝末年，当时中国内忧外患，他富于爱国热忱，希望利用科学技术帮助国家富强起来，使人民过上安居乐业的生活。他少年时在龙华寺读书，一天馆师外出，他与同学玩耍且各言其志。有的说："我欲为富翁。"有的说："我欲为道士。"徐光启则说："是皆不足为也。论为人，当立身行道，治国治民，崇正辟邪，勿枉为一世。"成年后的他曾写信给恩师焦竑，发肺腑言："时时窃念国势衰弱，十倍宋季，每为人言富强之术。富国必以本业，强国必以正兵。"

农业是富国之本业。徐光启出生时，由于倭寇连年入侵中国东南沿海，徐家家业已日渐衰落。徐父弃商务农，祖母和母亲靠纺织添补家用，一家人寄厚望于徐光启。他聪颖勤奋，功课出类拔萃，学习之余也会帮家里做些农活，帮母亲做些家务。1581年徐光启考中秀才，开始担任家庭教师，接触了大量科学书籍。1597年徐光启以第一名的成绩考中举人。1604年考中进士，成为翰林院庶吉士，继续进修学习3年。这时的徐光启有了固定薪俸，完成进修功课之余，他将全部精力用于阅读科学书籍。

坎坷的生活经历、广泛的阅读、丰富的阅历，使得徐光启极其关注社会生产实践。他行走于浙江、江西、广东、广西多省，沿途注意观察各地农业、水利，做了大量笔记。他在著作《农政全书》中回忆说："余生财赋之地，感慨人穷，且少小游学，经行万里，随事咨询，颇有本末。"徐光启在翰林院馆课《拟上安边御虏疏》中提出"农者生财者也"的观点，他认为要想富国，必须发展农业生产。他对于农事农学的研究，投入时间精力最多。

征兵是强国之途径。徐光启对军事有强烈的兴趣，这来自童年的经历。那时他的故乡屡遭倭寇蹂躏，民不聊生，他的家人也饱受流离之苦。倭寇的残暴，国家的贫弱，激发起他对倭寇的仇恨和对国势衰败的感愤，因而他时览兵书。在翰林院的馆课中，他就提出了"富国强兵"之策，并且围绕"富国强兵"开展科学研究，针对北方边防、对日贸易、边地开垦、宗禄改革等写出切中时弊、倡言经世的论文，如《海防迂说》《拟上安边御虏疏》《处置宗禄查核边饷议》等。

虽然致力于军事理论的科学研究，但徐光启并不仅仅纸上谈兵，他求精责实，对于练兵、造器、守城等均可实操实战。明朝晚期，东北地区的女真族势力不断壮大，努尔哈赤建立了后金政权，1618年兴兵南犯，攻占明朝东北重镇抚顺和清河，明军大败。针对当时战事，徐光启三次给皇帝上疏，表达自己忧国忧民的拳拳爱国之心，提出五条措施：亟求真材以备急用，亟选实用器械以备中外战守，亟行选练精兵以保全胜，亟造都城万年台（炮台）以为永久无虞之计，亟遣使臣监护朝鲜以联外势。次年徐光启被任命为詹事府少詹事兼河南道监察御史，在通州负责督练新军。

在通州期间，徐光启制定了科学的选兵、练兵计划。他选兵以"勇、力、捷、技"为标准，精求可用之兵；训练要"求精责实"，注重实效，各项训练内容考核标准明确，按士兵考核成绩调整职级和薪饷。但此时朝中奸臣当道，小人百般刁难，徐光启要兵没兵、要饷没饷、要兵器没兵器，他不得不把选练"胜兵"的计划从10万人减到2万人，最后减到4655人。徐光启的练兵计划虽因层层阻挠而告失败，但也产生了一些积极的效果，经过他训练的新兵在辽东战场作战，显示出了顽强的战斗力，新兵队伍远比一般的明朝军队出色。在练兵过程中，徐光启写下了许多练兵、治兵的文章和奏疏，汇刻为《徐氏庖言》。他又总结练兵过程中的经验、规则、诀窍等写成《选练条格》《兵机要诀》等著作，为中国传统军事学留下一份宝贵财富。

工欲善其事，必先利其器。在理论研究和练兵实践中，徐光启还研制了各种先进兵器。由于对科技的一向关注，徐光启敏锐地认识到新式火器必将对传统兵器提出挑战。他开始研究火炮，并上疏给皇帝，提出"建立附城敌台，以台护铳，以铳护城，以城护民；建立由重车、铳车和盾车组成的军营，装备铳炮，以车卫铳，以铳击敌"等一系列建议。在军队装备建设上，他主张适当引进和自行制造相结合，长短兵器、轻重武器要协调发展、合理配置。针对西洋武器的特点，他设计和制造出了一系列能与西洋铳炮等武器相匹敌的中式武器。

1629年，金兵突然攻至京城德胜门，时任礼部左侍郎的徐光启正组织历法修订工作，崇祯皇帝命徐光启协助武将负责守城工作。徐光启奔走在训练场、城楼，负责守城士兵的训练和火炮制造工作，昼夜在城、饥渴俱忘、风雨不避。金兵攻城失败，京城解危，徐光启因守城有功，被升任为礼部尚书兼翰林院学士。总结这次守城成功经验，徐光启编写了《火攻要略》和《制火药法》，介绍了新式火器的构造及使用方法、胜敌之道，介绍了炼硝、炼硫和制炭的新方法，还介绍了火铳（粗药）、鸟铳（细药）和火门药方等。

徐光启富国强兵的努力，让我们看到了他视国为家，以天下为己任的家国情怀。国力孱弱，人心无处安放，个体命运如惊涛中的扁舟，随时可能覆灭；国家强盛，众志成城，个体才终有归处。从家到国，从恋家到爱国，传统的家国情怀，依然是我们这个时代最重要的情怀。

二、大胆探索，坚持经世致用

徐光启直至中年才步入仕途。虽然官位逐步提升，常有经世伟略，但时逢晚明宦官干政，他因此屡屡受到排斥。但他坚持不懈，围绕社会政治、国计民生等问题，致力于科学研究，并坚持理论联系实际，用理论指导实践，是真正务实笃行的实干家。

（一）躬身实践，编纂《农政全书》

《农政全书》是徐光启多年坚持研究和实践的结晶。书中普及甘薯种植，解决了救灾度荒问题。1607年徐父病逝，徐光启需离职回上海守孝三年，恰逢江南水灾，百姓饥荒，他开始试验种植高产粮食农作物。他了解到福建出产一种叫甘薯的作物，产量是稻子、小麦的数倍，他开始在上海试种，经过反复试验，最后采用窖藏保温、铺稻草防湿、在霜降前收种以避冻、在清明前下种等方法，终于试种成功。他把自己的试验所得写成《甘薯疏》一文，文中系统介绍了甘薯传种、时令、土宜、耕治、栽种、剪藤、施肥、采收等栽培要求，并从甘薯的生长特点、性能及食用方法、副食利用等不同角度加以总结，预言甘薯可以在黄河以北种植。《甘薯疏》流传极广，甚至传到日本、朝鲜。甘薯成为农民救灾度荒年最好的高产粗粮作物。

"南粮北种"，解决北方粮食问题。明朝一直以北方为政治中心，京师和军队需要的大量粮食要通过漕运从南方运来，这给国家财政带来了巨大的负担。与此同时，西北方却有着广阔的荒地闲置，彻底解决南粮北调问题一直是徐光启的夙愿。1613年到1618年间，由于朝内阉党当道，排斥异己，徐光启第二次被迫离职赋闲。他利用这段时间到天津开垦荒地，在北方进行水稻及其他南方高产粮食和经济作物的种植试验。在天津种植水稻，首先要解决的就是"旱地用水"问题，他结合自己之前的研究成果，在荒地上开筑河道、修堤岸、造水车，反复试验，又针对不同土壤施肥问题，多次尝试、仔细观察、认真记录，总结出因地施肥的规律。经过他三年的辛勤付出，水稻在天津试种获得丰收，彻底解决了旱地和滨海盐碱地种植水稻的水利灌溉问题、施肥问题。徐光启在天津种植的水稻，经过一代又一代的不断培育，形成"小站稻"良种。他又播种了数百亩的小麦、豆类，栽桑养蚕，还试种了不少南方的花卉，引种各种药用植物，广泛开展"南粮北种"农业试验。他记录了大量的试验笔记，并将研究所得写成《宜垦令》《北耕录》《粪壅规则》等著作。上海和天津，一南一北，两个不同地区的农业实践，使徐光启对农业科学的研究更具有普遍意义。

徐光启在多年研究和实践的基础上，完成了中国第一部农业百科全书《农政全书》。因不肯依附魏忠贤，1625年徐光启受到"冠带闲住"的处分，他利用这段赋闲时间，全心整理多年农业研究所得，撰写《农政全书》，于1628年正式完稿。全书共60卷，分为农本、田制、农事、水利、农器、树艺、蚕桑、蚕桑广类、种植、牧养、制造、荒政12目，50余万字。该书按内容大致上可分为农政措施和农业技术两部分，前者是全书的纲领，后者是实现纲领的技术措施。该书用一半篇幅论述开垦、水利、荒政等内容，这不同于以往其他大型农书。书中新增"荒政"一目，对历代备荒的论证、政策作了综述，对水旱虫灾作了统计，对救灾措施及其利弊作了分析，并附草木野菜可充饥的植物414种。《农政全书》旁征博引各种文献共计225种，汇集了中国古代农书的精华。在该书中，徐光启创新应用历史大数据分析方法，对历代文献中记载的110次蝗灾的发生时间按月统计分析，总结出蝗灾的多发期是在夏秋之间；他又根据文献记载和自己的调查研究，判断蝗虫的孳生地是在有时干涸有时有水的地方。他据此提出蝗虫的灭治方法，主张根据蝗虫不同的生长阶段——成虫期、幼虫期、虫卵期采取不同的措施灭虫，提出从消灭虫卵入手的治本方法。可以看出，徐光启采用的研究方法和近代自然科学强调的实证方法有相近之处。正如竺可桢所言："原光启之所以在若干方面料事如神者，没有别的原因，只是他能以近代科学方法应用到处事接物方面。"

（二）老而弥笃，主持历法修订

历法是根据天象变化的自然规律，计量较长的时间间隔，判断气候的变化，预示季节来临的法则；是为了配合人们日常生活的需要，根据天象制定的计算时间的方法。中国古代天文学史，从一定意义上来说，就是一部历法改革史，从古到今中国使用过的历法就有一百多种。科学愈发达，测试手段愈先进，历法就愈科学。

明代一直沿用元代郭守敬的《授时历》，由于长期未修订，历法中的误差越来越大。1629年崇祯皇帝下令，由时任礼部左侍郎的徐光启全权负责，督领历法修订事宜。徐光启在给皇帝的上疏中提出了修订立法的目标："上推远古，下验将来，必期一一无爽；日月交食，必期事事密合；又须穷原极本，著为明白简易之说，使一览了然。"可见徐光启对修订历法的严谨态度和便于使用的价值追求。

历法修订工作涉及天文气象、水利测量、制造、建筑、机械力学、数学等众多学科领域，徐光启开始广集人才组建历局、制造天象观测仪器、翻译西方历法、观测、计算、实验校勘。他不顾近70岁高龄，一切亲力亲为。遇到有日食、月食，他不仅预先布算，还亲自到观象台观察勘验。在一次实验时，他失足跌落台下，腰膝受伤，但仍旧坚持带病工作，可谓"老而弥笃，孜孜不倦"。

历经4年，历法修订完成，其46项研究成果形成共137卷的《崇祯历书》。全书分节次6目和基本6目，前者是关于历法的，后者是关于天文学理论、天文数学理论和天文仪器的。该历书吸收了当时西方先进的天文学和数学思想，参考了从古希腊到17世纪初欧洲重要天文学著作中的成果，引进了欧洲天文学知识、计算方法和度量单位。例如书中采用第谷的宇宙体系和几何学的计算体系，引入圆形地球、地理经度和地理纬度的明确概念，运用球面和平面三角学的准确公式，使用欧洲通用的度量单位，分圆周为360°，分1日为96刻24小时，度、时采用60进位制等。《崇祯历书》是我国第一部吸收西方天文学知识，对中国传统历法进行改革的专业性天文学著作。

正所谓"治历明农百世师，经天纬地"，《农政全书》和历法修订的完成是徐光启"农业是衣食之源，国家富强之本"农政思想的体现，也是功利千秋的伟业。之后的世代中华儿女，包括今天的我们都从中受益无穷。徐光启严谨求实、注重实践的科学精神，爱国爱民、经世致用的精神品格，不仅应该成为徐氏的家规家训，更应成为所有有识之士的行动准绳。

三、有容乃大，会通中西文化

从明朝晚期开始，西方伴随着文艺复兴、地理大发现和宗教改革，科技进入快速发展阶段。随着传教士在中国相对自由的活动，西学即欧洲科技文化在中国的传播进入高潮。徐光启开始接触西方的天文、历法、算学、水利等知识，这令其眼界大开。

1596年，徐光启与西方文明第一次接触。徐光启在广东韶州教书时，见到了意大利传教士郭居静。在西方传教士处，他第一次见到了世界地图，第一次知道了中国之外竟有那么大的一个世界；第一次听说地球是圆的，有个叫麦哲伦的西洋人乘船绕地球环行了一周；还第一次听说意大利科学家伽利略制造了天文望远镜，用它能清楚地观测天上星体的运行。所有这些，对他来说，都是闻所未闻的新鲜事。徐光启为把这些先进的科学知识介绍给国人，开始了翻译的工作。

（一）翻译西方数学名著《几何原本》

我国古代数学源远流长，然而进入明朝后，许多数学成果没有被继承下来，更谈不上发展了，原因正如徐光启在《刻〈同文算指〉序》中所述："算数之学特废于近代数百年间尔。废之缘有二：其一为名理之儒士苴天下实事；其一为妖妄之术谬言数有神理，能知往藏来，靡所不效。卒于神者无一效，而实者亡一存，往昔圣人所以制世利用之大法，曾不能得之士大夫间，而术业政事尽逊于古初远矣。"

1600年春在南京，徐光启初次见到利玛窦，二人谈得十分投机，他热情称颂利玛窦："以为此海内博物通达君子。"在和利玛窦学习西方科学知识时，徐光启接触到古希腊数学家欧几里得的《几何原本》。徐光启从书中认识到逻辑推演方法的重要性，认为这将成为一种新的思维工具，使人们对事物的观察不再局限于表面现象，然后发现事物的"所以然之故"，理解事物的内部联系和发展规律。

1606年秋天，年已45岁的徐光启，开始和55岁的利玛窦合作译书。他每天到利玛窦的住处，两人一起工作十三四个小时，一边学习，一边翻译，呕心沥血，日夜操劳。即使只一个词的翻译，为了准确，他也要反复推敲。"几何"这个词，就是他根据英语的音和义翻译出来的。费了一年多的工夫，经过三次易稿，徐光启终于用流畅的文笔译完前6卷，将之命名为《几何原本》。现在我们几何学中所涉及的术语名词，皆来源于此书。

该书是我国最早翻译的西方数学著作。因为没有相应词表可以对照借鉴，所以需要翻译者有扎实的数学知识、严谨的科学态度和创新的思维做支撑。在翻译过程中，徐光启创造的几何名词术语十分切合数学意义，至今仍在沿用，如：点、线、面、直线、平面、曲面、垂线、直角、锐角、钝角、直径、四边形、多边形、平行线、对角线、相似、外切等。《几何原本》中严密的逻辑推理方法，对后世中国数学及科学研究产生了深远影响。该书成为我国近400年间的唯一定本，直到1990年第二译本出版前，它一直是我国数学研究和教学的主要参考著作。正如梁启超在《清代学术概论》中对《几何原本》译本的评价："字字精金美玉，是千古不朽之作。"

（二）翻译西方水利名著《泰西水法》

民以食为天，水利为农之本，无水则无田。自古以来中国人十分重视水利设施的修建，在《素问》《周髀》《考工》等著作中就介绍了桔槔、翻车等取水工具，这些工具大多采用人力、畜力。近代以来，西方水利知识和技术快速发展，包括水利器具以及水库的建造，其中龙尾车、玉衡车、恒升车等诸种水利机械基于近代物理学、数学、机械学的发展而制作，由机械操作代替人工和畜力，效率高。面对西方先进的水利知识和技术，徐光启决计将它们介绍到中国。

1611年，徐光启开始和意大利传教士熊三拔一起翻译《泰西水法》。这次翻译不是照本直译，而是结合我国原有的农业水利，只选其中适用的或者比我国先进的部分译出，并且边翻译边制作相应器具，开展水利实验。将制器和实验的方法都详细记录下来，这是结合科学研究的创造性翻译。次年《泰西水法》翻译完成并刻版，全书6卷，前4卷讲取水、蓄水方法，第5卷讲水质、水理，第6卷为图示，详细绘制了水利器具、水库等设计制造图。此书的出版适应了当时中国农业生产发展的需要，许多人士慕名前来参观、学习水利器具制造方法，一度门庭若市。著名历史学家张维华在《明清之际中西关系简史》一书中对《泰西水法》中译本有如下评价："西学言制作之术者，此书为第一部。"该书促进了中国水利技术的发展，提高了农业产量。

徐光启的博学多才让我们钦佩不已，更让我们叹服的是他学习西方的远见卓识。一个人因为虚心向学会成就自己，一个时代因为开放包容会成就盛世，一个民族有容乃大会成就文明，这是我们应该从徐光启身上继承的最珍贵的财富。

徐光启在科举之路上奋进了23年，直到43岁才考中进士，算是"大器晚成"，这个"大"字，在徐光启身上体现得淋漓尽致。他爱国如家，胸怀可谓大；他经世致用，格局可谓大；他汇通中西，视野可谓大。这样的徐光启，正如上海光启公园的石坊对联所言："治历明农百世师，经天纬地；出将入相一个臣，奋武揆文。"他身上值得我们学习和传承的东西岂是这一篇文章能够穷尽的。

他为什么被誉为『中国铁路之父』

——中国近代铁路工程专家詹天佑

○ 赵颖

铁路作为现代交通工具，被称作国民经济的大动脉，在国家的发展与建设中起着举足轻重的作用。近代以来，中国铁路努力奔跑，追梦前行，我国已经建成了全世界最现代化的铁路网和最发达的高铁网，在总里程和运营水平上都达到了世界的先进水平。中国的铁路修建技术一直让国人骄傲，也让外国人惊叹。当你站在祖国版图前望着纵横交错的铁路网时，你可知道一个世纪前这些都只是个梦想？而他——詹天佑，就是中国铁路建筑史上为此梦想开路的第一人。

詹天佑生于1861年，卒于1919年，广东南海人，11岁留学美国，是中国近代铁路工程专家。他在晚清封建时代不懈地引进西方学术，培养了大批中国工程技术人才，还制定铁路工程及运输标准，维护中国路权。1905—1909年，詹天佑主持修建中国自主设计并建造的第一条铁路——京张铁路，这是他最著名的杰作，也是中国铁路建设史上最伟大的一座里程碑，他创造性地运用了"竖井开凿法"和"之"字形线路，成效斐然，震惊中外。

一个世纪前，詹天佑坚毅地带领中国建筑工人，用钢的手臂，铁的墨汁，写下一个大写的"人"字，铺就了第一条中国人自己设计建造的独特的铁路干线。周恩来总理曾高度评价他的功绩，说"他是中国人的光荣"。李四光说："詹天佑先生领导修建京张铁路的卓越成就，为当时深受侮辱的中国人民争了一口大气，表现了我国人民伟大的精神和智慧，昭示着我国人民伟大的将来。"今天，我们在享受现代铁路带给我们的便捷的同时，再来重温詹天佑在祖国惨遭蹂躏、国人倍受欺凌的时代的抗争和努力，希冀从中获得鼓舞和力量。

一、鸿鹄之志——立志报国，刻苦求学

詹天佑生活在清朝末年，是中国近代最早的留美幼童学生。他11岁就离乡背井，与他的29名小伙伴一道，奔赴遥远的美国留学。

清朝时期，闭关锁国的国策使中国的综合国力与世界上其他国家的差距越来越大。1840年在西方列强用坚船利炮轰开清政府大门之时，有识之士开始睁眼看世界，许多仁人志士四处奔走，寻求救国富强之路。中国近代首次留学运动在著名爱国者与改革家容闳的发起与倡导下开始了，清政府先后派出四批共120名幼童赴美国留学。这批孩子出洋时的平均年龄只有12岁，詹天佑就是这批中国最早的官派留学生中的一位。

詹天佑6岁读私塾，学习了一些中国传统文化知识。但他对"四书五经"和"八股文"没有多大兴趣，反而对机器充满了好奇心，从小对螺丝、齿轮、发条之类的东西情有独钟。1871年，11岁的詹天佑报名参加"选送幼儿出洋肄业"的招生工作，私塾功底极好的詹天佑顺利通过笔试面试。不久，他与其他被录取的幼童一道，前往上海，进入刚开办的"留美预备学堂"受训，开始进行赴美留学前的各种预备性质的学习与强化训练。就这样，他跟随中国近代第一次留学运动的浪潮，开始了他远涉重洋的学习历程。

1872年8月，詹天佑等30名留学幼童从上海港出发，横渡太平洋，历时约一个月到达美国。一路奔波，他们不仅看到了异国神奇而美丽的自然风光，更重要的是，他们还第一次亲身看到与触摸到西方正迅速发展的近代资本主义大工业文明，其中包括他们第一次看到的铁路、第一次乘坐的火车。当詹天佑看到乌黑发亮的铁轨像长龙一样蜿蜒，毫无阻挡地穿过深山隧道，穿过大河，穿过原野，喷着蒸汽，鸣着汽笛，风驰电掣般飞奔的时候，他大为振奋。到达美国后，詹天佑先后在威士黑文小学和纽黑文希尔豪斯中学学习。1878年，詹天佑以全优的成绩中学毕业，他的学习成绩名列全校第二名。同年他就被美国耶鲁大学土木工程系录取。

詹天佑亲眼目睹了北美西欧科学技术的巨大成就，对机器、火车、轮船及电讯制造业的迅速发展赞叹不已。他怀着坚定的信念说："今后，中国也要有火车、轮船。"美国耶鲁大学土木工程系，分为房屋、道路、铁道、隧道、桥梁等专业，詹天佑在铁路专业学习。他大学期间刻苦钻研，两次获得耶鲁大学数学第一名奖金。1881年，他以优异的成绩毕业，毕业论文是去纽黑文港口调查后所写的《码头起重机研究》。此时，国内顽固派正得势，他们对"幼童出洋"计划十分不满，加以攻讦、破坏，清政府即命令，留学生全部撤回。詹天佑留学9年后回国，是当年归国的105名留美学生中仅有的两位学士学位获得者之一。

留学的经历让詹天佑看到了外面的大千世界，感受到了工业文明的进步；勤奋的学习让詹天佑积累了丰富的知识，奠定了他研发创新的基础；报国的信念让詹天佑确立了科技兴国的理想，坚定了振兴铁路的决心。

二、腾飞之路——艰难起步，建路报国

1825年，世界上第一条铁路在英国诞生，十年后，铁路知识就传入中国了。此后，中国铁路在封建、专制、侵略下挣扎发展，走过了一段非常曲折漫长的道路。詹天佑是中国第一位铁路工程师，先后主持修建了新易铁路、京张铁路、京绥铁路、粤汉铁路、汉粤力铁路和华中铁路等。在中国铁路发展的艰难岁月里，詹天佑开始了他的铁路生涯，在他从事铁路建设的三十余年里，他奋发图强、不畏艰险、勇

于创新、一路探索，为中国铁路发展留下了浓墨重彩的一笔。

第一，中国铁路起步艰难。铁路的引进是伴随着帝国主义列强的侵略进行的。因而修建铁路的过程，对中国人民来讲，是一个屈辱和痛苦的过程。关于修建铁路，在清朝统治集团内部，洋务派和顽固保守派之间有过很多论争。这一时期的中国铁路建设史就是一部辛酸史：建好就拆，还独创马拉火车，一出出闹剧呈现出的是中国铁路建设的艰难。

1895年中日甲午战争失败以后，中国开始小规模修建铁路。到1911年前后，全国建成铁路9300多公里，主要有关内外铁路、京汉铁路、津浦铁路、沪宁铁路、胶济铁路、京张铁路和东清铁路等干线，东北、华北、华东初步建成铁路运输骨架。对此，詹天佑做出了巨大贡献。

第二，参与修建关内外铁路及滦河大桥。1888—1903年间，詹天佑参加关东铁路修建，主持修建了滦河大桥、津卢铁路、关外锦州段铁路和从沟帮子到营口的支线铁路等。在这16年的岁月中，詹天佑完整地学到了修建铁路的工程技术和工程管理经验，成为一位经验丰富的铁路工程师。

最著名的是滦河大桥的修建。西方列强在清朝时期修建山海关的津榆铁路时，途中需建造一座跨过滦河的铁桥梁，在英国、日本和德国工程师几经失败后，这个重任落在詹天佑肩上。詹天佑对地质情况进行深入分析，决定改变桥梁的桥墩建造位置，首次使用"空气沉箱法"对桥墩进行处理操作，成功地将桥墩稳固住，修建滦河大桥因此获得成功，得以如期完成桥梁建设。由于詹天佑在铁路工程中的出色成就，1894年，英国工程师学会选择将他吸纳入会。

第三，主持修建京张铁路。京张铁路是中国首条不使用外国资金及人员，由中国人自行设计、投入营运的铁路。这条铁路的设计总工程师就是詹天佑。这是我国铁路建设的一座最伟大的里程碑。

京张铁路，长约201.2公里，自北京丰台柳村站开始，经西直门、清河、沙河到南口进入关沟段，穿越居庸关，到达青龙桥，经过最著名的"之"字折返线，然后到达康庄，奔向平坦的塞外，过土木堡、沙城，经宣化到达张家口。京张铁路是联结华北和西北的交通要道，具有重大的经济、政治、军事意义。英国等帝国主义国家早就垂涎欲滴，想夺取这条铁路，进而控制我国北部。而且这条铁路路程环境艰险，为当时世界上所少见。帝国主义分子认为中国人根本不可能完成这项艰巨工程，他们胡言乱语之后，都在等待詹天佑的失败，好出面夺取京张铁路的建造权。

面对重重困难，詹天佑首先对这条铁路所经地区成路前的社会经济概况详加调查，又对成路后的地区发展前景仔细分析和预测。其次，在选线和工程设计中，他始终贯彻从大处、远处着眼，从细处、近处着手的做法。同时，詹天佑精心组织管理，将京张铁路分为三大段，每大段划分为若干分段，明确各级中国工程师的责任和职权范围。"上自工程师，下至工人，莫不发奋自雄，专心致意，以求达其竣工之目的。"另外，詹天佑还加强了对施工质量和施工进度的考核检查力度，保证了各段工程按期保质保量地完成任务。

京张铁路1905年9月开工修建，1909年全线竣工，用时不满四年，比计划时间提前了两年，比计划投资节余白银28万余两。对于当时的中国人而言，京张铁路工程的成功，意义远超铁路本身，它大大振奋和提高了中国人的民族自信心。

第四，探讨创新工程技术。修建京张铁路时，詹天佑在其他工程技术人员的配合下，精心设计和成功实施了一系列创造性筑路、开洞方案。如南口—关沟段，仿照美国山区铁路干线采用"之"字形方案。在青龙桥站采用"人"字形爬坡路线，从南口至该站运用33%的最大坡度，采用两台大功率机车推挽列车的方法，列车从南口爬上青龙桥站后，头尾改变方向，由原来后推机车牵引，前拉机车推送进入八达岭隧道向岔道城开去。采用了这些方案，大大缩短了隧道的长度，避免了铁路坡度过陡带来的问题，减少了铁路长度和弯道，预防了列车失控溜逸会造成的重大事故，保证了列车的安全和速度。詹天佑在保证施工质量的前提下，土洋结合、因地制宜、就地取材，大大降低了线路建设成本，加快了工程进度。

第五，维护我国铁路修筑权利。清末，政府腐败、财力枯竭，我国经济发展落后，工业基础薄弱，因此铁路修建不得不依赖于外国。帝国主义列强从掠夺我国修路权下手，进而掠取铁路沿线矿山开采权、内河航运权、经营商业权及派驻军队权，从经济到政治侵略并瓜分中国，此即帝国主义者奉行之"铁路灭国"法。

为防止各国利用材料设备购置权，向我国倾销其本国产品，詹天佑组织召开会议，通过议案，制定办法，严定工程标准，由督办直接决定在国外招标定购事宜。这也是我国近代建立国际招标定购竞争机制的先声。

为维护我国工程师的工作地位，他制定了中国工程师的工薪标准不低于同级外国工程师的规定，这不仅保障了中国工程师的合理收入，鼓励中国工程师发挥创造才能，更重要的是，从制度规定上扭转了中国工程师受外人歧视的局面，维护了民族尊严。

1919年，第一次欧战结束，詹天佑作为中国政府代表出任协约国"联合监管远东铁路委员会"辖下技术部委员，主持进行对俄国远东铁路包括中国境内部分铁路即中东铁路的监管技术工作。他冒着严寒参与远东铁路国际会议，最终取得了保护中国中东铁路的权利。

修建铁路，发展铁路事业，维护路权，抵制列强侵略，是詹天佑一生业绩中的重要内容。京张铁路的建设，使深受压迫的中国人民增强了自信心，鼓舞和推动了各省自筑铁路的发展。这些成功的背后是詹天佑对铁路事业的热忱，更是詹天佑对祖国的热爱。

三、经世之学——出书创会，科技兴国

从民国初年开始，詹天佑担任全中国交通的技术领导工作，为全国铁路的规划、统一和畅通奠定了稳固的基石。他主持制定了一批交通法规，制定了各种铁路技术标准，还出版相关学术著作，创建中华工程师会。从设计、修建到经营管理，詹天佑结合中国国情，提出了一整套新的构想，对中国铁路的发展起到了重要作用。

中国铁路初创时期，无论是借款修建的铁路，还是帝国主义强修的铁路，其工程技术标准都采用各借款国及强占国所通行或各国在其殖民地所通行的标准。标准杂、质量差、管理分割、经营落后，这就使得中国各条铁路在建造与营运过程中，政出多门，缺乏严格、科学、统一的铁路技术标准与管理规范，全国也没有统一的铁路法规来进行制约与监督。这不仅影响了行车速度及通过能力，而且阻碍了各路之间的联运，使各段铁路难以充分发挥运输能力，不利于全国铁路运输畅通。同时，它对国家的政治统一与经济的发展、国防的加强等，也带来了十分不利的影响。

詹天佑很早就注意到中国早期铁路建设中的这些问题，深切地感到这种状况给中国早期铁路的建造与营运带来的许多不应有的麻烦与困难，他想尽一切办法，在中国第一个自觉地承担起探索与解决这一难题的重担。

早在詹天佑被派往江西修建萍醴铁路时，他就反对外国工程师采用窄轨轨距的主张，而采用标准轨距。在主持修建京张铁路时，詹天佑坚持全国应采用统一的1435毫米标准轨距。在他的积极倡导下，标准轨距最终得以在全国大多数新建的铁路上应用。采用标准轨距，不仅仅是为了解决一个铁路技术问题，更重要的是要让全国铁路形成一个整体，只有这样经济建设才能全面发展。

詹天佑在主持全国交通技术工作期间，致力于统一全国铁路技术标准及法规建设，为全国铁路的规划、统一和畅通，奠定了稳固的基石。

第一，标准化。詹天佑主持京张铁路修筑时，着眼于全国铁路修筑事业的发展，向清政府商部提出制定中国铁路建设统一技术标准的建议。他还编制了《京张铁路工程标准图》，为轨道、线路、桥梁、山洞等49项工程制定了统一的标准，这是我国第一套铁路工程的标准规范。同时，为了向全国推广这一标准，他还提出线路等级、桥梁载重、路基宽度、线路最小半径、限制坡度、站台高度、车辆限界、机车载重、车钩安装等技术标准。商部根据他的建议制定全国铁路建筑章程，颁布了全国铁路建设的技术标准，为中国铁路界建立统一、科学的技术标准体系打下了良好的基础。这是我国最早的铁路技术规范。

1917年，交通部成立了"铁路技术委员会"，詹天佑任会长，致力于制定全国铁路工程以及行车运输的统一技术标准和规范。该委员会采用国际度量衡标准作为设计标准，制定了包括铁路桥梁、轨道、隧道、机车、车辆等工程、机械标准及铁路行车和信号规则等13种规范的《国有铁路建筑标准及规则》。这是我国近代第一部铁路工程建筑标准与规则。

第二，规范化。詹天佑陆续出版了《京张铁路工程纪略》《京张铁路标准图》和《华英工学字汇》等书籍，为铁路工程规范化提供参考。《京张铁路工程纪略》和《京张铁路标准图》是詹天佑根据京张铁路工程施工路段的施工报告写成的，内容包括勘测调查报告、修筑办法、施工规划、配套设施等，并配有附图，对中国人学习借鉴修筑京张铁路的经验起到了重要作用。《华英工学字汇》是中国第一部英汉工学词典，是詹天佑经过二十多年的长期积累，根据自己多年实际工作经验、笔记，搜集编译中外工学名词，将英汉对照工学字词汇编出版的工具书，该书结束了长期以来各类工程词语杂乱不一的局面，是工程技术人员学习工程技术、借鉴西方工程技术的必备工具书。

第三，管理责任制。制定"工程师权限责成"办事章程。在京张铁路修筑过程中，为明确职责范围，加强责任制，詹天佑制定了此章程。为提高工效，发挥筑路人员积极性，他还制定了员工考勤章程，贯彻以奖励为主、奖勤罚懒原则。这一章程之制定，就当时社会条件来说，其先进性明显可见。不仅如此，这一章程还曾为国内各铁路借鉴采用。在京张、张绥铁路修筑中，他又制定了材料设备购置使用管理办法和客货运输费用标准及行车管理办法，这是我国自行管理运输营业的先声。

制定工程员升转章程。在我国京张铁路建设过程中，詹天佑为了通过工程实践教育培养大批工程科技人才，首次制定了工程员升转章程，加以试行。他将所有工程科技人员分为五等，即在工历练学生、工程毕业生、帮工程师、副工程师和工程师，严格规定了升转资格及要求。

詹天佑在制定铁路工程标准及制定法规工作中付出的努力，在中国百年铁路建设史上的意义远远大于他修建的任何一条铁路，这也是最能体现他科学精神的地方。

第四，创办"中华工程师学会"。为了使工程技术人员相互扶持，相互依靠，相互学习，詹天佑于1913年创立了多学科性"中华工程师会"，后改称中华工程师学会，以发展工程学术研究事业。中华工程师会包括土木、机械、水利、电机、采矿、冶金、兵工、造船等各专业的学术团体，是覆盖整个工业、交通、科技界的具有广泛群众性的学术团体。詹天佑被推为会长，并且连任4届。

詹天佑领导学会，进行学术研究，开展学术交流，培养科技人才，开创了近代中国科技事业的新局面。他通过学会活动，致力于工程技术界的团结工作。他劝导"各科工学专家，无论其留学东西各国"，或在"国内卒业及以经验成名者，既属工程学子"，"务宜同心协力"，不容存门户之见，以期达到"扬国人技术，增进国家利益"的目的。学会还出版会刊《中华工程师会会报》，发编刊登各地科技人员的学术研究成果、工程实验学说和实验研究报告，传播、记录了当时科技界的动态，并介绍国外先进的科学技术和学会活动等信息，开展与世界工学界的交流。

四、严谨之风——立德树人，科学精神

詹天佑之所以被大家尊称为"中国铁路之父"，不仅仅是因为他拥有高超的工程技术水平，发展了中国的铁路建设，还因为他高尚的道德品格和强烈的社会责任感。

第一，责任担当：中国人要修好自己的铁路。要修建京张铁路，存在以下两个问题：（1）工程施工在塞外，此段路程狂风怒吼，山势极为陡峭，沙土飞扬，很容易让人坠落于山谷之中；（2）中间有居庸关以及八达岭，这两座山自古就有"层峦叠嶂、石峭弯多"的特点，如果要在这两座山下面开凿隧道，无异于难上加难。正因为这两点，西方列强对中国人独立建造铁路十分鄙夷，更放言称"能修建此路的工程师尚未出世"。面对这些困难，詹天佑没有退缩。

修建滦河铁路大桥时，河面宽而流急，河底游沙极深，工程师打筑桥墩，屡筑屡塌。英国、日本和德国工程师对此皆一筹莫展，只能望河兴叹。詹天佑抱着为中国人争一口气的强烈责任感，深入一线，与当地人了解滦河的基本情况，在详细分析地质构造后，选好新桥址开始施工，创造了沉箱法，聘请当地的潜水高手，潜入水底配合沉箱作业，终于攻克了这一难度最大的钢梁骨架铁路大桥建造。这为日后中国国内的几次难度较大的桥梁施工积累了宝贵经验，也向外国人证

明了中国人的能力，给予当时那些瞧不起中国的外国人一个响亮且自豪的回应。

第二，严谨作风："技术第一要求精密，不能有一点儿含糊和轻率"。工程是一项复杂的活动，它由多个相互关联的环节组成，筹划、设计、施工、运行、维护、评估紧密相连。并且工程本身具有不确定性、风险性，所以对待工程活动，要格外地谨慎、细心。詹天佑在这一点上有自己明确的态度，即"循序渐进，谨慎行事"。

詹天佑在每一条铁路建设初期，都坚持亲自对铁路选址、勘测等工作反复调查，仔细研究。在获得初步认识后，他对收集分析到的数据反复推敲论证，然后拟定办法。在主持设计修建京张铁路过程中，詹天佑曾一再告诫大家："技术第一要求精密，不能有一点含糊和轻率。"在一次勘测中，一位年轻的测量员因为天气恶劣、环境险峻，匆匆结束了勘测。随后詹天佑问他具体情形，他在说到某些数据时用了"差不多"这样的词语，詹天佑听后极其严肃地告诫他，工程勘测工作是非常严肃和谨慎的工作，绝不能出现"差不多""大概"这样的情形，否则会对以后的工作造成难以估量的困难和损失。詹天佑不仅以这种严格、精确、一丝不苟的科学精神及责任意识要求自己，同时也要求其他工程科技人员。如今，科技发展迅速，出现了许多智能器械帮助进行工程勘测，但是再先进的技术，也抵不过一份工程师的责任心。

第三，培养青年工程师人才。詹天佑作为我国首位铁路工程师，还被尊为"中国工程师之父"，他不仅在铁路建设方面有着卓越的成就，而且时刻关注对中国工程人才的培育和发展。其中，《敬告青年工学家》（以下简称《敬告》）一文真切地表达了詹天佑对中国近代青年工学家的无限期望。

《敬告》是詹天佑结合我国当时的社会环境和铁路事业境况而写作的关于工程人才的文章。他对祖国的热爱，对铁路事业的热忱，对青年工程人才的期望都被充分地表现在这篇文章中。詹天佑将其总结为修业、进德、守规、处事，并称之为青年工程人才立身之要则。他提出的青年工程人才立身要则不仅在当时有着重大的意义，而且对日后培养合格工程师具有重要的参考价值和启示作用。

詹天佑是杰出的铁路工程技术专家、杰出的铁路工程建设管理专家、杰出的全国铁路建设统帅，是中国科学技术近代化的先驱。詹天佑为我国铁路事业发展倾尽了一生心血，但他留给国人的伟大财富不仅仅在于铁路的顺利开通，更在于他培养了大批优秀工程人员，提出了非常有价值的铁路设计思想，为我国之后铁路的发展奠定了良好的基础。他的铁路工程成就对我国铁路建设发展起到了不可磨灭的作用，也正因为如此，詹天佑堪称我国铁路修建史的鼻祖。

他为什么被尊为中国『千古一帝』
——中国历史上伟大的君主秦始皇

○ 孙建军

中华5000年悠悠历史，辉煌灿烂。在文明璀璨的中华大地上，涌现出了千千万万个伟大人物。他们不断创造新文明，不断拓宽华夏文明的发展领域；他们胸怀大志，厮杀征战，拓土开疆；他们意气风发，改制创新，指点江山，书写着一幅幅壮美的画卷，指引着中华文明的发展。

明朝著名启蒙思想家李贽，在对中国历代皇帝进行深入研究后，给予秦始皇帝极高的评价，盛赞其为"千古一帝"。张居正、梁启超、鲁迅等人也从历史的高度与现实的纬度给予秦始皇很高的评价。当代最伟大的政治家、战略家、军事家，新中国的主要创始人毛泽东也给予秦始皇极高的评价，认为在中国过去的封建君主中还没有第二个超过秦始皇的。

在中国漫长的封建历史上，共出现了559位帝王人物。在如此众多的历代帝王中，不乏英明之主。凭什么李贽偏偏称秦始皇为"千古一帝"？对此，我们须从秦王朝的创立与建设出发，把秦王朝的历史与整个中国古代发展史、中国文明史和世界文明史对照起来寻找答案。

一、怀抱政治家战略家的雄才大略

抱负远大的秦王亲政伊始，就开始巩固王权，招揽人才，谋定统一全国的战略行动。这个过程，充分展现了秦王政治志向远大、手腕钢铁、知人善任的政治家品质以及谋定天下的战略家眼光。

公元前246年，13岁的秦王登基，其母赵姬和仲父吕不韦执掌宫廷的内外大权，并在秦王亲政前形成了左右王权的两大政治集团：内廷形成了以赵姬嫪毒为首的强大势力，外廷吕不韦执宰相职，一切政务大权均落在吕不韦手里。一个恃宠骄横，一个位高权重，在秦始皇成长的路上，他们成了两只拦路虎，王权面临严重危机。为了实现远大抱负，年幼的秦王，登基伊始，隐忍蓄力，韬光养晦，等待时机。公元前237年，按照秦法，22岁的秦王正式亲政。亲政以后，秦王立即着手铲除吕不韦、嫪毒等人的势力，并开始规划吞并六国、统一中原的宏图大业。

这时被封为长信侯的嫪毒，不仅与赵太后生下了两个私生子，还梦想有一天能让自己的儿子登上王位。为此他网罗爪牙培植亲信，加强自己的势力，组织自己的武装，很快就与位高权重的吕不韦分庭抗礼了。秦王利用两人之间的矛盾，迅速除掉了嫪毒，并通过深挖嫪毒的背景，借吕不韦与嫪毒的历史关系，罢了吕不韦的相职，吕不韦最终惊惧自杀。年轻的秦王，用钢铁手腕，顺利收回国政大权，牢牢地巩固了君王的地位，为未来施政彻底扫清了道路。

在巩固王权的同时，秦始皇为统一六国做了积极的准备。在这个过程中，他首先选拔了辅佐自己的左膀右臂，然后制定了统一六国的战略方针。

为实现统一六国的远大理想，他礼贤下士、知人善任、招纳贤才名士，选择了一批志同道合的经国人才。最为典型的是他发现并重用了并非秦国人的李斯、尉缭和郑国等人，为秦国"灭诸侯，成帝业"政治方略的制定与实施，集聚了可依赖的人才。李斯曾是荀况的弟子，主张法家理论，为了实现抱负，他入秦为吕不韦的郎官。在秦王征询政治方略时，他"灭诸侯，成帝业"的主张，与秦王的理想和抱负高度一致；他离间各国朝臣，堵塞六国人才来源，为秦国延揽人才的计谋，也被秦王认同。由此，李斯受到秦王的青睐，秦王将其从相府转到王府，不久任他为客卿。随后发生的事更体现了秦王的眼光、胸怀与胆识。

秦王十年，因吕不韦和郑国事件，在秦国王室极力主张下，秦王下发了"逐客书"，将所有非秦国的客卿，一律驱逐出秦国，吕不韦自然也在被驱逐之列。李斯不甘心从秦国离开，于是他上了著名的《谏逐客书》，书中说："泰山不让土壤，故能成其大。河海不择细流，故能就其深。""物不产于秦，可宝者多。士不产于秦，而愿忠者众。"他还列举了秦国历史上许多为秦做出贡献的外国人。他强调说，下令驱逐外国人，是借兵给敌人，送粮于大国。这样做，最终只会"内自虚，而外树怨"。李斯的这封信，深深地打动了秦王，秦王立即将自己签发的逐客书收回。

与此同时，发生了郑国间谍案。韩王为了拖垮秦国以自保，竟派出河工郑国来秦国修渠，以消耗秦国的财力。事情败露后，秦王震怒，但震怒之下的秦王却没有立即杀掉郑国，而是审问郑国，想要听听这个间谍如何为自己辩解。郑国说，他虽然是韩国的间谍，也确实是为韩国国王疲秦的战略而来，但他做的修渠这项工作，渠若修成对秦国的利益要比危害大百倍。修渠也许能够使韩国晚灭亡几年，但对秦国却是百年利好。郑国的回答，竟然让本该被杀头的他得到了秦王的原谅，并继续被委以重任。李斯与郑国事件，充分体现了秦王的虚怀若谷与任人唯贤，这无疑是秦王最终成就伟业的重要原因之一。

就在秦王收回逐客书的当年，鬼谷子的弟子，一位具有经国治军之才的外国人尉缭，来到了秦国。当时秦国有不少身先士卒、勇冠三军的将才，但缺乏具有战略眼光、满腹韬略、运筹帷幄的军事统帅。尉缭来秦游说时，秦王礼贤下士，以平等之礼待缭，表现出对人才的渴望与敬重。秦王在询问尉缭秦国该如何实现远大目标，统一六国时，缭提出了离间六国的策略，深得秦王赏识。尉缭说，为秦国计，愿大王不要吝啬财物，应以重金来贿赂六国的权臣，以扰乱他们。这样做，不仅能够从内部离间他们的君臣关系，还可以从外部离间六国之间的关系。秦国再实行远交近攻之策，就能达到破坏合纵、各个击破六国、实现统一的目的。尉缭的建议实际上事关秦国统一全局的外交战略。后代宋人在总结秦国消灭六国的经验和教训时说：秦之所以能灭六国，"其祸在乎六国之君，自伐其所可亲，而忘其所可仇敌，是秦人得以间其欢，而离其交"。足见尉缭的主张在秦国统一过程中所起到的重要作用。

以上三人均非秦国人，更不是什么六国重臣，他们中有被贬黜罪臣的门客，有敌国的奸细，有外国的说客，但他们志向相通，谋略契合，秦王对此不拘一格提拔重用。李斯被任命为太尉，后官至丞相。尉缭则被提拔为国尉，执掌军事，直接参与军事决策，并提出"以战去战，伐暴乱，而本仁义"的思想，将六国直接置于暴乱国的位置，为秦国兵伐六国提供了理论根据。郑国被赦免间谍罪，续修郑国渠，使秦国粮食产量大增。启用三人后，秦王有了左膀右臂，统一六国的战略方针和指导方略得以确立，秦国的战略物质和粮食储备得以充实。秦国上下君臣一心，生气勃勃，实力大增，为统一大业奠定了坚实的基础。

与此同时，秦王制定了切实可行的统一战略，在李斯、尉缭等人的辅助下，确立了远交近攻、破坏合纵、各个击破的战略方针和具体行动方略。他先将位于秦国正面、距离秦国最近的韩国吞并，再消灭南北两翼的赵魏楚燕等国，然后兵进东方，灭掉齐国，最终完成对华夏的统一。在秦王实施离间计谋后，六国内部的君臣关系、六国间的合作关系均遭到严重破坏，他们彼此之间充满疑惧和猜忌，无法至诚缔交，努力抗秦。秦国则利用六国之间原有的矛盾，竭力使其矛盾激化，最终将六国各个击破，一统天下。

二、建立多民族疆域辽阔的大帝国

统一六国，南服百越，北击匈奴，秦始皇建立了一个多民族的疆域辽阔的大帝国，初步奠定了中国的历史版图。

我国两千多年的多民族一统疆域的大帝国始于秦朝。秦王经过政权巩固、战略制定、招揽人才和发展经济等一系列措施，赢得了政治稳定、军事强大、经济富庶等胜利成果。在此基础上，他按照远交近攻、先弱后强的战略方针，开始了统一天下的行动。公元前230年，秦国率先进攻韩国，揭开了宏大的统一六国的华丽篇章。

韩国是战国七雄中疆域最小、力量最弱的国家，秦打韩国最易成功。韩国面对强秦，完全丧失了斗志。公元前231年，韩王主动称臣纳贡，献上南阳地区，奉上玉玺，甘当附庸。但秦王绝不仅仅满足于韩王的称臣纳贡，甘当附庸，而是要彻底地将韩国纳入秦国的版图。第二年，他便派内史腾率军，从南阳出发，一路势如破竹、气势如虹地占领了韩国都城新郑，俘虏了韩王安，继而占领了韩国全境，韩国就此灭亡。接着，秦王分别派遣军队进攻其他五国。公元前229年王翦率军，灭掉赵国。公元前225年王贲率军，灭掉魏国。公元前223年王翦率军，灭掉楚国。公元前222年秦军灭掉燕国。最后于公元前221年，王贲率军进攻齐国，眼见五国被灭，齐王竟完全没有了斗志，举旗投降，齐灭。至此，秦王兼并了韩、赵、魏、楚、燕、齐六个东方大国，完成了统一大业。

秦王13岁继位，22岁亲政，39岁一统中国。从亲政到完成统一大业，实现许多帝王终生都无法企及的梦想，他总共只用了10多年的时间。

统一六国后，怀抱雄才大略的秦始皇，并没有止步于原来的东方六国，而是继续开疆拓土，进军南服，北击匈奴，建立了国家版图辽阔庞大的多民族大帝国。

岭南在当时是百越族居住的地方，被称为百越之地，相当于现在的广东、广西、海南省全境。秦始皇先后派屠睢、任嚣和赵佗率数十万大军南下，征服了当地的地方政权，将岭南一带划入秦帝国版图，设置桂林郡、南海郡和象郡。在征服岭南的同时，秦始皇还派人大力开发岭南，修建了著名的灵渠，并开始不断向岭南移民。这些中原移民带去了先进的文化和农业、手工业技术，使当时相对闭塞、落后的岭南地区的经济、文化有了很大的发展，逐渐跟上了中原发展的步伐，并与中原融合为一体。

在征服开发岭南区域之后，秦始皇又把目光投向北方。当时北方的游牧民族主要是匈奴，匈奴正处在发展壮大和开始扩张的时期。秦王朝成立前后，匈奴族不断骚扰边境，侵略国土，成为中原王朝的心腹大患。公元前214年春天，秦始皇命令大将蒙恬率三十万大军往北进攻匈奴。在秦朝大军迅疾猛烈地攻击下，匈奴不得不离开黄河河套平原，向北方的大漠深处迁徙。秦军乘胜追击，一直深入阴山一带。北击匈奴，被汉朝历史学家、政治家贾谊赞为："却匈奴700余里，胡人不敢南下而牧马，士不敢弯弓而抱怨。"为了保证北方长期的安宁，秦始皇命令蒙恬大军长期驻扎北方，并命蒙恬在驻军防御之时修筑长城。在燕赵秦原有的长城基础上，秦始皇修建了西起临洮、东到辽东的万里长城。为了稳定北方边境局势，秦始皇还从中原迁徙过去了大量的谪徒和刑徒以及普通民众，对北方大片疆土进行大规模的开发，使北方出现了边疆安宁、生产发展的大好局面。

中国在夏商周时期，领土面积并不大。夏朝的领土，约在今天河南、山东、山西、河北、湖北等地。商朝的领土，与夏朝的范围大致相同。周朝的领土东北到达辽东半岛，西北到达陕西的南部，往南到达长江流域。夏商周三代，其民族即所谓的生活在黄河长江中下游的华夏族，是秦始皇建立起了夏商周1800多年以来的疆域最为辽阔、民族最为众多、全国最为统一的庞大帝国。

三、创建整个封建社会的基本政治制度和管理体制

中国封建社会基本的政治制度一直延续两千多年，这种政治制度是由秦始皇建立并在全国范围内推广运用的。

秦始皇的伟大，不仅仅体现在统一六国，南服百越，北抗匈奴，固定了多民族庞大的帝国国土版图这一丰功伟绩上，还在于他进行了政治制度的彻底改革，创建了延续数千年的国家政治行政管理的新模式，即中央皇权之下的三公九卿制和地方管理的郡县制，奠定了中国古代的基本政治制度范式。

在秦以前，夏商周三代，国家政治制度和管理制度一直处于分立状态，诸侯城邦林立，国中有国，各自为政。分封制下王室是联盟式的共主，以致造成后来东周时期典型的王室衰微、诸侯称霸的分裂局面。

统一六国以后，秦始皇在全国范围内进行大规模彻底的政治改革，全面废除分封制，建立起高度统一的、中央集权的政治制度。这一制度的核心，是皇权之下在中央层面设立三公九卿制度。三公是指在中央设立丞相、御史大夫和太尉三个最高官职，由他们在皇帝统一领导下分管政务、军事、监察等。丞相帮助皇帝处理全国政事；御史大夫负责群臣奏章，下达皇帝的诏令，并负责监察百官；太尉负责掌

管全国军务。丞相之下设有九卿，分别掌管国家各项具体事务，是中央政府的职能部门。三公九卿制，极大地提高了当权者管理国家各项军政事务的效率和能力。

在地方上，秦始皇废除分封制，全面推行郡县制。秦王朝在全国设立了32个郡，郡下设县。郡为郡守，县称县令。县以下设有乡、里等基层政权机构，所有的地方官吏均由中央任命，郡守和县令由皇帝直接任命，实行任期制。郡县制废除奴隶主旧贵族时代的世袭特权，形成中央对地方的垂直管理，实现了中央政府对地方的直接有效控制，实现了国家政治制度和管理体制的高度统一。这一制度堵塞了分封制可能出现的地方自行其是、尾大不掉、政令不通，甚至与中央分庭抗礼的致命弱点，基本上解除了地方割据势力对封建中央政权的威胁。

秦王朝建立的中央集权制度，既有利于国家的统一，也获得了最高效率的管理功效。这一制度，奠定了中国封建社会两千多年政治制度的基本格局，历经千年百代的承继发扬，一直到1912年清朝覆灭，才退出了历史舞台。这一制度，是人类农业文明社会时期最先进的政治制度，在这一制度下，中华民族创造了辉煌的文明。这一制度，经过不断的衍生发展，也为人类做出了不可磨灭的贡献。到唐宋明时期，这一制度成为影响东南亚和西方的世界上最先进的政治制度，成为现代文官制度的滥觞。

四、实行"书同文"保证中国文化永续传承

秦统一前的六国文字和少数民族文字，书写不一，语音不同，这阻碍了帝国内各地区各民族间的交往，阻碍了各族人民思想的沟通，影响文化的传承，也影响社会正常高效地运行。秦统一后，秦王下令

全国统一使用小篆和后来的隶书文字。

书同文使新的国家的历史文化和文明成果，得以用统一的文字永载史册；使新的国家的政令军令，得以统一贯彻；使新的国家的社会、政治、经济、文化等各方面高效率运转，畅享畅达；用统一文字阅读、书写、记录、思考、交流，构成中华文明与文化传承的最重要的特征与手段。

书同文在文化上打通了隔阂，使得六国文化、百越文化在一个平台上进行交流，使不同民族间的文化交流更加紧密，有利于各民族间文化的融合发展。

书同文决定了文化的统一，文化的统一带来了情感的认同和民族的认同。中国的象形文字其主要特征是形象、会意、形声，人们认读、书写汉字，自然就会理解汉字中的基本意义，会为汉字的形意及内涵所打动，形成思想与情感上的共鸣，产生共同的文化认同。

书同文也带来了书法与文学的繁荣，诗歌声律的发展，如对偶、平仄等这些文字特色，只能在汉字中存在。在古代中国，从很大意义上说，文字的统一，促成了文字的传承功能，使中国文化和中国文明的脚步始终没有停止，中国一统的历史始终没有中断，使中国的文化具有巨大的活力，延续至今的文字与秦朝时期的篆书、隶书一脉相承。中华民族的文化传承、文明记忆，对中华民族的思维、阅读、书法和情感性格，都有很大影响。以秦时一统的文字作为基础，秦汉以后的汉字以文化载体的形式影响到了东亚南亚，并形成了"汉字文化圈"。

书同文使得六国文化在一个平台上进行交流，它们通过耳濡目染、自然传承等方式获得相近的性格特征和精神气质。应该说统一的文字，对塑造中华民族的文化传统，使中华民族具有独有的个性功不可没。

书同文也使秦国的治国思想通行全国。秦国奉行以法治国的理念，法家学说作为治国理念，一直为历代王朝所奉行，只不过表现形式为"表为儒，里为法"。

中华文明能够一以贯之地传承至今，中华民族能够如滚雪球般成为全球第一大民族，其中几个最重要的因素都是在秦始皇时期奠定的。归纳起来，一是政治制度的稳固，秦国成为统一的大帝国以后，其采用的基本政治制度一直延续了两千多年。二是作为多民族庞大的国家，秦国一直没有大的变化，没有持续时间较长的分裂局面。三是国家层面的思想文化，一直作为国家和民族的意识形态延续至今，而其中最为核心的，就是多民族统一的文字在整个历史发展进程中一直在被使用。

五、确立影响后世的经济运行制度与秩序

车同轨、货同币、统一度量衡、土地改革，是秦始皇规范经济运行的重大改革。秦王朝用车同轨、货同币、统一度量衡等措施，击穿阻碍经济运行的各种限制、壁垒与隔阂，实现了全国经济运行制度的统一，规范经济秩序，使中华民族在文化、交通、商业等各领域的适应性、流动性与效率大大提高。

在春秋战国时期，各诸侯国之间的道路宽窄不一，马车的大小也不一样，相互之间形成了交通与贸易的运输壁垒，也影响各国之间的民间往来。秦国统一六国后，秦始皇下令修建以咸阳为中心的三条驰道，一条向东，一条向南，一条向北，其功能与现在的国道大致相同，加上此前修建的西南5尺道，沟通了全国东西南北的交通运输线，并统一了这些道路的规制：驰道上的车轨宽6尺。与此同时，秦王还下令，要求全国制作统一规制的马车，将马车上两个轮子的距离，一律改为6尺。采取这样的措施，有利于马车的长途运输，有利于道路与交

通工具的规范，在克服运输壁垒的同时，也保证了各地之间的民间往来。

统一度量衡是秦始皇规范经济运行的又一项重大改革。春秋战国时期，各国的度量衡大小不一，给工商业发展带来了很大不便。秦始皇统一斗、桶、权、衡、丈、尺等度量衡。"秦诏版"就是秦始皇为了统一度量衡而颁发的文告，他命丞相将其铸于"铜诏版"上，吩咐丞相把齐、楚、燕、韩、赵、魏、秦七国原来不一致的度量衡用统一的标准明确起来。这一举措使全国上下有了统一的度量标准，为人们从事经济文化交流活动提供了便利的条件，对刚刚建立的统一的多民族中央集权制国家的经济发展起到了巨大的推动作用。

为了与此相适应，秦始皇又开始了全国土地收归国有和统一货币的重大改革。秦始皇发布命令改原有的王有土地为国有，在此基础上，"令黔首自实田"，即实施让农民自报耕种土地数量的政策，在全国实行土地私有制，按亩征税，完善了土地税赋与征收政策。

在秦统一六国之前，各国钱币的形状不一，有铲币、刀币、环钱等，且它们只能在各自统辖的范围内流通。秦始皇统一六国后，废止战国后期六国旧钱，在战国秦半两钱的基础上加以改进，令圆形方孔的秦半两钱在全国通行，结束了货币形状各异、重量悬殊的杂乱状态。统一的货币为后来历代王朝所沿用。

秦王朝除了在政治、经济、文化等领域给后人留下了传世的遗产，还给我们留下了堪称世界文明奇迹的重要遗存。宇航员从月球上俯瞰地球，能肉眼看见的代表人类文明奇迹的只有璀璨夺目的万里长城；透过世界第八大奇迹，从秦陵兵马俑中我们依稀可以遥想秦军当年战马奔腾的磅礴气势，几千年前的秦朝造出的陶俑精粹，今人竟无法企及；被列入世界水利文化遗产名录的灵渠、郑国渠是世界上最古老的水利工程。这一切，无不值得中华民族骄傲与自豪。

基于以上论述，秦始皇"千古一帝"的称号，绝不仅仅源于秦始皇在中国历史上首称皇帝，并将这一称谓流传整个封建历史时期，更为重要的是，他雄才大略、抱负远大，他知人善任、胆识过人、手段高超、意志刚强。他结束了春秋战国数百年战乱的分裂局面，开创了中国大一统、多民族、中央集权的大帝国；他建立的政治体制，成为被千年流传继承的政治制度；他将书写文明传承文化的文字，进行了统一变革，开创了中华文化的一统格局；他统一度量衡，对长度单位、容量单位、重量单位等作了规范，第一次将华夏民族的经济活动纳入规范统一的秩序，将混乱的计量单位作了统一变革；他将经济领域最重要的货币进行了统一变更，使商品交换畅通无阻；他修建起了连通东西南北、贯通全国、畅通无阻、规制相同的交通体系，促进了全国境内的相互往来；他修建了举世闻名、横跨帝国北方疆域的国防线——万里长城，为人类奉献了宝贵璀璨的文化遗产；他建起了惠泽万民、世界范围内最早的郑国渠、灵渠，不仅壮大了帝国经济，而且泽被后世，扬名千古。这一切，为中华文明和中华文化的延续至今和连绵不断地发展提供了保障；为中国形成多民族的、疆域辽阔的国家奠定了基础；为以后各个朝代建立规制，所谓"二千年来之政，秦政也"，"自秦以后，朝野上下，所行者，皆秦之制也"。因此，我们说秦始皇是中国历史上最伟大的政治家、战略家、军事家、改革家，无愧"千古一帝"的称号，是中国历史上最伟大的皇帝之一。

他为什么能给中国献上一个『贞观之治』

——一代英明君主李世民

○赵云良

唐朝可谓是中国封建社会发展的鼎盛时期，而贞观年间又是唐朝历史中的耀眼时代。直到今天，人们在回望大唐、谈论贞观的时候，心中仍不免有几分骄傲、感奋和激动。

李世民生于598年，卒于640年，是唐朝的第二代皇帝，庙号太宗，年号贞观。在短短的23年贞观时期，他就使刚刚建立起来的唐王朝国家兴旺、政治清明、军事强大、民族团结、百姓富庶、文化繁荣，这一局面被史学家们誉为贞观盛世或贞观之治。令人好奇的是，唐太宗原来只是陇西的一个小小贵族，隋朝的一个小小官吏，他为什么能在隋末的一片废墟上建立起一个辉耀的唐王朝？其实，历史并不神秘，唐太宗能够实现贞观之治，亦有迹可寻，有因可陈。

一、开明开放的治国方略

627年，唐太宗通过玄武门之变登上了皇帝的宝座，但他所面临的形势却是极其严峻的。隋朝虽然灭亡了，天下重新统一，但许多原有的矛盾依然存在，而且经过数年征战，又滋生了不少新的问题。例如，边疆地区的少数民族贵族对唐朝不断侵扰，特别是东、西突厥，严重威胁着刚刚诞生的唐王朝的安全。连年战争严重地破坏了社会经济，人民四处流亡，土地大片荒芜，社会残破，经济凋敝，民不聊生。唐王朝建国后，几乎所有制度都是沿用前朝的。这些制度或产生于北魏，或产生于西魏，或产生于北周和隋，但在唐朝以前它们都处于草创阶段，急需进行改革、调整、补充和完善。为解决这一系列问题，唐太宗和他的群臣们制定了一整套治国方略。这套治国方略，被完整地记录在了《贞观政要》一书中。

当然，《贞观政要》一书并不是唐太宗撰写的，而是在唐太宗去世大约五六十年后，由唐玄宗时期一位叫吴兢的史学家搜集、采摘、编排、整理而成的。《贞观政要》全书总计1帙10卷40篇，约8万字，全面收录了唐太宗和他的40多位大臣讨论、研究、制定的治国方略。《贞观政要》记载，唐太宗的治国方略主要包括以下六个方面的内容。

（一）时刻不忘历史的经验教训。由于秦朝的胡亥、隋朝的杨广和唐朝的唐太宗，都是本朝的第二代皇帝，而秦和隋都是二世而亡。为避免二世而亡，唐太宗和群臣们经常研究秦二世速亡、隋炀帝"以富强而衰亡"的原因。最后他们达成的共识是"鉴前代成败事，以为元龟"，决不重蹈秦、隋的覆辙。

（二）治国的基本方针是要固本。本是什么？唐太宗和群臣们认为民为根本，如同种树一样，本固则枝叶繁茂。他们还把民比作水，把君比作舟，水能载舟，亦能覆舟。因此必须大力发展生产、改善民生，百姓安居乐业，唐政权才能长治久安。

（三）君主要谦虚谨慎，去奢防惰，慎始慎终。他们认为不论是秦始皇还是隋炀帝，都是因为"恃其俊才，骄矜自用"而败，所以君主治国要如临深渊、如履薄冰一样的谨慎。"人君之患，不自外来，常由身出。夫欲盛则费广，费广则赋重，赋重则民愁，民愁则国危，国危则君丧矣。"腐败多欲是亡国的祸根。因此，君主要"傲不可长，欲不可纵，乐不可极，志不可满"，要"居安思危，孜孜不怠"！对臣下的犯颜直言，君主要从谏如流。

（四）精简机构，选贤任能。他们认为"千羊之皮，不如一狐之腋"，官不在多，关键是要称职，所以要裁汰冗官冗职，以减轻老百姓的负担，提高办事效率。"安天下者，惟在得贤才"，这也是唐太宗和群臣们的共识。他们认为治天下与打天下有所不同，所以君主用人要德才兼备，而且要看他的实际表现和百姓对他的反应。

（五）对于边疆少数民族，他们主张四海一家，爱之如一。唐太宗认为对少数民族要实行羁縻政策，"全其部落，顺其土俗"，不强迫归附的少数民族实行汉化，尊重他们原来的生产方式和传统习俗。

（六）选择培养好接班人。唐太宗让太子以及诸王、贵族子弟们学习儒家经典，让他们懂得君君、臣臣、父父、子子的道理，了解稼穑之艰难，不忘天下来之不易。

显而易见，这是一个开明开放的治国方略，是一个超越前人的治国方略。更为难能可贵的是，唐太宗和他的群臣们不忘初心，坚定不移地贯彻落实了这一治国方略。在某种意义上说，贞观之治就是这个治国方略所结出的硕果。

二、大刀阔斧地改革政治体制

为了加强统治力量，唐太宗称帝后，首先对行政机构进行了全面的改组。对于唐高祖时期的12位宰相，唐太宗根据他们的不同情况作出安排：或者罢免，如陈叔达；或者贬黜，如裴寂；或者留用，如封伦。唐太宗启用大批自己的旧属，如高士廉、房玄龄、杜如晦、长孙无忌等；对原太子李建成手下的有识之士也是大度地加以任用，其中最为突出的就是魏征和王珪；还启用大批庶族出身的地主分子，以扩大唐朝的统治基础；特别征召了一些明经通史的经学大师，如孔颖达等，以备顾问，以兴文治。通过这些工作，唐太宗很快就建立起了一个人才济济的统治集团，一个精明强干的领导班子，为其他工作的推进打下了基础。

唐朝建立后，因袭了隋朝的三省六部和州县制。唐太宗称帝后，为了防止大臣专权和减少决策失误，重新明确三省的职责，强化三权分立的原则。他要求中书省和门下省要互相检查，不要避嫌不说，一味顺从。他还特别强化门下省的作用，赋予他们规谏皇帝、封驳要政的权力。这些改革，避免了许多政治、经济、军事方面的失误。例如，贞观初年，唐太宗下令把征兵的年龄从21岁提前到18岁，但门下省不肯签署，接连驳回四次。唐太宗异常恼怒，责问门下省长官魏征，魏征回答道："我听说竭泽而渔，明年则无渔；毁林猎兽，明年则无兽。如果把少年都征发去打仗，那么谁来种地，税收又向谁征？……而且更为重要的是，律令无信，老百姓无所适从，天下如何能治理好？"听到魏征的回答后，唐太宗收回成命。强化了三省，特别是门下省的作用，不但提高了行政效率，而且减少了工作失误。在群臣百官中，由于魏征最敢犯颜直谏，因而深得唐太宗的信任。643年，魏征去世，唐太宗对着魏征的棺椁哭道："过去是你常常指出我的错误，今后恐怕不会有谁这样做了！"他还对大臣们说道："以铜为镜，可以正衣冠；以古为镜，可以知兴替；以人为镜，可以知得失。朕常保此三镜，以防己过。今魏征殂逝，遂亡一镜矣。"这是唐太宗的肺腑之言。

在强化三省职能的同时，唐太宗还实行了一项重要的政治改革，就是从中央到地方裁减冗官，节省开支，提高效率。隋唐之际，天下大乱，割据势力自行封立，致使唐初的州县数量比隋朝增加一倍，机构多官就多，冗官冗费造成人民负担加重。唐太宗称帝后立即着手解决这个问题，下令裁并州县，结果州县分别减掉了35个和1551个，比原来减少了三分之一和二分之一。与此同时，他也对庞大的中央机构进行了手术。唐朝初年中央机构的官僚有数千人之多，官多则人浮于事，推诿扯皮，根本谈不上效率。贞观元年，唐太宗向房玄龄等人阐明了减少冗员、选拔贤才的重要性，表明了他裁减冗官的决心，并指派房玄龄负责此事。房玄龄不愧是著名的贤相，仅用几个月的时间就裁减了十分之九的官员，留下的文武官员共计才640人。这项利国利民也有利君主统治的重要措施，不但节省了大量的开支，而且还疏通和缩短了行政管理渠道，提高了办事效率。

唐太宗的这些改革，抓住了治国的关键。高水平的领导团队，畅通的管理机构，精干的官僚队伍，这既是贞观之治的重要内容，也是实现贞观之治的重要保证。

三、全面调整旧有的经济政策

隋末的数年战乱，严重地破坏了社会经济和社会秩序。史书记载，"率土百姓，零落殆尽，州县萧条，十不存一""黄河以北，则千里无烟；江淮之间，则鞠为茂草"，而自伊洛以东至于海边，则是"苍茫千里，人烟断绝，鸡犬不闻"。当时全国的户口只有300万户，仅相当于隋时的三分之一。全国各地又连年饥馑，粮价飞涨，卖儿鬻女者随处可见。为尽快恢复经济，稳定正常的生产和生活秩序，唐太宗对承袭隋朝的均田制和租庸调制进行了大幅度的调整和改革，使其逐步成熟完善。

唐太宗改造后的均田制，与前朝相比，有三个明显变化。一是扩大了均田的范围，老小、病残、寡妇、僧尼道士均可以分到土地，特别是规定原来相当于贱民的"杂户"可以同良人一样受田，而对依附于地主的部曲、奴婢等则不再授予土地。这在一定程度上调整了阶级关系，限制了地主阶级多占土地的行为。二是规定受田要遵循"先贫后富，先无后少"的原则，首先解决没有土地的农民的燃眉之急，这对于招抚流民、安定社会有重要的作用。三是规定在一定的情况下（如办理丧葬、充抵住宅、从狭乡迁往宽乡等），所分的土地可以买卖，均田的私有性质增强。与均田制相适应的租调制也有所减轻和改革，主要体现在：丁男每年服徭役20天，如果不去可以每天折纳绢三尺或布三尺七寸，这称作"庸"；如果官府额外加役，超过15天免调，超过30天，租调全免。这种以庸代役和超期服役减免租调的办法，是唐朝政府为了杜绝胡乱征发而采取的自我约束的改革措施，对于老百姓来说是一件好事。

政治稳定，使农民又回到了久违的家园；均田制，使农民获得了土地，生产积极性大增；租庸调制，使农民不违农时，保证生产的顺利进行。因而，不过数年光景，不论是秦陇之北，还是伊洛以东，不论是黄河以北，还是江淮之间，原来那种"千里无烟""鸡犬不闻"的荒凉景象得到了彻底改变。史书记载："行旅自京师至于岭表，自山东至沧海，皆不赍粮，取给于路。入山东村落，行客经过者，必厚加供待，或发时有赠送，此皆古者未有也。"著名历史学家杜佑也说："自贞观以后，太宗励精图治，至八年、九年，频至丰稔，斗四年五钱，马牛布野，外户动则数月不闭，至十五年，每斗值两钱。"当时的人口也稳步增加，到贞观末年，人口达380万户。

百姓为邦本，经济为邦根。农业的恢复发展，既为唐政府的政治统治奠定了基础，也为唐朝统治者增强军事实力、巩固边疆秩序、大力发展文化奠定了基础。

四、积极推行四海一家、华夷同爱的民族路线

隋唐之际，中原内乱，北方少数民族贵族乘机南下侵扰，尤其是突厥人，多次打到关中等地，使刚刚建国的唐王朝十分忧虑。唐王朝甚至一度决定迁都，并派人到湖北襄阳和河南邓县选择可以建都的地方。后来，在唐太宗的劝阻下，迁都之议才告罢休。626年，突厥的大军打到长安城下，唐太宗采纳魏征"中国既安，四夷自服"的建议，鉴于"国家未安，百姓未富"的形势，决定不打，用加强备战的方法，迫使敌人讲和。结果突厥看到唐朝"军容盛大"，非常畏惧，也决定议和退兵了事。但此后突厥一直是唐朝的一块心病。

几年以后，唐朝经济恢复，国力增强，而突厥连年受灾，内部分裂，因此唐太宗决定征讨突厥。他任命李靖、李勣、柴绍、李道宗、卫孝节、薛万彻各为行军总管，分六路出征，兵力总计10余万人，统受李靖指挥。630年，唐军大破突厥军，捕获颉利可汗，降唐和被俘男女多至数十万人。如何安置这些突厥人，一时成了一个严重的问题。唐太宗以开放的姿态和恢宏的气度，采纳温彦博的建议，将降众安置在他们原来的居住地，然后设立六个都督府进行管理，让其一如既往地生产和生活。突厥人看到如此情景，无不感动万分。

这一战役的胜利，尤其是对降众的宽大处理，使唐朝和唐太宗的声望大大提高。同年，四方的少数民族首领齐聚于大唐的皇宫门

前，请唐太宗称天可汗。此后，唐朝皇帝对西北诸族便用天可汗的名义发号施令。因为李靖出兵的胜利和各少数民族首领推戴唐太宗为天可汗，太上皇李渊特意在凌烟阁摆酒宴庆贺。李渊亲自弹奏琵琶，唐太宗随军起舞，这一热闹开放的情景，在中国古代历史上是绝无仅有的。那乐舞所传递的不是征服异族后的凌人盛气，而是四海一家、华夷同爱的喜悦。

随后，唐太宗凭借着强大的国力和巨大的威望，又于635年出兵土谷浑，打通了河西走廊。640年，他平定高昌国，并进军焉耆、龟兹等地，使天山南北摆脱了西突厥的残暴统治。之后又他联合回纥平定了薛延陀，回纥也表示归服。到贞观二十年，也就是646年，大漠南北也都隶属于唐朝。唐太宗通过这一系列军事行动和政治操作，使唐朝的西北部边境多年没有战事，出现了华夷各族和睦相处的和平景象。

唐太宗推行的四海一家、华夷同爱的民族路线成功了，他得到少数民族的拥护，不但是大汉的皇帝，同时也是各族尊奉的"天可汗"。对此，唐太宗曾对臣下说道："自古帝王虽平定中夏，但不能服戎狄。朕才不逮古人，而成功则过之。所以能及此者，自古皆贵中华，贱夷狄，朕独爱之如一，故其种落皆依朕如父母。"从秦汉到明清，在汉族人所建立的统一王朝中，唐朝是唯一在强盛的情况下却不修长城的朝代，为什么？因为唐太宗把长城修在了各族人民的心中！

五、坚持严格整肃的家风家教

中国历史上各个王朝的败亡，原因固然多重多种，但总离不开皇帝教子无方、皇亲国戚腐败堕落的推波助澜。为避免宗室的堕落，历史上不少明君贤相都非常重视家风家教的问题。周公的《诫伯禽书》、诸葛亮的《诫子书》等，都表明了他们对后代的严格要求和殷切希望。在中国422位皇帝中，唐太宗为了保证大唐王朝的长治久安，始终坚持严格整肃的家风家教。

唐太宗首先加强对太子的教育。他总结历史上各朝特别是隋朝的统治经验，撰写《帝范》十二篇，传授给继承人唐高宗。篇目分别是《君体》《建亲》《承贤》《审官》《纳谏》《去谗》《戒盈》《崇俭》《赏罚》《务农》《阅武》《崇文》。他对唐高宗说："修身治国的道理，都说在这本书里了，我死时不用再说别的话了。"又说："你应当学习古代圣王。像我这样，做过不少烦劳民众的事，说不上尽善尽美，是不足为法的。我功大过小，所以还能保持大业。你没有我的功劳，却要承受我的富贵，竭力好学，也只能得个平安；如果骄懒奢侈，那就连生命都保不住。要建立一个国家，成功很艰难，破败却很容易；要保持一个帝位，失去很容易，稳固却艰难。你得爱惜呀！你得谨慎啊！"人难得有自知之明，更何况是功成业就的帝王，唐太宗列举自己的过失告诫唐高宗，既难能可贵，又用心良苦。

同时，唐太宗严格管教皇属，立下了《诫皇属》的家训。

诫皇属

朕即位十三年矣，外绝游观之乐，内却声色之娱。汝等生于富贵，长自深宫。夫帝子亲王，先须克己。每著一衣，则悯蚕妇；每餐一食，则念耕夫。至于听断之间，勿先恣其喜怒。朕每亲临庶政，岂敢惮于焦劳。汝等勿鄙人短，勿恃己长，乃可永久富贵，以保贞吉。先贤有言："逆吾者是吾师，顺吾者是吾贼。"不可不察也。

唐太宗以自己勤勉政事为例，告诫"生于富贵，长自深宫"的皇属：克制自己，珍惜财物，不可奢侈，每穿一件衣服、吃一顿饭，都不要忘记蚕妇、农夫的辛勤；在听闻决断的时候，不要任凭自己的喜怒，不要轻率地表态，要忍任焦劳，要善于听取不同意见；不要因为别人有短处就鄙视他们，也不要因为自己有优点就恃才而骄；要把敢于反对你的人当做老师，把逢迎你的人视为贼子。只有这样才能够富贵永续，吉祥长久。《诫皇属》文字并不深涩，但意义特别深远。首先，作为皇帝，李世民能够认识到教育家属的重要性，这并不容易。在历史上，许多王朝政权、许多名门世家、许多富商巨贾的衰败，都与家属的胡作非为或子孙的为非作歹有关系。但在李世民之前的皇帝中，能够认识到这一点的还寥若晨星。其次，作为皇帝，李世民从自身做起，从谏如流，克勤克俭，珍惜财物，体恤民情，不任性妄为，也为皇属们树立了榜样。中国有句俗语，叫作"上梁不正下梁歪"，说的就是身教的重要性。再者，作为皇帝，李世民能够说出"逆吾者是吾师，顺吾者是吾贼"这一至理名言，实在难能可贵。遑论其他，仅这三点就具有开导先河的作用，足够我们品味和咀嚼了。

至此，我们大致可以看出，唐太宗为什么能给中国献上了一个贞观之治——就是凭着一个"开"字：一位思想"开通"的皇帝，以"开明"的思想改革各项政治经济制度，以"开阔"的胸襟处理君臣关系和君民关系，以"开放"的气度解决边疆少数民族问题，因而取得了"开创"性的成绩和成功。唐太宗统治的23年，被史学家们誉为"贞观之治"。

他为什么能开创出一个「康乾盛世」

——「空前伟大的君主」康熙

○ 孙建军

中华民族自人文始祖太昊伏羲作八卦开创中华文明起，历经五千多年，一路披荆斩棘、乘风破浪。在历代圣王贤者、仁人志士艰苦卓绝的努力奋斗下，古代中国才成为人类最古老悠久又辉煌灿烂、绵延不绝的文明国家。到17世纪中叶，在东方大地倏忽崛起了一个庞大的帝国，这个令人侧目的帝国，虽是由世居东北边陲的少数民族所创，但因为有了像康熙这样的伟大帝王，帝国很快就成为当时世界上最富饶、文明、强大、辽阔的高度统一的多民族庞大帝国，进入了一个被中外世人交口盛赞的"康乾盛世"。

这位引领国家走向盛世的康熙皇帝，西方著名学者称他为"空前伟大的君主""世纪最伟大的人物"，称他所领导的国家是"世界上最强大最富庶的国家"，称他是一位卓越的军事家，称他是中华帝国历史上最伟大的统治者之一。在中国，他被许多人视为是"千古一帝"，周恩来、曾国藩、梁启超、黄宗羲等都给予康熙极高的评价，伟大的毛泽东也高度评价他对中国的统一、对中国边疆的安全与稳定、对民族的团结所作的贡献。

为什么会有众多的名人甚至领袖给予康熙如此高的评价？翻看历史，这绝不仅仅因为他在位61年，是中国历史上居于皇位时间最长的帝王，而在于他在位期间对中华文明的延续、对中华民族的成长壮大居功至伟。作为清朝帝王，他不仅目光远大、理想坚定、抱负宏远，而且在政治谋略、气魄胆识、文化素养、道德品格上皆出类拔萃。他在位期间政治清明、民族融合、文化昌盛、疆域统一辽阔、经济社会复兴，此局面被称为"盛世"。

一、具有伟大政治家的政治智慧、远大抱负与胆识品格

铲除鳌拜，恢复皇权，整顿朝纲，确定治国方略，这些事展现了康熙高超的政治智慧、刚毅果敢的品格以及宏远的理想抱负。

8岁即位的康熙，作为清朝入关后的第二位皇帝，面临的国内外形势十分复杂，可谓危机四伏。政权上，其皇权由四位辅政大臣代理，内部出现了权臣结党篡政、政路不通的问题，存在分裂皇权的势力，外部有地方藩王的割据势力，明代遗民的反抗余脉和身为元代后裔的蒙古军事集团的觊觎环伺。当时民族矛盾空前尖锐，文化相互龃龉碰撞，经济凋敝，民不聊生，社会动荡，混乱不堪。如此局面对于一个只有十几岁却负有远大理想与抱负的少主来说，十分棘手，挑战巨大。

任何国家的最高统治权，都是国家稳定与强大的核心。在中央集权制的清朝，皇权是国家最高权力，一旦皇权受到干扰或侵犯，国家政权必然不稳。康熙五年，内辅四大臣矛盾激化，资历最老的首辅大臣索尼无力排解，屡请康熙亲政，遏必隆与鳌拜同旗同党，同气相求，形成帮派，鳌拜专权之路只要除掉辅臣苏克萨哈便可畅通。在此之前，他排斥异己，先后杀掉了大学士户部尚书苏纳海、直隶总督朱昌祚、巡抚王登临等朝廷重臣，朝野惊恐。

康熙六年，在索尼的一再提请下，康熙亲政，但实权仍在鳌拜手上。索尼谢世后，鳌拜不顾康熙的旨意，杀苏克萨哈，为其擅权扫清了道路。从此，鳌拜一党党羽满朝，把持国柄，结党营私，权倾朝野，控制国家中枢。康熙亲政两年，鳌拜仍紧握实权不放，没有归政之意。皇权旁落，朝野纷纷，严重地威胁皇权统治。因此，康熙决计铲除鳌拜。

在铲除鳌拜的斗争中，康熙巧妙用计，选择了一种风险很大但又波澜不惊、超乎寻常的手段，四两拨千斤，仅凭几位徒手的少年布库手以摔跤游戏的方式，兵不血刃，力擒满洲第一勇士鳌拜，完成了惊天的大事。这种事情亘古未见，充分展现了一位16岁少年皇帝的大智大勇、刚毅果敢。

康熙擒拿鳌拜后，随即整顿朝廷秩序。为了防止鳌拜事件重演，打击外臣与近臣之间的勾连，康熙颁布诏谕，严禁文武官员交接内大臣、侍卫等。他严厉指出，凡"妄行干求，或潜为援引，或畏威趋奉，揆之臣谊，殊为不合""如有匪类妄行，陷人以图侥幸，自以为贤，希觊升迁，及仍前干求趋奉者，定行从重治罪不宥"。康熙的这一措施，切断了朝官与侍卫近臣之间的交通，对于防止内侍近臣把持朝政，形成内宫集团，祸乱朝政，搅乱朝纲，威胁皇权有重大遏制作用，同时也可进一步促使政风清廉、臣心思政、臣心思事。

接着，康熙实施了一系列整顿吏治的措施。他严格吏治考核制度，完善官吏选拔和科考制度，进一步完备创制、引见、陛辞、出巡、密奏等考察方式。他处理了大批不称职者，软弱无力者，以及贪腐之人；同时，一大批廉洁能干的官员受到表彰。这些措施奖惩分明，促进了纪律严明和吏治清明，人才因此大批涌现，在康熙周围迅速聚集了一大批贤臣良士，尤其是许多汉族知识分子开始积极入朝从政。

康熙的这些措施，使其"社稷成急务之制，心中无满人汉人，只有人才大能之人，江山以固，问题在朝廷内"的理念得以实现。朝堂之上，不仅有辅弼的满族官员，更有姚启圣、李光地、高士奇、施琅、于成龙、周培公等出谋划策的汉族之臣，这为康熙后来的不世之功积累了人才基础。

在皇权归一、人才济济、吏治清明的基础上，康熙确定了政治上维护国家稳定反对分裂；民族上恩威并施维护团结；文化上满汉满蒙大一统的治国方针；社会经济上实施以民为本、利农兴工促商的政策。这一治国理政总方针总策略的确定，充分显示了伟大政治家的远见卓识，为康熙一朝取得辉煌业绩确立了正确的指导思想。

二、捍卫国家统一，实现从大乱走向大治

康熙即位之初，朝廷内部不安稳，朝廷之外更是一片混乱。在林林总总的事务中，消除地方分裂势力、汉族反抗势力和外国侵略势力是当务之急。

康熙铲除鳌拜后，面临最棘手的问题是怎样消除国内有地、有兵、有税收的地方藩王势力。清初设立三藩，是为了实施"以汉制汉"稳定边疆的策略，让边疆能够稳定，使汉臣能够归心。但到了康熙朝前后，设立三藩却变成了养虎为患，三藩形成了独立的割据势力，称雄一方，甚至与朝廷分庭抗礼。尤其是吴三桂，竟然上书康熙，要求让云贵两省的官员，听从他的指令调遣。在这种背景下，康熙放弃了"缓图"的主张，决定削藩。他借耿精忠、吴三桂等假意撤藩的上书申请，御批同意。吴三桂一看弄假成真，遂于公元1673年底，杀掉云南巡抚朱国治发兵造反，他还联络平南王、靖南王、各地老部下以及台湾的郑经等，邀他们共同造反，燃起了三藩叛乱的烽火。面对吴三桂的造反，康熙沉着应对，布局排兵，果断出击。首先他停止执行耿精忠、尚可喜两藩的撤藩命令，将他们从造反行列中暂时分化出来，并派人去吴三桂的旧部进行怀柔，孤立吴三桂。康熙还以决绝之心，斩杀吴三桂之子、自己的亲姑父吴应熊，大义灭亲，给吴三桂及其追随者以下马威。然后他迅速调兵遣将，在阻挡吴军进攻的同时，昭告天下，颁示吴三桂反叛及其他犯下的罪行。同时他重用汉将，以赢得汉将之心，消解吴三桂所举反清复明大旗的力量。历经

八年，他彻底将三藩叛乱平息，实现了国内大陆稳定的政治局面。

平定三藩叛乱后，康熙开启了收复台湾、统一全国的大业。台湾自古以来就是中国的领土。1624年，荷兰东印度公司派兵占领台湾，台湾陷入荷兰之手。1662年，明朝延平郡王郑成功击败荷兰侵略者，收复台湾作为抗清基地，台湾回到祖国。康熙初年，为清除明朝反清势力，清廷许诺郑成功之子郑经以"八闽王及沿海诸岛"，但竟遭到郑经的拒绝，不仅如此，郑经还宣称"东宁（台湾）远在海外，非属版图之中"，要求清廷仿照朝鲜的成例处理台湾与中央政权之间的关系。郑经的这一无理要求，不仅暴露了其裂土分疆、另立王朝的野心，而且使台湾郑氏集团与清廷的矛盾由抗清的国内矛盾变成分裂祖国闹独立的行径。对此，康熙予以严厉驳斥。为了维护国家统一，康熙在平定三藩之乱两年后，经过精心筹划，任命姚启圣为福建总督，督办征台事宜，任命施琅为福建水师提督，率水军进攻台湾。施琅一举力克台湾兵将，郑经之子郑克塽率部投降。其后，在管理台湾的问题上，康熙力排众议，驳斥放任之议，指出"台湾弃取关系甚大""弃而不守，尤为不可"。据此，清廷在台湾设置一府三县，使其隶属福建省，设总兵一人，驻兵八千，在澎湖设副将一人，驻兵两千，使台湾与大陆再次统一。

康熙平定三藩、统一台湾，实现了其遏制分裂，维护国家统一、领土完整的宏愿。

三、推动民族大融合，形成汉满蒙回藏多元一体的基本格局

康熙时代面临的民族问题十分严峻。满汉矛盾、满蒙矛盾、清政府和沙俄的矛盾，各种矛盾交织在一起，错综复杂。康熙皇帝大智大

睿，大刀阔斧，以解决满汉矛盾为基础，以反抗外国侵略为关键，以巩固边疆安稳为目的，开启了民族大融合的历史进程。

满族入关，建立清政府，激起了汉族民众尤其是知识分子的强烈反抗。康熙即位之初，为处理好满汉之间的关系，实行满汉一家的政策，取得了积极的效果。尤其在平定三藩和统一台湾以后，满汉之间激烈的矛盾日渐平复。加之康熙在思想文化上尊孔崇儒，以儒家思想为治国理政的指导思想，在对待汉族知识分子和汉族民族问题上采取"尊贤敬儒""满汉一家"的政策，满汉两族逐渐走向融合。满汉融合为康熙处理好其他问题打下了坚实的基础。

明清之际，沙皇俄国不断侵扰中国黑龙江流域。康熙亲政后多次通过外交途径，敦促俄国远征军从中国领土上自动撤离，遭到拒绝。被迫之下，在收复台湾两年后，康熙发动了抗击沙俄入侵、收复中国领土的两次雅克萨之战，并取得了战争的胜利。1689年，清政府与沙皇政府签订了《中俄尼布楚条约》，条约划定了中俄两国东北段边界，制止了沙俄的侵扰，使这一地区保持了上百年的和平。

多伦会盟，确立漠北蒙古与清中央政府的隶属关系。清初，蒙古分为漠南、漠北和漠西蒙古三大部分，他们人口众多，部系繁杂，力量强大，控制着大兴安岭以西、葱岭以东的广大地区，还影响着西藏。从地域看蒙古部族几乎占据了半个中国，蒙清关系成为清初民族关系重要的部分。蒙古三大部的漠南察哈尔部早在皇太极时已经归附大清，被编为16部49旗，完全成为清王朝版图的一部分。康熙年间，漠北和漠西蒙古虽然向清政府朝贡，但相互之间的关系十分松散。中俄在东北签订条约后，沙俄却在漠北进攻蒙古，挑起纷争。在沙俄的挑动怂恿下，漠西准噶尔部向东扩张，1688年入侵漠北蒙古，迫使其向漠南清朝统治地区退却，依附于清廷。但漠西蒙古对此并不满足，他们穷追不舍，长驱直入，直接威胁清廷。康熙皇帝发出警告规劝，尝试以和平方式解决问题。但葛尔丹却回信声称要"圣上君南方，我长北方"，其与清廷分庭抗礼的野心暴露无遗。为了解决漠北归附后的生存空间问题以及平息其内部矛盾，康熙决定以武力反击葛尔丹。1690年，康熙亲征，发动了军事反击，在乌兰布通将漠西蒙古击溃，葛尔丹远遁，漠北蒙古得以重返家园。次年，康熙为了完成对漠北蒙古的真正统治，在多伦举行了规模盛大的会盟，漠北、漠南蒙古以及青海、西藏的王公贵族、宗教领袖悉数到场，此次会盟正式确认了漠北蒙古各部对清朝中央的臣属关系，规定其政治军事经济均归中央管控。此后的葛尔丹，虽表面臣服，背地里却与沙俄勾结，谋划联合漠南、蒙古王公贵族再次造反。为此，康熙于1696年第二次亲征，在克鲁伦河吓退葛尔丹，在昭莫多围歼叛军，葛尔丹大败。这一仗，葛尔丹大伤元气，失去了对漠西蒙古的统治者地位。次年，康熙帝自带兵渡过黄河，再次亲征葛尔丹。此时葛尔丹已是众叛亲离，他在伊犁的根据地被侄儿策妄阿拉布坦占领，并且他的侄儿声称要归附大清。在清军进剿和众叛亲离的双重打击下，走投无路的葛尔丹服毒自尽。至此，清政府重新控制了阿尔泰山以东的漠北蒙古，在乌里雅苏台设立将军，统辖漠北蒙古军事。除去葛尔丹后，康熙皇帝将漠西命名为新疆，意思是大清王朝新的边疆地区。

随着康熙在西藏地区的作为，侵略西藏的独立势力被清除。1709年清廷派户部侍郎赫寿到西藏，协同拉藏汗处理西藏事务。1717年至1720年清廷出兵西藏，击退准噶尔策妄阿拉布坦部的武力侵扰，清平西藏的准噶尔部的势力，结束了蒙古诸部在西藏地区的统治。同时，康熙派兵驻藏，组成四噶布伦联合执政的噶布伦制度，加强了中央对西藏地方的直接管理，清朝对西藏的施政管理完成了一个历史性转折。

应该说，康熙一朝，巩固了多民族国家的统一与团结，中华民族汉满蒙回藏等多民族为一家的多元一体格局基本形成，中华民族以大一统面貌呈现在世人面前。对此，毛泽东、周恩来都给予康熙以极高的评价。

四、确定崇儒重教国策，实现"满汉一家"

康熙一朝赢得了政治巩固、国家统一、民族团结、经济繁荣的大好局面，这与康熙实行的文化政策是密不可分的。

康熙自5岁开始攻读儒家经书，被汉文化深深吸引。在著名理学家熊赐履的教授下，他孜孜以求，数十年不辍。经过刻苦努力，成年后的康熙，已然成为一名传统汉学文化大师。亲政后，他不断总结先朝、先祖对汉人施政的经验得失，最终确立以儒家思想作为治理国家的主导思想，以弘扬儒学作为基本国策，以儒家伦理道德和社会和谐思想为武器，以孔孟天下一家的大一统思想和程朱理学作为文化政策的哲学基础，开展广泛的思想文化教育工作，以达到"治万邦于衽席，和内外为一家"的目的。

由于康熙灵活地将孔子学说和程朱学说中有利于社会和谐和政权稳定的部分加以推广宣传和应用，推崇理学，扶持汉学，把程朱理学定为官方学术思想，重刊《性理大全》，主编《性理精义》，使浸润于儒家文化2000年的广大民众，特别是主导意识形态的知识分子，很快就认同了这个精通中国文化、仁义威武的满族皇帝，认同了清朝的民族政策、文化政策和文治武功。

为落实他的文化政策，康熙去曲阜，谒孔庙，行三跪九叩之礼，听经说经。他对历代重要的儒家代表人物优礼有加，为他们建寺庙、立牌坊、赐匾额，允许世袭五经博士，对他们倍加荣宠。康熙朝沿袭明代旧制，京师设立国子监，地方设府州县学，乡间则设立社学义学等，建立起了从中央到地方完备的学校体系，教学内容设有率性、修道、诚信、正义、崇志、广业、算学、官学、宗学、觉罗学、俄罗斯文等，凡不符合"以开太平"要求的教学内容一律被清除。

康熙高瞻远瞩地指出："一代之兴，必有博学鸿儒，振起文运，闸发经史，以备顾问。""帝王之治，必以敬天法祖为本，合天下之心为心，公四海之利以为利，制治于未乱，保邦于未危，夙夜兢兢，所以图远也。"因此他特开设博学鸿词科，招揽汉文化水平极高的学者，广加任用。对此，广大汉族知识分子积极响应，参加开科取士的抢才大典，参加"征求山林隐逸""博学鸿儒"的征招，入仕清廷，为国效力。

康熙朝在重文兴教的同时，大力编纂典籍与汉学书籍，以昭其"稽古右文，崇儒兴学的宗旨"。康熙二十五年下诏："自古帝王致治隆文，典籍具备，犹必博采遗书，用充秘府，益以广见。"此后，康熙王朝编撰《明史》，以供考稽前朝的经验得失；编撰《康熙字典》《佩文韵府》《骈字类编》等文字工具书，以供汉学之需；编纂卷帙浩繁、现存最大的大型类书《古今图书集成》等，以保存和传播古典文化。

康熙采用的文化政策，对建立统一多民族的主体文化意义重大。文化融合产生巨大凝聚力，极大地加速了民族的融合。清初宣传的"满汉一体""满汉一家"，在兴文重教、编纂典籍的过程中，在理学这一指导思想的推动下，迅速成为现实，满汉民族真正融合在了一起。同时，它也产生了凝聚全体社会成员的巨大文化力量，促进了国家的稳定、民族的团结和经济的繁荣发展，为"康乾盛世"奠定了文化基础。

同时，康熙对于西方文化与科技采取"取其技能，禁传其学术"的实用主义方针，强调科技的交流学习。为了学习西方科技，康熙派代表觐见法王路易十四，邀请法国派遣科技代表团访清讲学，这是中法外交史上的盛事，也是中外文化交流史上的盛事。康熙以极大的热情研究吸收西洋文化，在康熙的亲自参与下，西方科学包括天文、数学、医学、地理学、哲学、外语、音乐、枪炮制造等在清廷得以传播应用。他还允许教士传教，并聘请懂科学的西方人士参与政府管理，汤若望、南怀仁、白晋、郎世宁等皆入朝服务。康熙对传播科学知识和技能的洋人十分器重，任命南怀仁为工部右侍郎，派白晋为代表出使欧洲，签订《中俄尼布楚条约》时代表团中也有西方人士。康熙将学习到的西方科学知识，应用到战争、天文、历法、漕运、河道水患的治理上，达到了很好的效果。这对于一个刚刚入关的满族皇帝来说，实在难能可贵。

五、实施以民为本政策，积极发展工农商业

《全球通史》曾这样评价康熙：康熙有理由这样自信，他统治的大清帝国是世界上最强大最富庶的国家，就是那些自命不凡的欧洲来访者都不得不承认这一点。康熙统治中国60多年，是17世纪的伟大人物。不仅如此，他还是一位卓越的军事家，一位精细的管理者。他不但视察公共工程，宽宥囚犯，倾听民间疾苦，而且还亲自审阅举子的考卷，甚至会见那些地位低下的劳工和农夫，并以一种友善可亲的态度，同他们进行交流，这使他深得人心。这些评价，反映了康熙对待民众的态度和务实的执政风格。

康熙在位期间实施了一系列重农兴工、保护工商业的政策，主要包括：

——废除"圈地令"，禁止圈地。限制满族贵族旗主的圈地活动。康熙八年谕令户部"自后圈占民间房地，永业停止，其今年所已圈者，悉令给还民间"。1685年规定民间新垦田亩"自后永不许圈"。废除"圈地令"不仅缓和了阶级矛盾，还为农业经济的长期发展打下了坚实基础。

——设立"更名田"。即将明末宗藩的土地归民垦种，招徕流民，安定农业秩序。

——奖励垦荒，扩大耕地面积。从1669年开始，他放宽垦荒起科年限，免赋三年改为免赋六年。为了进一步鼓励垦荒，康熙特颁布条

律，给予垦荒业绩突出者以俸禄官职。同时他鼓励在旗下额定地之外的圈地上进行开垦，扩大垦荒范围，并帮助无力垦者垦荒，将其编入保甲，官给耕牛。这一系列的垦荒政策，极大地调动了自耕农和流民的垦荒热情，民有所安、民有所依得到了体现。

——减轻赋税，减免钱粮。康熙在位期间，强调民以食为天的理念，先后在全国二十多个省区减免钱粮、丁银、通赋等。

——重视屯田，发展屯田，将守护边疆与发展生产相结合。"新疆屯田，始于康熙之季"。东自巴里坤，西至伊犁，北自科布多，南至天山左右，清廷垦种十数万亩农田。其后，康熙又在黑龙江、直隶推行屯田政策。其意义极大，影响及至当代。

——防止洪水泛滥，大力兴修水利工程。康熙朝大力整治黄河、淮河、浑河、永定河、运河等经常发生水灾的河流，取得了良好的效果。

——推动工商业发展。康熙明确"商人为四民之一"，认为"重困商民，无裨国计"，强调"恤商"和"利商便民"，严令禁止各地关卡勒索过往商人。他要求停止一切不利于商业发展的规定，并下令永远消减两淮盐课，取消关征超额优叙的定制。他还开放矿禁，推动矿业发展，铲除了许许多多不利于工商业发展的障碍。

康熙实施的一系列利民养民富民政策和兴工利商措施，促进了社会经济的发展，使百姓富裕国家安定，实现了国安民富的目标，为大清朝前期的发展打下了坚实基础，开创了世人称道的"康乾盛世"。

康熙不仅是中国历史上在位时间最长的皇帝，凭借他以上的作为和成就，我们不得不承认他还是中国统一的多民族国家的坚强捍卫者，是大清盛世的开创者，是中华民族传统文化的继承与弘扬者，是一位足智多谋、抱负宏远的政治家、军事家、外交家，是一位刚毅果敢、勤政为民、仁爱贤明的皇帝。中国历史因为有了康熙又多了一份精彩！

他为什么被誉为『中国十一世纪最伟大的改革家』

——宋代著名改革家王安石

○王瑞雪

中国历史上有许多次改革或变法，每一次改革都要动某些人的"奶酪"，都要进行利益再分配，都要调整生产力与生产关系的矛盾，每一次改革都困难重重，斗争激烈，甚至刀光剑影，人头落地。因此，中国历史上一代一代的改革家们，从管仲、李悝、商鞅到范仲淹、张居正、康有为等，他们敢于向陈疾旧疴亮剑，敢于向利益集团逆行，他们都有着独特的品格和担当，都是特殊的人。在中国的改革家队伍中，矗立着一位挺拔嶙峋的人物——王安石。

王安石生于1021年，卒于1086年，江西临川人，字介甫，晚号半山，世称临川先生，是北宋杰出的政治家、文学家、改革家。纵观王安石的一生，似乎他就是为改革而生的。他的品格气质、诗词文章、政治追求、任官拜相、黜陟沉浮、恩恩怨怨等，几乎都与改革牵牵相结，紧密相连。大概由于这些缘故，列宁称王安石是"中国十一世纪最伟大的改革家"。

时光已过1000多年，但岁月并没磨灭王安石的历史光辉。今天，我们走近王安石，必能获得智慧的启示。

一、揭经世致用之文

中国从古至今，文人墨客历来不少，几乎满坑满谷，胜于过江之鲫。但王安石与那些沉湎于风花雪夜小情小调的文人不同，他秉持着以诗言志、以文载道的文化传统，用诗文书豪情、寄壮志、吐心扉，有的诗文就是改革的宣言书，有的诗文就是改革的内容。因此，在一篇篇诗文背后站着的是一位改革家。

王安石的诗惊世瘦硬，长于说理与修辞，善用典故，风格遒劲，警辟精绝。其诗作注重社会现实，反映下层人民的痛苦，风格直截刻露，政治倾向性十分鲜明。仅从以下三首小诗，就能看出作者的大格局、大气魄、大担当。

1058年，王安石在鄞县任满，回家乡临川时路过杭州，写下此篇《登飞来峰》：

> 飞来山上千寻塔，
> 闻说鸡鸣见日升。
> 不畏浮云遮望眼，
> 自缘身在最高层。

"浮云"一般指顽恶势力。李白曾有诗云："总为浮云能蔽日，长安不见使人愁。"王安石"不畏浮云遮望眼"，表明他不惧怕任何反动势力，敢于追求自己的理想和目标。

1070年，大年初一，身为副宰相的王安石带着酒后的醉意和处于权力巅峰的快意，提笔写下了著名的《元日》：

> 爆竹声中一岁除，

春风送暖入屠苏。

千门万户曈曈日，

总把新桃换旧符。

"新桃换旧符"是除旧布新之意。这首诗完全可以被视为王安石的改革总动员，视为他为改变国家积贫积弱而亲手描绘的一幅政治美景。

1076年，王安石再次被罢相后，退居钟山，写下《梅》：

墙角数枝梅，

凌寒独自开。

遥知不是雪，

为有暗香来。

这首小诗意味深远，赞颂了梅花的风度和品格，此时作者本身就像傲雪凌霜的梅花一样——改革虽败，但诗人幽冷倔强的性格永不屈服。

王安石的散文以议论为主，多针砭时弊，根据深刻的分析，提出明确主张。他的散文见识高超，议论果断，结构严谨，语言简洁，说理透彻。其内容紧贴社会、政治和人生的实际，直接为他的政治改革服务。例如：《答司马谏议书》剖析了司马光反对新政的言词，简炼、委婉、坚决，明确地表明了自己的政治主张；《读孟尝君传》分析历史事实，驳斥了孟尝君养士的传统观念，畅谈如何才算"得士"的问题；即使《伤仲永》这样的小品文，作者的用心也不在表现文思上，其实际的用意是强调后天学习的重要。在游记这一最具辞采和情趣的文体里，王安石也常将极富哲理的主题引入，如《游褒禅山记》中用了近一半篇幅来议论这样一个理性的问题：做任何事情，如果想要达到超越常规的境界，就需要付出超常的努力，具有超强的意志，此外，别无捷径。

"文章合为时而作，歌诗合为事而作。"一篇篇诗文既是王安石内心世界的外化和写照，也是王安石的文化成熟与自信，一个改革家恰恰需要这样的素质和品格。

二、养浩然刚正之气

孟子云："天将降大任于斯人也，必先苦其心志，劳其筋骨，饿其体肤，空乏其身，行拂乱其所为，所以动心忍性，曾益其所不能。"王安石经过丹炉九转，炼就了一身才干和清廉作风、顽强性格。如果说揭经世致用之文是他文化生命的成熟，那么养浩然刚正之气则是他政治生命的成熟。

王安石少时随父亲游历各地，目睹百姓疾苦，民生万态，早年便立下"矫世变俗"的宏图大志。以进士身份出仕后，他第一个职务是"签书淮南节度判官公事"。在基层衙门任职时，他一边积累政治经验，一边撰写《淮南杂记》，奠定自己日后改革的思想基础。按照北宋不成文的规定，王安石在地方干满一任之后，便可以申请回朝廷担任馆阁之职，但是，王安石在扬州3年任满之后，却选择到鄞县当一个七品县令，在地方一干就是16年。在16年的地方官经历中，王安石勤政爱民，廉洁奉公，积累了丰富的经验，有着不俗的业绩，树立了极佳的官声人望。他不仅深受老百姓爱戴，在士大夫中也被视为奇才。当时的宰相文彦博就因为这一点向仁宗皇帝举荐他，王安石以不想激起"奔竞之风"为由，委婉拒绝。之后，朝廷又多次向王安石投来橄榄枝，而他还是像从前一样推辞不就。王安石瞧不上那些整日围着皇帝记载吃喝拉撒的富贵闲差，他有自己的理想和抱负，知道自己应该把精力放在哪里。因为在主政地方的十几年中，他目睹了三冗二积的尴尬局面、外交军事上的连续失败和各地农民的不断起义，他认为宋朝要想继续维持自己的统治，必然要进行一场改革。因此，他养精蓄锐，静待真正属于自己的变法时代的到来。

经过多年地方官的历练，王安石养成了坚忍不屈、顽强执拗的性格。1058年，他满怀政治热情地向宋仁宗递上了著名的"万言书"。他总结自己多年的地方官经验，指出国家积弱积贫的现实，系统地提出了富国强兵的变法思想，主张"因天下之力以生天下之财；收天下之财以供天下之费"。他的主张最后没有被宋仁宗采纳，但他不气馁，不动摇，继续为实施变法呼号奔走。1068年，继位一年、意气风发的宋神宗为摆脱宋王朝所面临的困境，召见王安石。王安石上《本朝百年无事札子》，主张全面改革，提出"治国之道，首先要确定革新方法"，勉励神宗效法尧舜，简明法制。宋神宗认同王安石的有关主张，赏识王安石的政治才干，于是在宋神宗的支持下，王安石开始大刀阔斧地推行变法。变法触犯了大地主、大官僚的利益，两宫太后、皇亲国戚和保守派士大夫联合起来，共同反对变法。1074年春，天下大旱，百姓流离失所，饿殍遍地。反对派抓住了这个机会，弹劾王安石，王安石被罢相，重新回到了江宁知府的位子上。但仅仅过了一年，王安石再次拜相。当他再次回到朝廷时，反对变法的声音更大了，连改革派的内部也变得分崩离析，新法奄奄一息。面对各种嘈杂的声音，王安石不计个人毁誉，迎难而上。《宋史·王安石列传》记载，王安石说："天变不足畏，祖宗不足法，人言不足恤。"大意是天象的变化不必畏惧，祖宗的规矩不一定效法，人们的议论也不需要担心。正是秉持这样的信念，王安石才以一人之力扛起改革大旗，使这场变法运动先后开展了16年，史称"熙宁变法"，又称"王安石变法"。现在有一句流行语："性格决定命运。"那么，对于一位改革家来说，就是"性格决定改革"了。如果王安石没有坚忍不屈、顽强执拗的性格，恐怕"熙宁变法"坚持不了16年。

经过多年的地方实践，王安石不仅历练了政治才干和文化品格，还养成了清正廉洁的生活作风。在这方面，王安石有许多佳话和美谈。《梦溪笔谈》记载，王安石不讲吃穿，生活邋遢，面色黝黑，他的门人很担心，便去咨询医生。医生说："脸黑是由于汗渍垢污造成的，不是疾病。"后来门人就向王安石献了一些澡豆，让他洁面。王安石说："我天生面庞黝黑，澡豆又能起什么作用呢？"坚决不接受。王安石不仅不接受礼物，连美女都拒之门外。北宋是个重视文人的时代，文官的地位很高；北宋是个讲究享受的时代，文官的生活很奢侈，官员纳妾更是常事。王安石妻子吴氏曾经私自做主，派人到外面去给丈夫买了一个妾。王安石知道后坚决不纳。终其一生，王安石只有一个夫人。王安石不纳妾，完全出于一个清廉官员的自律，是自觉的行为，这在当时的宋朝绝对是一股清流。更为难能可贵的是，在事业最兴隆之时，王安石辞去相位，回家隐居，完全"裸退"。他不贪钱财，历史记载：搬出相府时，所有的官府之物他寸草不带。吴夫人特别喜欢那里的一张床，想按照价格付钱买下来，王安石也没有同意，因为他认为，这样将来会说不清楚。不爱官、不爱财、不爱色，清廉到几乎严苛的程度，这在当时追求名利的官场中，实为凤毛麟角。因此，虽然由于政见不同，北宋朝中许多官员对变法持反对态度，但是对王安石的道德品格没有一人不赞叹敬佩，大家都承认他"素有德行""平生行止，无一污点""真视富贵如浮云，不溺于财利酒色，一世之伟人也"。

久经历练，养成浩然刚正之气，王安石挺起了一个改革家的脊梁，他回报给社会的一定是一场轰轰烈烈的变法运动。

三、推振衰起弊之法

机会总是给有准备的人。1068年，心心念念振衰起弊的王安石终于遇上了一心想有所作为的宋神宗。宋神宗为挽救统治危机，擢王安石为宰相，推进变法。于是，1069年，一场轰轰烈烈的变法运动开始了。王安石变法主要从理财和整军两大方面实施新政，陆续推行了一系列以经济为主，兼及政治、军事、文化的改革新法。这些新法主要包括三大方面十四项内容。

在富国方面，颁布了一系列新法。1.青苗法，在每年二月、五月青黄不接时，由官府给农民贷款、贷粮，每半年取利息二分或三分，分别随夏秋两税归还。2.募役法（又称免役法），将原来按户轮流服差役的规矩，改为由官府雇人承担，不愿服差役的民户则按贫富等级交纳一定数量的钱，称为免役钱。官僚地主也不例外。3.方田均税法，下令全国清丈土地，核实土地所有者，并将土地按土质的好坏分为五等，作为征收田赋的依据。4.农田水利法，鼓励垦荒，兴修水利，费用由当地住户按贫富等级高下出资，也可向州县政府贷款。5.市易法，在东京设置市易务，出钱收购滞销货物，市场短缺时再卖出。6.均输法，设立发运使，掌握东南六路生产情况和政府与宫廷的需要情况，按照"徙贵就贱，用近易远"的原则，统一收购和运输。

在强兵方面，颁布如下新法。1.保甲法，将乡村民户加以编制，十家为一保，民户家有两丁以上抽一丁为保丁，农闲时集中接受军事训练。2.裁兵法，整顿厢军及禁军，规定士兵50岁后必须退役。测试士兵，禁军不合格者改为厢军，厢军不合格者改为民籍。3.将兵法（又叫置将法），废除北宋初年定立的更戍法，用逐渐推广的办法，把各路的驻军分为若干单位，每单位置将与副将一人，专门负责本单位军队的训练，以提高军队素质。4.保马法，将原来由政府的牧马监养马改为由保甲民户养马。保甲户自愿养马，可由政府给以监马或者给钱自行购买，并可以免除部分赋税。5.军器监法，监督制造兵器，严格管理，提高武器质量。

在取士方面，采取如下措施。1.改革科举制度，颁布贡举法，废除明经科，而进士科的考试则以经义和策论为主，增加法科。2.整顿太学，实行分上、中、下三班不同程度进行教学的太学三舍法制度。以学校的平日考核来取代科举考试，修撰儒家经典；设置武学、医学、律学专科学校，培养专门人才。3.唯才用人，重视对中下级官员的提拔和任用，使许多低级官员和下层士大夫得到发挥才干的机会。

王安石变法虽然受到了守旧势力的反对，变法历程几起几落，他本人也两次被罢相，但抗旧去疴、振衰起弊的变法，仍然收到了积极的成效，有效地改变了北宋积贫积弱的局面。

随着变法的深入，北宋政府财政收入大幅增长。宋神宗年间国库积蓄可供朝廷20年财政支出，财政收入超过变法前40%以上，达到北宋历史上的峰值。财政收入的迅速增加，彻底改变了北宋"积贫"的局面。同时，新法在一定程度上抑制了豪强地主的兼并势力，青苗法取代了上等户的高利贷，限制了高利贷对农民的盘剥；方田均税法限制了官僚和豪绅大地主的隐田漏税行为；市易法使被大商人独占的商业利润中的一部分收归国家，打击了大商人对市场的操纵和垄断；免役法的推行使农户所受的赋税剥削有所减轻；大力兴建农田水利工程，对农业生产的发展发挥了巨大作用。社会经济发展，人民负担减轻，社会呈现了百年来不曾有过的繁荣景象。

通过推行"强兵之法"，积弱局面得以缓解，北宋国力有所增强。保甲法的推行，加强了乡间的治理秩序，维护了农村的社会治安，建立了全国性的军事储备，并节省了大量训练费用；裁兵法提高军队士兵素质，将兵法改变了兵将分离的局面，加强了军队战斗力；保马法使马匹的质量和数量大大提高，同时政府节省了大量养马费用；军器监法增加了武器的生产量，其质量也有所改善。这些强兵措施扭转了西北边防长期以来屡战屡败的被动局面。1073年，在王安石指挥下，王韶带兵从西夏手中收复了甘肃一带三千多里、沦陷百年的失地。这是变法前北宋军队决不可能实现的成就。

四、处和而不同之友

似乎是历史有意安排，王安石与当时赫赫有名的三位大人物——司马光、苏轼、欧阳修，一起出现在了北宋的庙堂上。依照才情、性格、人品，他们能够成为惺惺相惜、饮酒品茗、唱和应对、携手同游的好朋友，但因为对变法各抒己见，他们为"和而不同"作出了精彩的诠释，为后世的官场和士林树立了榜样。

司马光与王安石轮番拜相，两人之间的关系自然特殊。本来司马光非常欣赏王安石，在王安石初行新法遭到众人围攻、弹劾时，司马光还极力替他开脱。但随着新法弊端日显，尤其是眼见青苗法导致民怨沸腾、民不聊生后，司马光渐渐改变了主张，主动站到了变法派的对立面，成了新法的反对者。他三次给王安石写信，以昔日挚友的身份，委婉批评他；写信无果，又转而上疏皇帝，请求来个釜底抽薪，干脆罢除变法的核心机构——制置条例司，废除青苗法。王安石则在皇帝面前猛烈攻讦司马光，争执的结果是司马光请求外放，去了洛阳。哲宗继位后，保守派上台，立即起用司马光为相，全面恢复祖宗之法。此时司马光春风得意，而王安石则被弃如敝屣。可见，他们二人在政治上斗争得非常激烈，水火不相容。但在做人上，他们又都是君子。例如，王安石高居相位时，曾把司马光指摘他变法的墓志铭挂在墙上，进行欣赏。而司马光高居相位时，听说王安石在江宁病逝，在他的积极推动下，王安石被追赠太傅，位列一品。总之，他们二人的恩恩怨怨皆起于变法，而最后的惺惺相惜则由于人格，这就是孔子说的"君子和而不同"。

苏轼与王安石相比，在政治上不算是一个重量级的人物。如果说王安石是一位大政治家的话，苏轼终其一生最多也就是一位政治爱好者。林语堂先生有句话说得很到位：苏东坡是政治上永远的反对派。

王安石变法开始后，苏轼上书皇帝，提出了和王安石迥异的变革观点，反对变法。二人政治交锋的结果是苏轼被贬。但在"乌台诗案"苏轼命悬一线时，苏轼所属反对派政治大佬司马光等人都鸦雀无声，只有三人挺身而出救苏轼，一位是其弟苏辙，一位是他一生的"冤家朋友"章惇，另一位便是王安石。是王安石一句"岂有盛世杀才士乎"的公疏挽救了苏轼。后来当苏轼从生命的谷底屹立成伟大文学家后，到南京拜访早已"裸退"的宰相王安石。二人诗文唱和，冰释前嫌，互相引为知己。由此可见，王安石出于政治需要贬谪过苏轼，也出于道义责任援救过苏轼。实际上，这两位北宋时期最伟大的诗人尽管政见不和，却从未成为任何意义上的私敌，相反，他们之间在政治上的相互宽容和在文学上的互相倾慕，为"和而不同"留下了佳话，也应当成为惯于"文人相轻"、动辄互相倾轧到欲置对方于死地的文人们警省的楷模。

欧阳修与王安石的关系前后变化更超出寻常。欧阳修是北宋著名的政治家和文学家，无论是在政坛还是文坛都有其卓然地位。王安石16岁时随父进京述职，认识了曾巩，曾巩把王安石的文章推荐给当时的文坛领袖欧阳修，欧阳修非常欣赏，从此极力提携王安石，两人交往甚密。应该说在早期欧阳修对王安石多有帮助，但到了晚年，欧阳修的政治思想过于保守，而王安石的政治主张则趋于前卫与创新。二人渐行渐远的根源还是变法。王安石变法，欧阳修反对。欧阳修脾气直，在地方上为官，在自己辖区内公然抵制变法，拒不执行青苗法。不仅如此，他还直接给宋神宗上疏，请求从根儿上拔除害人的"青苗"。上疏无望后，他主动提出了退休。当时欧阳修还不算太老，且又是文坛领袖，德高望重，很多人挽留欧阳修。王安石却以一句"善附流俗，以韩琦为社稷臣。如此人，在一郡则坏一郡，在朝廷则坏朝廷，留之何用？"表达自己的绝不挽留之意。不久欧阳修郁郁去世。王安石此时正高居相位，独揽大权，炙手可热，但得知欧阳公去世的消息后，他动情地写了一篇《祭欧阳文忠公文》，赞美欧阳修"器质之深厚、智识之高远"，夸赞一代道德文章大家的风采，尤其是末尾那句"念公之不可复见而其谁与归？"表达了自己的钦佩与悲痛之情。政见不同，时有争斗。但在文学和师门之谊方面，两人又惺惺相惜。应该说政治上的分歧或多或少使他们亦师亦友的关系产生了隔阂，但这两位终究是政治上的敌人，生活中的朋友。

从以上王安石和司马光、苏轼、欧阳修的恩恩怨怨中可以看出，王安石一生起落和变法紧密相连。为了变法顺利进行，他雷霆万钧，勇往直前，谁阻碍了他前进的脚步，他就坚决打击、彻底清除谁，就连反对自己变法的恩师、领导、朋友、亲信也绝不手软。但在做人上，王安石毫无亏欠，虽然硬核，但却可赞。这就是大山与大山相撞，发出来的是不同凡俗的巨响。这种巨响至今还回荡在历史的上空，时时震动着人们的心弦。

王安石的一生波澜起伏，丰富多彩。仅以下四端：揭经世致用之文、养浩然刚正之气、推振衰起弊之法、处和而不同之友，就足以说明他不愧是一代伟大的改革家。更为重要的是，以上四端每一端都是一座历史富矿，都是一部文化大书，其中饱含的才情、品格、理想、担当等，至今还跳动着生命的脉搏。今天，我们要站在巨人的肩头去迎接新一轮日出，应当把王安石纳入我们学习和研究的视野。

他为什么被称为『中国近代开眼看世界第一人』

——伟大的爱国主义者林则徐

○赵 颖

矗立在天安门广场的人民英雄纪念碑碑座的四周，镶嵌着八幅巨大的汉白玉浮雕，再现着一百多年来中国人民反帝反封建斗争几个重要阶段的壮丽画面，其中第一幅就是虎门销烟的激昂场面。虎门销烟正式拉开了充满血与火、奋斗与牺牲的中国近代史的序幕。而这场震惊中外的伟大斗争的领导者，就是名垂青史，令万世敬仰的民族英雄林则徐。

林则徐生于1785年，卒于1850年，福建侯官人，出生于私塾教师家庭。他博闻强识，热心向学，4岁入塾读书，13岁进秀才，19岁中举人，26岁赐进士出身，从此开始了官场生涯。他一生带印40年，历官14省，被史学家称为中国近代史上的“第一人臣”。

当年，林则徐为政清廉，敢于担当，尽职尽责，建树卓越，饮誉于庙堂和江湖，令人交口称赞。今天，他那敢于亮剑、抗击外国侵略者的爱国精神，开眼看世界、师夷长技以制夷的开放精神，心系群黎、兴利除弊润民生的实干精神，穿越历史时空，广受人们继承和弘扬。因此，无论在历史还是今天，民族英雄的价值都是永恒的。

一、敢于亮剑——虎门销烟抗英夷

林则徐所处的时代，中国封建社会已经衰落，曾经举世闻名的文明古国，此时已经远远落在世界资本主义各国的后方。资本主义列强为了掠夺中国财富，操起了罪恶的鸦片贸易，他们像贼一样用趸船源源不断地将鸦片运往中国。到19世纪30年代时，鸦片输入激增，每年达到三四万箱，每箱110斤，多达300万至400万斤。鸦片源源不断地流入，白银源源不断地流出，盗空了中国的财富；吸食鸦片的人数与日俱增，使中华民族成了东亚病夫；吸食者男盗女娼，严重破坏了社会的公序良俗。因此，面对鸦片问题，朝廷中出现了弛烟派和禁烟派的激烈论争。

1836年6月，太常寺卿许乃济上《鸦片例禁愈严流弊愈大亟请变通办理折》，主张取消禁令。此论一倡，不仅得到首席军机大臣穆彰阿的背后支持和一些弛烟派的公开赞扬，而且赢得外国鸦片贩子的欢呼，说它"立论极佳，文字也极清楚"。1838年6月，鸿胪寺卿黄爵滋上《请严塞漏卮以培国本折》，主张严禁走私，重治吸食。该折立论鲜明，措辞激烈，把论战推向了高潮。朝廷把黄爵滋的奏疏发至各省督抚，要求"各抒己见，迅速具奏"。结果，否定严禁者21件，赞成严禁者仅8件，可见禁烟的阻力有多大。在这种情况下，具有深厚爱国主义思想的林则徐深感禁烟问题是关乎国家命运、国计民生的大问题，于是力挺黄爵滋的禁烟主张，并上《钱票无甚关碍宜重禁吃烟以杜弊源片》，以有力的论据阐述鸦片之害，特别指出对于鸦片问题"若犹泄泄视之，是使数十年后，中原几无可以御敌之兵，且无可以充饷之银"。这句话的深层涵义是：圣上啊，若再不禁止鸦片，您的皇位就不保了！因此，它犹如一把重锤，深深打动了游移不决的道光皇帝，他决定采纳林则徐的主张，革职许乃济，召湖广总督林则徐入京讨论禁烟问题，并连续召见8次。12月底，道光皇帝任命林则徐为钦差大臣，节制广东水师，赴广州查禁鸦片。1839年1月初，林则徐离京启程，急驰粤道，1839年3月初到达广州，从此扛起了禁止鸦片的重任。

到达广州后，林则徐会同两广总督邓廷桢、广东巡抚怡良、水师提督关天培，传讯垄断对外贸易的十三洋行商人，斥责他们勾结洋商走私鸦片的种种违法行为，命令他们向外国鸦片贩子宣示缴烟谕帖，必须停止鸦片走私的罪恶行径，并限时将趸船上的鸦片全部缴出。林则徐对他们坚定地表示，"若鸦片一日未绝，本大臣一日不回，誓与此事相始终，断无中止之理"。表明了他禁绝鸦片、反抗鸦片侵略的坚强意志和坚定决心。

在林则徐的强大攻势下，从1839年4月12日到5月21日，英美鸦片贩子被迫缴出鸦片21306箱，计重2376254斤，全部集中到虎门海滩上。清朝从雍正七年（1729）就颁布禁烟法令，多少年来，九令十申，非但禁而未绝，反而愈禁愈多。如今林则徐领导的禁烟，在短短几十天内，竟然取得若大成效，怎能不使人欢欣鼓舞！林则徐也难以抑制心中的兴奋，提笔疾书："春雷欻破零丁穴，笑扆楼气尽，无复灰燃。沙角台高，乱帆收向天边。"

6月3日，一声号炮划破长空，接着是鼓乐齐鸣。震惊中外的虎门销烟，从这一天开始。林则徐等官员亲临监视，四五百名夫役川流不息，将鸦片箱撬开，把鸦片丸切开、捣碎、投入十五丈见方、盛有海水的两个大销烟池中，然后用石灰卤化。霎时，销烟池沸腾了，烟云直冲九霄。销化后，闸口开放，浆液被冲入大海。循环往复，直到6月25日，全部鸦片尽被销毁。这宏伟壮观的场面，这有条不紊的部署，这干净利落的举动，使数以万计的围观者交口称赞，侵略分子则为之震惊。这就是中国历史上著名的虎门销烟。这一壮举，充分显示了中国人民反对邪恶、反抗外来侵略的决心。

面对中国人民禁烟斗争的胜利，英国侵略分子气急败坏，一方面强求英国国会迅速作出武装侵略中国的决议案，一方面不断进行武装恫吓和挑衅。林则徐心知禁烟斗争将面临英国侵略者的战争威胁，但在武装恫吓面前，林则徐没有丝毫怯懦，明确表示"我们不怕战争"。与此同时，他严整海防，从珠江口至虎门，布设三道防线，逐一检查炮台，增设西洋大炮，改制战船，训练水师。在林则徐的领导下，清军多次击退了侵略分子的武装挑衅。

1840年4月，英国国会通过对华战争决议案。6月，英国水师抵达广东水面，炮轰广州，悍然挑起了侵华战争，史称鸦片战争。8月，英国侵略军窜入天津海口，提出种种无理要求，恫吓清政府。这时，清政府内部原来的弛烟派已经转变成了妥协投降派，他们整天围在道光帝身边，指责和攻击林则徐，散布外国"船坚炮利"无法抵抗的投降论调。本来就对禁烟游移的道光帝，此时改变了态度，派琦善去天津谈判，谋求妥协；并以"误国病民，办理不善"的罪名，将林则徐革职，遣戍新疆伊犁"赎罪"。林则徐在赴新疆途中，仍然念念不忘御敌的战场，在凉州挥笔写道："小丑跳梁谁殄灭？中原揽辔望澄清。关山万里残宵梦，犹听江东战鼓声。"体现了他对东南战事的关切，也流露出了他对自己"砖头"命运的忧愤。

林则徐虽然壮志未酬，但他在禁鸦片抗英夷的斗争中，留下的两句豪言壮语——本大臣誓与鸦片相始终！我们不怕战争！至今读来仍令人热血沸腾。它是决心，是誓言，是坚定的立场，是勇敢的精神；它在虎门滩头燃起了销毁鸦片的千丈火焰，在广东沿海激起了反抗侵略的万顷波澜；它表达了一位国家干臣的忠肝义胆，展现了中华民族敢于同自己的敌人血战到底的英雄气概。鲁迅先生曾说："我们从古以来，就有埋头苦干的人，有拼命硬干的人，有为民请命的人，有舍身求法的人……这就是中国的脊梁。"林则徐就是这样的人。

二、冲破藩篱——睁开眼睛看世界

在今天，睁开眼睛看世界，师夷长技以制夷，"宛如平常一段歌"，并不值得大书特书。但在林则徐的时代，了解西方、学习西方则需要巨大的胆量和远见卓识。

鸦片战争时期，西方经过资产阶级革命和工业革命，资本主义得到蓬勃发展。"资产阶级在它不到一百年的政治统治中所创造的生产力，比过去一切时代创造的全部生产力还要多，还要大。"它们为掠夺更多的财富，不断把侵略的魔爪伸向中国。但在此时，腐朽没落的清政府仍在小生产的磨盘上旋转，在封建的庄园里鼾睡，对世界大势茫然无知。1793年，英国马嘎尔尼使团来华要求通商，乾隆皇帝答复道："天朝物产丰盈，无所不有，原不藉外夷货物以通有无""天朝德威远被，万国来王，种种贵重之物，梯航毕集，无所不有。尔之正使等所亲见，然从不贵奇巧，并无更需尔国制办物件。"这段气冲斗牛的皇帝上谕，充分表明了清政府愚昧无知、夜郎自大的狂妄心态。在这种天朝意识充天塞地的时代，睁开眼睛看世界，师夷长技以制夷，那完全是离经叛道、非法灭圣、以夷变夏、死有余辜的行为。只有从这一角度上看，我们才能真正理解林则徐了解西方、学习西方的价值和意义。

林则徐身临抗英斗争第一线，遇到从未遇到过的敌人和风云变幻的斗争形势，为达到知己知彼、克敌制胜的目的，他翻译西书、西报、西学、西律，研究洋枪、洋炮、洋船、洋舰，冲破天朝上国的藩篱，成为为抗击外国侵略而开眼看世界的第一人。

林则徐开设译馆，组成翻译团队，选取《广州周报》《广州纪事报》《中国丛报》等在华外报的新闻和评论进行翻译，还有一些文章译自在澳门发行的其他国家的外文报纸。这些译自澳门外报的材料在后人整理时被统称为《澳门新闻纸》。当时的两广总督、广东巡抚、海关监督，甚至朝廷都收到过林则徐提供的译报材料。有人盛赞林则徐译报工作所取得的成绩："西洋声教素不通中国，其贸易主于洋行，至其国之道里风土，兵民习尚，虚实强弱，人无知之者。公独设间得其新闻纸，及外洋记载，通以重译，能中其窾要，而洋人旦夕所为，纤细必获闻，西酋骇为神助。"林则徐的译报活动在当时的中国是一个创举，他对"新闻纸"这一新媒介的认识是先进的、超前的。自林则徐起，译报译书之风始兴，林则徐的睁眼看世界逐渐转变成国人的开眼看世界。

为了解西方的地理、历史、政治，林则徐又组织翻译英国人慕瑞的《世界地理大全》，编为《四洲志》，这是我国近代第一部比较系统介绍西方地理的书，使人们看到了一个真实存在的外面世界，这对于近代中国走向世界起到了重要的启蒙作用。为了解夷人对中国的认识和态度，林则徐还组织翻译了John Francis Davis所著《中国人》的部分内容，摘译后编成的《华事夷言》有助于当时国人了解"他者"眼中的中国人形象。这些翻译带来的是全新的世界观念，传统的天下观逐渐被颠覆。

"虎门销烟"之后，中英矛盾日益尖锐，武装冲突一触即发。林则徐认为"剿夷而不谋船、炮、水军，是自取败也"。1840年1月，林则徐购买了一艘商船改装后供水师演练，并秘密购置了200多门新式大炮来提高清军水师的战备能力。但是这些来自国外的设备无人会使用。为了学会正确使用这些商船和大炮，翻译西方军事、科技书籍就十分必要。林则徐批评早期国人视西学书籍为"奇闻异端""淫巧邪说"的陋见，指斥为："其所学皆章句辩论，不知格物穷理。"林则徐以开放务实的态度摘译或编译科学和军事书籍，引领了中国近代加强海军与造船建设的国防、海防新主张。此后，接连的战败使包括林则徐在内的中国有识之士认识到西方军事技术和近代工业的先进，认识到西强中弱，中西对比悬殊，从而产生了学习西方近代军事工业和科学技术的想法。

林则徐在抗英战争中，认识到万国之中的成员都必须遵守国际规则。1839年7月，一名英国水手酗酒后和香港村民林维喜发生冲突，致其死亡，按照《大清律例》，杀人偿命。该案却遭到了英方的百般阻挠，他们拒不执行中方的裁决。面对英国的诡辩，林则徐组织翻译《各国律例》，该书是瑞士法学家滑达尔的著作，是19世纪上半期外交和领事官员的必读经典。林则徐通过细读滑达尔的《各国律例》，确信在中国按中国律例法办真凶符合国际法准则。林则徐通过国际法来处理外交争端，维护了民族国家的利益，为清政府在外交中援引国际法开了风气之先。

虽然林则徐对西方的认识还比较肤浅，接触西学的目的是出于外交、军事需要，但他毕竟开创了中国近代学习和研究西方的风气，对中国近代维新思想起到了启蒙作用。

第一，开启了国人的国家观念。清政府闭关锁国，国人对中国以外的世界很少关心和了解。传统观念是华夷之辩，整个中国沉醉在"天朝上国"的幻想中，将西方列强视为蛮夷。这时作为国家共同体的"中国"的国家名称是模糊的。在这样的社会氛围中，林则徐开展的译报、译书工作帮助国人形成了崭新的"国"的概念，人们重新审视自身与外部的关系问题，这才开启了国家意识。

第二，探索了应对新挑战的新方法。林则徐苦心编译的《四洲志》是中国历史上首部较为系统的世界地理志，给国人带来了关于外面世界的新知。魏源深受其启发，在此基础上自觉了解和学习西方，编写了《海国图志》，认为"海国"竞争的时代已经到来，中国需要海运、海商、海军和海权。他总结了林则徐的思想，提出了著名的"师夷长技以制夷"的思想，主张聘请国外技师，"师造船械"，发展海军，开始了向西方学习的新历程。

第三，初构了按照规则与外国交往的外交思想。鸦片战争之前，中外交往是在朝贡体系的逻辑中展开的，传统的方法不外"抚""驭"，但是林则徐却开始探索新的交往方式，把立足点放在规则上。这个规则从儒家思想出发，就是一个"理"，讲道理，讲规矩，在西方就是讲法律，讲条约，虽然两者内涵不同，但是可以找到共同点，中方由此开始探索在平等民族国家的逻辑中开展与外国的交往。在禁烟运动中，为了在与外国烟贩说理的斗争中站稳脚跟，林则徐依据滑达尔《各国律例》中"各国皆有当禁外国货物之例""但有人买卖违禁之货物，货与人正法照办"等相关条文，证明了鸦片属于违禁品，中国有权禁止外国将鸦片输入中国，因为这是违反国际法的行为。滑达尔《各国律例》为禁烟提供了法律依据。此外，林则徐还找到了禁烟的伦理依据，那就是1839年在伦敦出版的一本小册子《对华鸦片贸易罪过论：试论大不列颠人被摒除于那个帝国有利无限制贸易的主要原因之发展》，该书从宗教教义和道德规范的角度谴责英国的海外鸦片贸易，让林则徐认识到英国内部也有人谴责鸦片走私破坏中国风俗，并有人支持林则徐在处理中英纠纷中的做法，这更坚定了林则徐以理抗英禁烟的信念与决心。林则徐在这方面的探索，不但超迈前人而且启迪后人。

三、带印历官——除弊兴利润民生

林则徐不仅是伟大的民族英雄，还是治世能臣。林则徐一生在14个省担任过多种官职，他的非凡之处，是时时处处都体现出的、一丝不苟的责任感。当时有人评林则徐"无一事不认真，无一事无良法"。

兴修水利。中国是一个农业社会，水利工程对于国家具有极其重要的作用。林则徐在翰林院时，即著有《北直水利书》，在其仕宦生涯中，也一直把兴修水利作为头等大事。他兴修浙江、上海的海塘、太湖流域各主要河流的水利工程，治理运河、黄河、长江。林则徐治水注重深入实际，事必躬亲，同时还重视赈灾济贫。1831年12月25日，林则徐擢升河东河道总督。到任后，林则徐立即验催河工，下令检验河堤料垛。他向道光帝奏报道："周历履勘，总于每垛夹档之中，逐一穿行，量其高宽丈尺，相其新旧虚实，有松即抽，有疑即拆，按垛以计束，按束以称斤，无一垛不量，亦无一厅不拆。"林则徐做事如此认真，令贪官无可作假，桃汛来时，两岸安然无恙，这受到道光帝多次称赞。

屯田西域。林则徐谪戍伊犁后，不顾年高体衰，"西域遍行三万里"，实地勘察了南疆八个城，加深了对西北边防重要性的认识。林则徐从所译资料中发现沙俄对中国的威胁，这促成了他抗英防俄的国防思想，成为近代"防塞论"的先驱。他还领导群众兴修水利，推广坎儿井和纺车，人们为纪念他的业绩，将之称为"林公井""林公车"。林则徐根据自己多年在西域考察的所得，结合当时沙俄胁迫清廷开放伊犁的形势，指出沙俄威胁的严重性，临终时曾大声疾呼，告诫国人："终为中国患者，其俄罗斯乎！吾老矣，君等当见之。"果不其然，在此后四十余年间，数百万中国领土被沙俄蚕食鲸吞，历史证明了林则徐的远见卓识。

治理乱局。1846年，林则徐任陕西巡抚，其首要任务是对付刀客。刀客是当时陕西社会中隐藏的民间反抗势力，他们以佩刀为标志结党成群，劫杀豪绅，掠抢百姓，对抗官府，成为危害地方的一大隐患。他一到任，便上书称：陕西"东北毗连晋豫，西南壤接川甘，道路纷歧，奸宄易于出没。如佩执凶器之刀匪，此拿彼逃，最为民害"。并表示要把"除暴安良""严缉捕以靖地方"作为接任陕西巡抚后的首务。当时有刀客在关中地区活动，渭南、富平、大荔、蒲城一带首当其冲。他们"有窝巢以为藏身之固，有器械以为抵御之资"，所以"不独兵役避其凶锋"，即州县营员亦"惜费惮劳""望而却步"。林则徐运用他在江南为官时的经验，一方面对饥民大施仁政，奏请缓征钱粮，命令官绅开仓平价卖米、捐输赈济；一面整肃军队，推广和仿造洋式炮弹，改善清军装备，严厉缉捕"刀客"。对地方官吏兵勇的玩忽职守，他首先是"剖析开导，务令极力破除"，增强他们缉匪的勇气和信心，然后从"马得讽纠众夺犯伤差案"下手，"亲提研鞫"，除判首犯马得讽就地正法外，还将刀客赵恩科子、史双儿等人，不分首从，发云贵两广极边烟瘴充军。到年底，关中东部各县以及陕北安塞等县，又相继缉获146人，其中明确为刀匪的有46人，均从严惩处。双管齐下之后，林则徐逐步平复了陕西乱局。对林则徐积极镇压刀客的行动，道光帝朱批"所办甚好"，大加赞赏。

就这样，林则徐不管在哪地哪任做官，都敢于啃难啃的骨头，敢于做难做的事情，时时处处践行着他那句"苟利国家生死以，岂因福祸避趋之"的誓言。他以实干家的气质和品格，为朝廷分忧，为百姓造福，因而被朝廷倚为肱股之臣，被百姓称为父母之官。

林则徐是中国近代史上伟大的民族英雄，是为反抗外国侵略开眼看世界的第一人，是封建统治阶级中难得的实干家。他那爱国的精神、开放的胸襟和务实的品格，感动着一代又一代的人。1850年11月，林则徐病逝于奉旨赴钦差大臣任的旅次，消息传到北京，咸丰皇帝震悼不已，为其亲制挽联：

答君恩，清慎忠勤，数十年尽瘁不遑，解组归来，犹自心存军国。

殚臣力，崎岖险阻，六千里出师未捷，骑箕化去，空教泪洒英雄。

从这幅挽联中，我们可以看出咸丰皇帝对林则徐病逝的痛惜和对林则徐人格事功的肯定。毛泽东主席曾手书林则徐《出嘉峪关感赋》四首之一：

严关百尺界天西，万里征人驻马蹄。

飞阁遥连秦树直，缭垣斜压陇云低。

天山巉削摩肩立，瀚海苍茫入望迷。

谁道崤函千古险，回看只见一丸泥。

这一手书表达了毛泽东对林则徐的崇敬之情。

1995年5月，江泽民同志题词：

林则徐的爱国主义精神永垂不朽！

号召人们继承和弘扬中华民族的爱国主义优良传统。总之，一个人能用自己的思想和业绩为未来点亮一盏灯，就是永垂不朽。

他为什么被称为中国『商圣』

——近代红顶商人胡雪岩

○林艳

"古有先秦陶朱公，近有晚清胡雪岩"，这句话是在评价中国历史上的两位商界圣人，陶朱公是大家熟知的范蠡，胡雪岩是中国近代著名的红顶商人。陶朱公的经商故事大多以民间传说的方式流传，而胡雪岩的商海传奇却是真实存在的。

胡雪岩是中国晚清时期的一个传奇人物。他生于1823年，卒于1885年，出身贫寒，却在短短十几年的时间里迅速发迹，成为当时中国最有钱的巨商富贾，他替清朝政府向外国银行贷款，帮助左宗棠筹备军饷、收复新疆，为此慈禧太后亲赐黄马褂，使其成为历史上唯一戴红顶又穿黄马褂的"红顶商人"。他奉母命建起一座胡庆余堂，真不二价、童叟无欺，瘟疫流行时还向百姓舍药施粥，被人们称为胡大善人。从贫苦的放牛娃，到大清第一首富，胡雪岩的传奇逆袭，千百年来难出其二，"商圣"之名，实属不虚。

左宗棠说："胡雪岩，商贾中奇男子也。人虽出商贾，却有豪侠之概。"鲁迅称他是"中国封建社会最后一位商人"。作为著名的红顶商人，一百多年来，胡雪岩被认为是中国式商业哲学与谋略智慧的集大成者，许多人将胡雪岩的传记作为必读书目。那么，这位堪称中国商人集体导师的胡雪岩，究竟有哪些过人之处？为什么经商必读胡雪岩、做人也必学胡雪岩呢？我们带着这些疑问去回顾胡雪岩的辉煌半生，研习"商圣"为人做事的智慧，必会有所收获。

一、以天下之心做天下之事

胡雪岩说："如果你有一乡的眼光，你可以做一乡的生意；如果你有一县的眼光，你可以做一县的生意；如果你有天下的眼光，你可以做天下的生意。"胡雪岩的生意做遍天下，足见他的高远眼光。一个人能够登高望远，必然有德行的依傍，也有本事的加持，这是他成功的基本砝码。

（一）诚实立身，守信立业

胡雪岩的先天之智是其成就商业帝国的根本，然而他起家最重要的一点，是历来被所有人推崇的诚信，胡雪岩靠诚信抓住了他人生的每一个机会。

秉持诚信之心，胡雪岩从一个乡下的放牛娃一步步成长为大城市的钱庄老板。13岁那年，胡雪岩放牛时偶然在凉亭里拾到一大包银子，他保存好包裹耐心等待失主归来，直到天黑才见到一个慌张的人四处找寻东西，在仔细核验之后，胡雪岩将银子物归原主。这位失主是临近小城里蒋记杂粮行的老板，蒋老板见这个孩子品性高洁，聪明伶俐，就把他带出乡村，招为杂粮店的学徒。胡雪岩就此踏出了从商人生的第一步。作为杂粮行的学徒，胡雪岩把老板交代的事情一丝不苟地做好，老板没交代的事情也尽力去做，就这样，他任劳任怨、勤勤恳恳地干了两年。有一次，金华火腿行的老板前来进货，由于舟车劳顿，到店后就病倒了，胡雪岩忙前忙后地悉心照顾，火腿行老板深受感动，在征得蒋老板的同意后，将他带出小县城，来到大城市杭州发展。因为金华火腿行的生意比较大，他在业务上开始和钱庄打交道。钱庄的人见胡雪岩又勤快又好学，很喜欢他，火腿行的老板把他诚实守信、拾金不昧的经历告诉给钱庄的掌柜，掌柜便要他来杭州阜康钱庄工作。在钱庄，胡雪岩精研业务，踏实肯干，从学徒到跑街再到出店，很快就成了钱庄的业务骨干。后来，阜康钱庄于老板在弥留之际，将自己花费毕生心血经营的钱庄交给胡雪岩继承。可以说，谋生之初，胡雪岩靠诚信获取了他人的信任，抓住了机会，也创造了机会，诚信为他日后在商界的飞黄腾达铺就了一条康庄大道。

《管子》中说："诚信者，天下之结也。"意思是讲诚信，是天下行为准则的关键。胡雪岩的创业之本就是诚信。因为诚信，他获得了别人的提携帮助，逐渐找到了人生的发展方向；因为诚信，他获赠了于老板的钱庄，有了人生的第一桶金；因为诚信，他能从外国银行借到巨额款项，帮助国家度过危难；因为诚信，他获得别人的信任，结交了众多的朋友，构建起自己的商业帝国。诚信是胡雪岩成功的基础，是每个商人最基本的为商之道，也是每个人安身立命的根本。

（二）洞明通达，刚毅果决

胡雪岩做事有谋略，识人有眼光。当年他在钱庄出店的时候，认识了一个落魄书生王有龄，胡雪岩见他眉宇轩昂、气度不凡，便冒着风险把刚刚收账要回来的一笔500两的银子借给王有龄，只说了一句话："这是你做官的本钱。"这有情有义的举动，让王有龄感动不已。这件事体现了胡雪岩做人的智慧，既解人之困又不会让人不自在。王有龄也是有本事的，很快得到了一个实缺，出任浙江海运局坐办，具体负责辖内的漕运之事。他上任的第一项任务就是运送粮食。浙江是漕粮大省，仓储、漕运本来不难，但是太平军控制了长江中下游，且运河多处淤积不通，朝廷颁旨将河运改为海运，由上海出港再到北京。河运改海运即使顺利也未必能完成任务，再加上战乱，漕运这件事就成了王有龄的一大难题。胡雪岩被邀帮忙，从此开启了他与官府做生意的生涯。

解决漕运的方法充分体现了胡雪岩智勇双全、通达人性、勇敢决断的品质。当时的海运主要归洋人和江湖帮派把持，想要运输全都是靠人情关系。胡雪岩用自己的智勇先解决银票问题，接着再去解决米的问题。因为上海的米大部分都在漕帮控制下，他只好通过各种关系结识漕帮的老大尤五。结交漕帮的过程更是惊心动魄，没有智没有勇无论如何是做不到的。河运改海运本身就动了漕帮的利益，现在还想从他们手里买米？面对这么棘手的问题，胡雪岩靠着智慧一一化解。他不仅买了米，还帮漕帮解了困，和漕帮交了朋友。他向漕帮承诺："只要漕帮这批米先借给海运局作海运之用，阜康钱庄不仅可以给漕帮贷款，而且米价可以按市场最高定价，决不让漕帮吃亏。"胡雪岩本可以以朝廷之命做事，但与漕帮打交道需要讲江湖义气，他深知处理这件事情用江湖之道更为合适，因为只有设身处地为他人着想，才能把事情办得圆满。

王有龄在胡雪岩的出谋划策和大力协助下官运亨通，不仅当上了知府，而且很快升任浙江巡抚。胡雪岩在王有龄的帮助下生意越来越大，钱庄开了很多分号。在运输漕粮之事上，胡雪岩不仅帮了王有龄，更与漕帮结成朋友，在其后来的事业发展中，漕帮也帮了他很多忙。

当然，最能体现胡雪岩智勇、果敢、通达人性的大事件应该是其帮左宗棠收复新疆，同洋人借款之事。在左宗棠缺银少饷的艰难时刻，胡雪岩挺身而出，千方百计筹措资金，甚至垫付银两，但所需数额越来越大，为了不使军队断饷缺粮，他不得不向外国银行贷款。那个年代向外国银行借款应该是很多人想都不敢想的事，但胡雪岩做到了，他开创了中国历史上华人向洋人借款的先例，为左宗棠解除了燃眉之急以及后顾之忧。

（三）审时度势，笃定守成

胡雪岩的辉煌人生是从学徒开始的，扫地抹桌、打水倒尿，什么样的杂务跑腿的事他都要做。如果不能忍耐，经不起折磨，受不了白眼，扛不住打压，是很难坚持下来并脱颖而出的。要成大事，必然也要承担大的风险和困难，如果没有坚忍之心，就没有办法面对生活中可能遇到的种种挫折，也无法跨越事业发展中的种种沟壑。

胡雪岩在钱庄做伙计时，因冒险借钱资助王有龄失业，之后一度求职无门，曾托人介绍去妓院扫地挑水，甚至在最困难的时候，他离家远行，家里妻儿老母都没粮糊口。

面对他人对自己的误解或责难，胡雪岩总是能想尽办法化解。太平军攻打杭州城时，他受王有龄之托出杭州城，为杭州百姓筹措粮食，但是还没等筹办回来，杭州城就被太平军攻占，王有龄身亡，很多人误解胡雪岩携款逃走。左宗棠听人传言，准备上折参革胡雪岩，胡雪岩冷静处理，为左宗棠送上银票和大米万石，告知左宗棠他潜出杭州城不是因为贪生怕死，而是为了千万浙江灾民。这件事打动了左宗棠，胡雪岩从此成为其上宾幕僚。

由于调动大量军队镇压太平天国起义，清廷国库渐空，决定发行宝钞，但是各家大钱庄都不认领。胡雪岩以区区五六十万两银子的财力，竟有胆识带头把浙江全省的宝钞份额全部消化掉。阜康钱庄这块招牌借此事在官府和同行中一下子打响了，这成为他的一笔巨大的无形资产。当时省内各项度支都走阜康钱庄账号，其经济实力也大大增强了。经此一事，阜康钱庄的分号开到了上海，在上海红红火火地展开了业务。

做人是做事的基础，做事是做人的体现。胡雪岩身逢乱世，遇事有条不紊，临危不乱，足见其本事；做事谋略全局，看淡输赢，足见其气度；做人眼光长远，光明磊落，足见其心胸。胡雪岩用他的亲身实践告诉后人：做事先做人，终身可受益。

二、以天下之智赚天下之财

胡雪岩以商业方式运营的行业几乎都在赢利，他为什么能实现这样的商业成功呢？欲得天下之财，必得天下之心，用天下之智，赚天下之财。在胡雪岩事业发展的人际关系中有官场之人、洋场之人，还有江湖之人。他经商涉足很多行业，钱庄、当铺和药店是其主业，为有钱人开钱庄，为穷人开当铺，为苍生开药店，胡雪岩懂得利他利己，利他是最高境界的利己。

（一）编织人脉，成就大业

胡雪岩虽然没读多少书，但却是一个特别懂得人情世故、懂做人智慧的人。他说，生意失败可以重新再来，做人失败再无复起机会。靠山都是假的，有本事和朋友才是真的。胡雪岩把朋友关系看得很重："一个人的力量到底是有限的，要成大事，必须大家和衷共济。""银子是用得完的，朋友才是一辈子的事情。"胡雪岩的朋友理念就是"花花轿儿人抬人"。做事无非就是做人，有了脾气相投之人，有了事事替你着想的人，你的事业便真正有了依托。交情和义气就是经商的资本。

胡雪岩当年因归还蒋老板包裹改变人生命运；因500两银票帮助王有龄而结识漕帮；因漕帮与魏老爷子、尤五等一些江湖人士成了情义朋友；因救杭州百姓献军粮之举动打动左宗棠，成为左宗棠的幕僚，办洋务、买洋枪洋炮、建招商局、准备军需，助左宗棠成就大业。

胡雪岩在官场上的人脉的拓展，从资助王有龄捐官开始。为了帮助王有龄平复农民聚众闹事一事，他巧用稽鹤龄。这件事充分显示了胡雪岩与官场之人打交道的智慧。他认为稽鹤龄足智多谋，能言善道，有才学，有能力，如果让他去处理一定马到成功，但这个人偏偏恃才傲物，所以一直无人肯用他。这样的人要么是被人评价为"方正之士，人人称羡"，要么可能就是"敬而远之，成不了事"。孔子说："君子可欺之以方。"稽鹤龄就是这样的人，即便面对威逼利诱也无动于衷。面对这样的人，胡雪岩通过当铺了解他的情况，默默地帮他解决家中的困难，同时又以安排人照顾他家里人的名义帮他续弦，一切安排得既周到又稳妥。他这样做就是为了让对方主动愿意为他做事。这件事上，他既帮王有龄找到了平复聚众闹事农民的人选，又让嵇鹤龄带着感激之情去完成这任务。从此胡雪岩和嵇鹤龄越来越近，成了很好的朋友。嵇鹤龄告诉胡雪岩："一个人纵有天大的本事，单打独斗也永远成不了大事，因为一旦事情太多，分身乏术，再多的想法和计划都没有用，要想把事业真正做大做强，就必须学会用人，还要用对人，使有本事的人都闻风而来，这样才能做成大事。"

胡雪岩对官府之人、对有文化有学问的人有一套处事哲学，而对江湖之人则另有一套江湖之法。他因帮王有龄运漕粮，结交漕帮的魏老爷子、尤五等江湖朋友。除此之外，他用江湖之法收服悍匪翘脚长根的事也很值得人称道。他不仅招安长根，还让长根心服口服，不仅化解危机，没有造成任何伤亡，而且还留了后路，让长根将来还能为其所用。

胡雪岩到上海开了钱庄分号后，感受到了上海的洋场势力。为了做洋人生意，办洋务，他通过关系认识了汇丰银行在华的高级协理古应春。古应春的路子很广，胡雪岩通过他找到法国来华的日意格、德克碑等人帮左宗棠办洋务；通过他联系英国渣打银行上海分行筹借洋款。正是这些洋场关系成就了胡雪岩的洋务事业。他处理各种事情，与各色人打交道，有了各个方面的人脉，最终集众人之智成就各项事业。

（二）识人之明，用人之智

有人总结胡雪岩笼络人心的秘诀：烧冷灶、趋热门、捧场面、行贿赂、讲义气。其实"智慧"二字能更贴切地概括胡雪岩的用人之道。烧冷灶比的是眼光，是识人的本事；趋热门是必经之路，拼的是谋略；捧场面是艺术，看怎么能捧得不漏痕迹；行贿赂在当今时代是犯错误，但在那个时代确实是简便易行、打通关节的好手段；讲义气是大气、有心胸、肯花钱。这些都是智慧的表现，而能将这么多智慧集于一身，这个人非胡雪岩莫属。胡雪岩除了在官场、洋场这些方面将其用人智慧展现得淋漓尽致外，在其自己的钱庄、丝业、当铺等业务中也熟练使用。用天下之智赚天下之财，这也是胡雪岩最大的本事。

胡雪岩有一套自己的选人观、用人观。首先要考验耐性，其次要考本行，只要他准备用这个人，就会把所用之人的后顾之忧全部解决，让这人一心一意地与其一起做事，而且在人格层面上他会让手下有种平等感。当然，他对这些人品行上有"不可拆烂污"的要求，对他们意志力也会加以验证的。

在用人的过程中，胡雪岩对用人大有领悟。"原来一个人最大的本事就是能用人。用人先要识人，眼光、手腕两样俱全，才智之士，乐于为己所用，此人的成就便不得了了。"中国古代兵书将人分为"智者、勇者、贪者、愚者"，四类人都有不同的志向：智者，追求建功立业；勇者，实现凌云壮志；贪者，谋求功名利禄；愚者，不惜牺牲生命。善于用人的将帅就要根据每类人的特点发挥其优势，人尽其用。胡雪岩真正做到了"因人致用"，不仅能用其智，用其勇，甚至敢用其缺点。

曾有人说，所谓成功，就是在最大程度上满足了他人的需求。利他的范围越大，就越接近世俗意义上的成功。反之，想要在越大范围内成就自己，就越需要得到来自更多人的力量和认同。所以，利他精神发展到极致终究是成就自己。胡雪岩识人、用人、成就人，最终成就自己，获得成功，这给我们以深刻启迪。

三、以天下之义担天下之责

胡雪岩之所以能称"圣"，不仅是因为他商业上的成功，还因为他做了很多其他商人做不到的事情。为富而仁，利国利民，承民族大义，担社会责任，足可垂范后人。

（一）富不忘本，忧国报国

有人说，胡雪岩因为结识了左宗棠而成就了他的商业帝国，此说不错，但其实两人之间的关系更像互相成就。正是胡雪岩的倾力而为，才成就左宗棠的伟大事业，也正因为胡雪岩帮左宗棠所做的一系列事情，让胡雪岩的商人生涯更加有价值。

胡雪岩为了完成王有龄的重托结识左宗棠。他将王有龄托付买粮的银票奉上，同时为左宗棠送上两万石粮米。这一动作让左宗棠深感意外，他认为胡雪岩无非是想捐官补个实缺，这时胡雪岩用一句话彻底反转了局面。他说："大人栽培之恩，雪岩十分感激，只是雪岩是个生意人，一生只会做事，不会做官。""我一生只会做事，不会做官"，这句话是左宗棠平日里的一句口头禅，胡雪岩这番话正合了左宗棠心思，左宗棠觉得遇到了知己，从此胡雪岩成为左宗棠的幕僚和座上宾，伴其一生。不过，他也因此搅进官场的争斗，最后惨败。

因为结识了左宗棠，胡雪岩最后成为一位著名的红顶商人，跟随左宗棠的事业，成就了其在中国近代商业发展中的地位，也正因为有胡雪岩这样一位红顶商人，才推动了中国近代洋务的发展，才推动了收复新疆的进程，维护了民族团结。这是真正的民族大义。

胡雪岩所处的时代是旧秩序即将被打破，新秩序还没建立起来的特殊时期。在这样的混乱时期站在什么样的立场、采取什么样的手段就变得非常重要，而胡雪岩对所处的时代环境有自己非常清醒的认识：他坚信要帮助官府维持秩序，只有社会有秩序，商人才能做好生意。

基于此种考虑和认识，胡雪岩一直紧紧依靠官府。从王有龄时，运漕粮、办团练、收厘金、购军火，到薛焕、何桂清时，筹划中外联合剿杀太平军，最后辅佐左宗棠创办造船厂，设置上海转运局，助其西北平叛成功。由于帮助官府有功，胡雪岩的生意从南方做到北方，从钱庄做到药品，从上海做到国外。穿黄马褂的红顶商人是胡雪岩在那个时代的社会地位的体现。

左宗棠一生最大的功绩是平定陕甘，收复新疆的大业，把新疆这片广阔土地从分裂国家的叛军和外国侵略者手中夺了回来，重新置于中国版图之中，而胡雪岩在其中做了巨大贡献，也实现了其人生最大的价值。纵观胡雪岩为了支持左宗棠而从事的大业，主观上都是为国家为社稷，最终在客观上成就了自己的商业帝国。

（二）乐善好施，救世济民

胡雪岩涉足的行业有很多，凡是以商业方式运作的业态赢利状况都很好，比如钱庄、当铺、茶行等等，但唯独丝业和药业承载着不同的使命。胡雪岩涉足药业和丝业都是为了解决当时民众的疾苦。

胡雪岩受左宗棠委托回杭州赈济灾民，杭州城内百姓大多瘦骨如柴，饿殍随处可见，状况惨不忍睹。大战之后必有大疫。胡雪岩提前置办了大批散药丸，随船运到杭州，为难民施药；开办粥厂，施粥解饥；兴办义渡，兴建渡船码头。但这些行为只是赚了一个好名声，没什么大用处。胡雪岩认为：“做生意一定要市面平靖，不然的话，店铺开了也做不好生意。只有与官府齐心协力，生意人才有前途。”胡雪岩涉足医药之初心并非为做生意，完全是为了帮助左宗棠，帮助杭州百姓，但是时间一长，胡雪岩慢慢察觉到医药可以治病救人，是行善积德的绝好行业，因此，胡雪岩用真用实创办了胡庆余堂，这最后成了他流芳百世的实业。

从选定胡庆余堂的管理者这件事上，便能看出胡雪岩对药堂的期待。他选择的这个管理者就是余先生。余先生说：“急于赚钱和正当赚钱是两回事：急于赚钱的，见钱眼开，只知道拼命地捞；正当赚钱的，就要重视信誉，细水长流。”“药是治病救命的，所以贵到犀角、羚羊，贱到通草、马勃，都必须精挑细选，丝毫不能含糊马虎。

不在质量上胜过他家，又怎么能打响牌子？再说，开药店总得图个百年大计。归根结底一句话，你要请我做账房，就要准备先折三年本，然后才能慢慢赢利。"胡雪岩听到这番话，觉得句句说到自己的心里，心服口服。"今天总算请到了一位目光远大、经营有方的好账房。余先生，今后一切全仰仗你啦。"有人说"胡庆余堂"的名称跟这个余先生有关，不去考证是否有关，有救世济民之心的余先生确实在胡庆余堂的发展中发挥了重要作用。

店堂内外有50多块各种招牌、楹联、匾额是朝外挂，那是给顾客看，唯一对内的给自己看的一块牌匾上写着"戒欺"。胡雪岩亲自作跋文："凡百贸易，均着不得欺字，药业关系性命，尤为万不可欺。余存心济世，誓不以劣品弋取厚利，惟愿诸君心余之心。采办务真，修制务精，不至欺予以欺世人，是则造福冥冥。谓诸君之善为余谋也可，谓诸君之善自为谋也亦可。"正是因为胡雪岩有这样的初心，即便在他整个商业帝国倾倒后，"胡庆余堂"也一直保留了下来，直到今天还立在杭州城里，利民百世。

再说胡雪岩所从事的蚕丝业，这是他投入本钱最多的一个行业，甚至也是压倒他商业帝国的最后一棵稻草。当时，外国商人垄断中国的蚕丝贸易，把蚕丝的价格压得很低，蚕农非常辛苦。在这种情况下，胡雪岩挺身而出，联合蚕农，花比外国人更高的价格收购蚕丝。他投入的资金越多，与外国人的冲突越大。作为一个商人，他的对手不仅仅是来中国做生意的外国商人，还有商人背后船坚炮利的外国政府，再加上腐败清政府内的官员与洋人勾结，最后一千多万两银子的蚕丝积压给了胡雪岩一记重创。但胡雪岩为民族、为同胞扛着的这一份责任一直让后人景仰。

对国家，富而不忘本，经商不忘忧国；对民族，扶助洋务，救亡图强；对黎民，大行义举，济困扶危。胡雪岩担当民族国家大义，值得后人敬重；兼济平民百姓，值得后人传诵。

因为时代和其他诸多原因，胡雪岩的商业帝国最终瓦解了，只有他的"胡庆余堂"至今硕果仅存。他在"胡庆余堂"内挂着写有"戒欺"的牌匾，让我们知道以诚信行天下的生意才能长远；他开药店，承担天下之责，让我们明白心怀天下的生意才能长远。胡雪岩教会我们做人、做生意，他的"胡庆余堂"更教会我们如何做长久的人，做长久的生意……

他为什么被称为『中国近代思想界的启明星』

——杰出的思想家、宣传家梁启超

○ 胡 洋

梁启超生于1873年，卒于1929年，字卓如，号任公，又号饮冰室主人等，是中国近代史上的风云人物。在政治舞台上，他参加公车上书、领导戊戌变法、支持自立军起义、入主"第一流人才内阁"、反对袁世凯复辟帝制、策划护国运动、反对张勋复辟、参加段祺瑞政府、活跃于巴黎和会，在这一时期比较大的政治运动中，几乎都有他的身影。在思想文化战线上，他创报刊、办学堂、建学会、组团体、译西书、整国故、写文章、作演讲，在政治学、经济学、金融学、历史学、文学、史学、教育学等领域里，几乎都有他的声音。作为政治家，他的许多政治活动都以悲剧告终。而作为思想家，他一直走在时代的前沿。他提出的一系列以改革创新为主线的思想和主张，犹如启明星一般，照亮了中国近代思想文化的耿耿长河，令时人醍醐灌顶、振聋发聩，令后人百读不厌，千思不尽。

一、变法则强，不变则亡

的确，早在洋务运动时期的中国，资产阶级早期维新思想已经产生。王韬、薛福成、马建忠、郑观应、陈炽、何启、胡礼垣等人，便是其著名的代表人物。他们批判封建顽固派的保守观念，介绍西方资产阶级的三权分立思想，提出反对外国经济侵略的"商战"主张。但这些思想还不成熟、不系统、不深刻，尚处于萌芽状态。戊戌变法时期，梁启超以敏锐的洞察力和深刻的见解，先后发表了以《变法通议》为代表的71篇文章，全面系统地阐述了改良封建成法的大思路，超迈前人，独步于先。

梁启超首先宣传和强调变的思想。他在《变法通议》中引用《易经》的话，反复强调"穷则变，变则通，通则久""夜不炳烛则昧，冬不御裘则寒，渡河而乘陆车者危，易证而尝旧方者死"。由此他得出结论："法者，天下之公器也；变者，天下之公理也。大地既通，万国蒸蒸，日趋于上，大势相迫，非可阏制。变亦变，不变亦变。变而变者，变之权操诸己，可以保国，可以保种，可以保教。不变而变者，变之权让诸人，束缚之，驰骤之。呜呼，则非吾之所敢言矣！"梁启超这套变的思想和主张，极大地撼摇了封建时代"天不变，道亦不变"的保守观念，为人们追求新事物、向往新气象、冲破陈腐藩篱、实行变法打通了思想道路。而有变的思想观念开路，梁启超的其他变法思想也如泉涌出了。

梁启超把智慧和权利等同起来，特别强调开民智的重要性。他认为："有一分之智慧，即有一分之权利；有百分之智慧，即有百分之权利；一毫不容假借者也。故欲求一国自立，必使一国之人之智慧足可治一国之事，然后可。今日之中国，其大患总在民智不开。民智不开，人材不足，则人虽假我以权利，亦不能守也。士气似可用矣，地利似可恃矣，然使公理公法、政治之学不明，则虽有千百忠义之人，亦不能免于为奴也。"因此，他主张要开民智、开官智、开绅智、开女智，通过开民智来推动国家的政治变革和经济文化的变迁。

有关"如何开民智"，梁启超认为，要开民智必须变科举。因此，他先后发表了《论科学》《论师范》《论女学》《论幼学》《学校总论》《学校余论》《论变法不知本原之害》等文章，深刻分析了科举制度的种种危害和改革科举制度的必要性，全面论述了建立新式学堂的重大意义和开展新式教育的路径方法，在社会上引起了强烈的反响。在此后不到几年时间的1905年，科举制度正式被废除，这与梁启超的鼓与呼不无关系。

梁启超的变科举或开民智，最终都是为了兴民权。这是一个创举。洋务运动时期的资产阶级改良主义思想家，如郑观应、王韬、马建忠、胡礼垣等人，也都著书立说，介绍和推崇西方的民主理论和民主制度，但他们往往把"民主"和"民权"混在一起，很少用"民权"分析和阐述问题。梁启超与他们相比大大地前进了一步，他十分明确地提出了兴民权是变法的根本，是强国的保证，并提出了许多积极可行的实施办法，引导人们为争取民权而斗争。后来孙中山明确提出了"民权主义"，这与梁启超的努力是有一定联系的。

梁启超还认为，设议院是一股世界潮流，任何一个国家、一个民族只能顺之，不能拒之。西方各国之所以强盛，在于顺乎这种设议院的民主潮流，"问泰西各国何以强？曰：议院哉！议院哉！"中国之所以落后于西方，在于不知民权为何物，不设议院而行专制。因此，梁启超提出了设议院的主张。诚然，早在鸦片战争时期，林则徐的《四洲志》、梁廷楠的《海国四说》、魏源的《海国图志》等书籍，就已粗浅地描述过英、美的议院。洋务运动时期，郑观应的《盛世危言》和何启、胡礼垣的《新政论议》等书，不仅对英、美的议院进行了具体的介绍，而且对其大加赞赏和推崇。甲午战争以后，面对亡国灭种的民族危机，梁启超把设议院作为改造中国的主要方案之一。除了继承前人的成果之外，他最为突出的特点是把设议院和民智的高低联系在一起，以民智为体，以议院为用，这是一个超迈前人的创新，比空喊设议院要现实得多。

对于梁启超这一时期的活动，毛主席曾评价道："他最辉煌的时期是办《时务报》和《清议报》的几年。那时他同康有为力主维新变法。他写的《变法通议》在《时务报》上连载，立论锋利，条理分明，感情奔放，痛快淋漓。加上他的文章一反骈体、桐城、八股之弊，清新平易，传诵一时。他是当时最有号召力的政论家。"

二、欲维新吾国，当先维新吾民

1898年，资产阶级维新派满怀热情、满怀希望掀起的戊戌变法运动几乎不堪一击，仅进行了103天就夭折了，梁启超被迫流亡海外。身居异国，痛定思痛，他深切地感到，戊戌变法之所以失败，是因为"变法不变本原，而变枝叶，不变全体，而变一端，非徒无效，只增弊耳"。这里所说的本原，就是他常说的"民德民智民力"。在他看来，强国必须从新民德、开民智、鼓民力做起。一句话概括，就是要从培养造就"新民"做起。

梁启超的这一总结入木三分，抓住了问题的实质。因为一个国家确实可以从外国引进先进的政府机构形式、教育制度、科学技术和企业管理方法等，但这些说到底只是一堆空的躯壳。如果广大人民群众缺乏广泛、先进的、能赋予它们以真实生命力的心理基础，如果执行和运用它们的人还没有从心理、思想、态度和行为方式上完成由落后向先进的转变，那么失败的悲惨结局将不可避免。再完美的制度和管理方式，再先进的技术工艺，也会在一群传统人的手中变成一堆废纸；原先拟想的完美蓝图不是被歪曲成奇形怪状的讽刺画，就是为本国的资源和财力掘下坟墓。因此，1902年，梁启超创办《新民丛报》，在中国近代史上率先发出了"欲维新吾国，当先维新吾民"的呐喊，开创了中国近代史上"改造国民性"的先河。

为维新吾民、改造国民性，梁启超先后发表了《自由书》《呵旁观者文》《中国积弱溯源论》《十种德行相反相成义》《新民说》《新民议》等文章，对中国民族特性进行了充分曝光，明确了"新"和"改"的具体内容和目标。在这些文章中，《呵旁观者文》和《新民说》两文互为表里，珠联璧合，把中国人被统治阶级愚弄和因历史局限形成的民族特性暴露得淋漓尽致。

在《呵旁观者文》一文中，梁启超按照中国人评价人的标准，把中国人分为六派：一是混沌派，二是为我派，三是呜呼派，四是笑骂派，五是暴弃派，六是待时派。对于这六派人，梁启超总结道：第一派为不知责任之人，其他五派是不行责任之人，不行责任之人比不知责任之人更为可怕。

在《新民说》一文中，梁启超以西方白种人为参照系，分条列出了中国人的弱点，具体内容如下：

（一）中国人缺乏公德。"享权利而不尽义务，人人视其所负于群者如无有焉。人虽多，曾不能为群之利，而反为群之累。"

（二）中国人无国家思想。"其下焉者，惟一身一家之荣瘁是问"；"其贤者，亦仅以尧、跖为主，而自为其狗"。

（三）中国人无进取冒险之性质。"一部十七史之列传，无有如哥伦布、马丁路德、克林威尔之人；藉有一二，则将为一世之所戮辱而非笑。"

（四）中国人无权利思想。"有权利而不识有之之为尊荣，失权利而不知失之之为痛苦。"

（五）中国人缺乏"不自由毋宁死"之精神，习为古人之奴隶、世俗之奴隶、境遇之奴隶、情欲之奴隶。

（六）中国人缺乏自治能力。

（七）中国人保守性质太强。其原因：一曰大一统而竞争绝；二曰环蛮族而交通难；三曰言文分而人智局；四曰专制久而民智漓；五曰学说隘而思想窒。

（八）中国人无自尊心。"我中国人格所以趋卑贱，其病源皆坐于是。"

（九）中国人不能群。其原因：一曰公共观念之缺乏；二曰对外之界说不分明；三曰无规则；四曰忌嫉。

（十）中国分利之人多，生利之人少。

（十一）中国人无毅力。

（十二）中国人无义务思想。

（十三）中国人缺乏尚武精神。

梁启超对国民性的揭露，虽不乏偏颇激越甚至贬诋责骂之词，但从民族立场上来看，梁启超无情揭露时人的劣根性，是出于对他"所敬、所爱、所恋、所崇拜、所服从之四万万国民"的一片殷诚，是哀其不幸，怒其不争，是含着眼泪进行鞭挞，旨在促其自觉、自省、自尊、自重、自立、自强，因此这也是他热爱中华民族的表现。

那么，如何维新吾民、改造国民性呢？梁启超提出了以教育新民、以报刊新民、以新史学和新小说新民等办法。当然，梁启超并没有完成维新吾民的任务，但他开导了先河，此后从李大钊、陈独秀到鲁迅、周作人、钱玄同、林语堂、老舍等人，都继续为改造国民性而战斗。

三、取长补短，中西文化融合发展

第一次鸦片战争以后，中国国门大开，西方文化犹如潮水一般涌入中国，与中国原有文化发生了激烈的冲突与碰撞。因此，如何处理中西文化的关系，就成了中国人必须认真思考和解决的问题。有人视西方文化为洪水猛兽，欲将其拒于国门之外。也有人套用中国传统文化中的体用概念，主张中学为体，西学为用。还有人认为西方文化优于中国固有文化，中国应当全盘西化。梁启超自幼熟读经史，对中国传统文化了如指掌，自不必说。而且，第一次世界大战以后，梁启超还亲自去英国、法国、德国、比利时、荷兰、瑞士、意大利等国家，深入教堂、国会、大学、博物馆、图书馆、美术馆、市区、工厂、战场等地方进行考察，在此基础上，他写出了《欧游心影录》一书，在书中全面系统地提出了他的中西文化观。

一方面，梁启超在《欧游心影录》中，具体规划了中国文化的发展路径。第一，要有世界眼光。根据国际形势的新变化，梁启超指出："我们是要在这现状之下，建设一种'世界主义的国家'。怎样叫作'世界主义的国家'？国是要爱的，不能拿顽固偏狭的旧思想当是爱国。因为今世国家，不是这样能够发达出来。我们的爱国，一面不能知有国家不知有个人，一面不能知有国家不知有世界。我们是要托庇在这国家底下，将国内各个人的天赋能力尽量发挥，向世界人类全体文明大大地有所贡献。"可见，梁启超的思想与时俱进，有着鲜明的时代特色。第二，要有充分信心。梁启超认为："一个人最怕是对现状心满意足，如此，这个人只有退步没有进步，只好当他死了。感觉现状不满足，自然生出努力，这努力便是活路。我们现在知道自己满身罪恶，知道自己住的是万恶社会，中国从此就开出一条活路来了，这是好现象，不是坏现象。"可见，在梁启超看来，对于发展中国文化可以忧患，但不可以悲观，信心满满比什么都重要。第三，要解放思想。梁启超认为，解放思想就是"无论什么人向我说什么道理，我总要穷原竟委想过一番，求出个真知灼见。当运用思想时，绝不许有丝毫先入为主的意见束缚自己，空洞洞如明镜照物。经此一想，觉得对我便服从，觉得不对我便反抗"。从而做到"中国旧思想的束缚固然不受，西洋新思想的束缚也是不受"，最后创造出自己的金科玉律来。第四，要提倡尽性主义。梁启超解释道："这尽性主义，是要把各人的天赋良能，发挥到十分圆满。就私人而论，必须如此才不至成为天地间一赘疣，人人可以自立，不必累人，也不必仰人鼻息。就社会国家而论，必须如此，然后人人各用其所长，自动的创造进化，合起来便成强固的国家、进步的社会。"其实，梁启超的尽性主义就是西方个性解放、思想自由等理论主张的中国化，为中国文化发展注入了新的元素。第五，要搞国民运动。梁启超主张，无论是反对军阀政治，还是推进中国文化建设，都不能搞政客式、土豪式或会匪式的运动，而必须搞国民运动，尤其是要把希望寄托在青年身上。在这一点上，梁启超走向了一个新天地和新境界。

另一方面，梁启超在《欧游心影录》中，重新评判了西方文化的价值。第一，批判"科学万能"论，肯定科学精神、科学方法和科学作用。梁启超目睹欧洲在大战后满目疮痍、元气大伤的破败景象，对"科学万能"学说的危害进行了深刻的批判，但他也反对"科学破产"论调，肯定了科学精神、科学方法的价值和作用。第二，批判"社会庸俗进化论"和"极端个人主义"，推崇自由批判精神。经过考察，梁启超认为：欧洲人把崇拜势力、崇拜黄金视为天经地义的事情，欧洲政府把军国主义、帝国主义作为时髦的政治方针，结果导致世界大战，造成欧洲既贫穷又混乱的局面，其思想根源就是"社会庸俗进化论"和"极端个人主义"。因此，他对欧洲的"社会庸俗进化论"和"极端个人主义"进行了深刻的批判。但他不否认西方文化中的自由精神，认为自由精神是社会进步、文化发展、个人解放的精神之源。从这一点上，我们可以看到梁启超趋向现代化的思想步履。第三，批判"西方文明末日"论，对西方文明的前景充满信心。经过第一次世界大战的重创，欧洲文明是否就完了，梁启超断然回答道：

"不然，不然，大大不然。"他指出三条理由："群众化"是其文明继续发展的社会基础，"个性发达"是其文明继续发展的强大动力，"新理论"是其文明发展的思想指南。因此，他相信："欧人经过这回创巨痛深之后，多数人的人生观因刺激而发生变化，将来一定从这条路上打开一个新局面来。"

梁启超通过对西方文化的辩证剖析和对中国文化发展路径的深刻探究，最后提出了他"中西融合"的文化观。其核心："拿西洋的文明来扩充我的文明，又拿我的文明去补助西洋的文明，叫他化合起来成一种新文明。"其中包括两层涵义：最要紧的是把本国文化发扬光大，不要妄自菲薄。"还有很要紧的一件事，要发挥我们的文化，非借他们的文化做途径不可，因为他们研究的方法，实在精密，所谓'欲善其事，必先利其器'。"同时，他还提出了具体的实施步骤："第一步，要人人存一个尊重爱护本国文化的诚意；第二步，要用那西洋人研究学问的方法去研究他，得他的真相；第三步，把自己的文化综合起来，还拿别人的补助他，叫他起一种化合作用，成了一个新文化系统；第四步，把这新系统往外扩充，叫人类全体都得着他好处。"

梁启超"中西融合"的文化观，是一种前无古人的创新创造，对后人具有巨大的启发意义。

四、欲维新吾民，当实行史学、小说、诗界革命

为了变法维新、改造国民性、推进中西文化融合，梁启超还提出了史学革命、小说革命和诗界革命的主张，成为建设新文化的第一人。

梁启超特别重视史学，而且他全部学问的根基也在史学。但他对

中国传统史学极其不满，指出它存在着四大弊端：第一，知有朝廷不知有国家。《二十四史》实际成了二十四姓的家谱，国家的命运和前途被置之不顾。第二，知有个人而不知有群体。历史成了少数英雄活动的大舞台，变成了个别人物的兴衰史，百姓和群体被排除在外。第三，知有陈迹而不知有今务。所有的史书只是为死人作"纪念碑"，不能察古知今，为现实服务。第四，知有事实而不知有理想。旧史书只注重于单纯的纪事，不能从史实中总结出规律，上升到理性，然后开民智，益国民。因此，他提出了"史学革命"的号召：关于历史本身的价值，他要求要"以生人为本位的历史代死人为本位的历史"；关于历史与现实的关系，他要求历史研究的目的要着眼于现实，要为现实服务。梁启超的这些见解具有划时代的创造意义。

在发出史学革命号召的同时，梁启超还发出了小说界革命的号召。他认为小说具有"熏""浸""刺""提"四大神奇功效。所谓"熏"，就是小说如烟雾一样，无孔不入，使人处于其包围之中，无法逃脱其感染；所谓"浸"，就是读小说者被其浸润，与主人公同欢乐，共悲哭，无法逃脱；所谓"刺"，就是受小说中的人物、事件、社会境况所刺激，当头棒喝，意味无穷；所谓"提"，就是通过读小说提神，提高思想认识，领略人生哲理，顿悟经国治世之道。因此，他认为，中国要想新民，创造"新宗教""新道德""新政治""新风俗""新学艺""新人心""新人格"，首先必须创造"新小说"。其结论是："今日欲改良群治，必自小说界革命始，欲新民必自新小说始。"为真正发挥小说新民的作用，他还亲自主办《小说报》，并创作《新中国未来记》等小说，拉开了"小说界革命"的帷幕。

诗界革命的出现，要比史学革命和小说界革命更早一些。1894年甲午战争之后，梁启超、黄遵宪、谭嗣同等人即发起了一个规模不大却颇有影响的诗界改革运动。在诗界改革运动中，产生了一批新诗篇，这些诗篇为建设新文化做出了贡献。

对于梁启超的思想，郭沫若先生曾给予很高的评价："平心而论，梁任公地位在当时确实不失为一个革命家的代表。他是生在中国的封建制度被资本主义冲破了的时候，他负载着时代的使命，标榜自由思想而与封建的残垒作战。在他那新兴气锐的言论之前，差不多所有的旧思想、旧风气，都好像狂风中的败叶，完全失掉了它的光彩。二十年前的青少年——换句话说，就是当时有产阶级的子弟——无论是赞成或反对，可以说没有一个没有受过他的思想或文字的洗礼的。他是资产阶级革命时代的有力的代言者。"因此，后人形象地把梁启超比喻为：中国近代思想界的启明星。